PRÉFACE

On ne connaît jamais mieux un pays que si d'abord on s'y est perdu. Et les erreurs de route ont leur charme pour ceux qui aiment l'imprévu et l'aventure : ils manquent leur but ou ne l'atteignent qu'après de longs détours ; ils ont fait cinq fois plus de chemin qu'il n'était nécessaire, tourné à gauche quand il fallait prendre la droite, gravi la montagne au lieu de descendre dans la vallée, pris le Nord pour le Midi, et, au long de ces zigzags, ils ont mangé par fortune et dormi Dieu sait où. Mais, tout compte fait, ils ont gagné ce qu'ils voulaient : leur affaire n'était pas de dresser la carte d'une région, ni de s'orienter en s'aidant de la boussole et du compas, mais plutôt de surprendre les aspects familiers d'une belle nature et de cueillir, au hasard des rencontres, des impressions d'autant plus vives qu'elles sont plus inattendues. Pour ces flâneurs, gens de loisir et de caprice, les mécomptes et les méprises doivent avoir leur place au programme de tout voyage d'agérment : c'est l'assaisonnement des plaisirs du tourisme, la pointe qui relèvera la douceur des souvenirs :

> .... Foran et hœc olim meminisse juvabit.

C'est chose si plaisante que de fa're, à quelques kilomètres des voies ferrées, des découvertes aussi ravissantes que celles de Robinson dans son île ! d'apprendre aux indigènes les beautés secrètes du paysage parmi lequel ils vivent, et de ne pas s'astreindre à se renseigner auprès d'eux sur ce qu'il convient de visiter ! Tel ravin où l'on s'égara, vaut mieux que la « curiosité » classique, dont on se fît tort, pour n'avoir pas vu, à l'entrée d'un sentier banal, le poteau indicateur sur lequel une main, mal dessinée, fait un sigue impérieux aux voyageurs dociles. A se fourvoyer ainsi hors des communs itinéraires, on rencontrera moins de ces Anglais, qui se livrent, eux et leurs colis, aux agences de transports, pour être manipulés, étiquetés, et expédiés par les voies les plus rapides aux lieux de rendez-vous du snobisme cosmopolite ; — on se supprimera la chance d'épouser, sous les auspices de Bædeker, la fille de Monsieur Perrichon, ou de faire la connais-sance — agréable par certain côté — de miss Helyett. Mais, s'il est vrai que les Faunes et les Nymphes et les Fées et toute la population mythologique des soli-tudes champêtres n'est pas si perdue qu'ils ne se lais-sent entrevoir encore à ceux qui savent les chercher, il n'est de moyen pour trouver leur retraite que d'aller le nez au vent, sans qu'on sache où, marchant toujours et n'arrivant jamais.....

Mais je m'aperçois, — à temps, je l'espère, — que je m'étends avec une complaisance un peu sotte sur le plus suranné, le moins vérifié des lieux communs. Et le rêve que j'étais en train de faire, est après tout une belle niaiserie. Et qui donc aujourd'hui — je vais chanter dans une autre gamme — a le loisir ou seule-ment l'envie de se mettre en route sans savoir où sa route le conduira, de ne pas distribuer prudemment l'emploi des heures trop peu nombreuses dérobées pour la promenade aux exigences du métier ? Car chacun a sa tâche, quand ce ne serait que celle de ne rien faire. laquelle est peut-être la plus tyrannique de toutes. Nous vivons en un temps où l'oisiveté elle-même, distraite par mille tracas et entraînée en des agitations réglées, doit être économe de son temps. Ce n'est pas qu'on ignore le prix de la libre fantaisie, le charme des vagabondages et de l'école buissonnière : mais on craint de s'y livrer sans réserve. On consulte l'Indi-cateur et on étudie les cartes : le voyage ne peut plus

LE CANTAL

GUIDE

DU

TOURISTE, DU BOTANISTE & DU GÉOLOGUE

SUIVI DE

Trente Jours, Quinze Jours et Huit Jours d'Excursions

DANS CE DÉPARTEMENT

PAR

Jean MASFRAND, PHARMACIEN

VICE-PRÉSIDENT DU CLUB ALPIN FRANÇAIS

PRIX : 2 fr. 50

AURILLAC

RAYMOND TERRISSE, IMPRIMEUR-ÉDITEUR

rue Alexandre Pinard.

1896

LE CANTAL

GUIDE

DU

TOURISTE, DU BOTANISTE & DU GÉOLOGUE

SUIVI DE

Trente Jours, Quinze Jours et Huit Jours d'Excursions

DANS CE DÉPARTEMENT

PAR

JEAN MASFRAND, PHARMACIEN

VICE-PRÉSIDENT DU CLUB ALPIN FRANÇAIS

AURILLAC

RAYMOND TERRISSE, IMPRIMEUR-ÉDITEUR
rue Alexandre Pinard.

1896

A M. Xavier CHARMES,

Membre de l'Institut,

Directeur au Ministère de l'Instruction Publique.

HOMMAGE DE RECONNAISSANCE

J. MASFRAND.

être un tissu de menues aventures et de piquants contre-temps, qui se fait et s'allonge au jour la journée, et s'achève quand il peut. Si, par quelque lacune d'un plan d'ailleurs soigneusement arrêté à l'avance, l'imprévu trouve çà et là à se glisser, on lui fera sans doute bon accueil : si l'horaire, rigoureux comme un règlement de prison, laisse entre deux passages de trains quelques minutes à perdre, la poésie, qui vit d'indépendance, pourra en profiter. Mais on aura eu soin de faire sa part au hasard,—part restreinte, hors de laquelle il ne pourra empiéter sur un domaine que se réserve la raison prévoyante et pratique du touriste.... Et puis, nous sommes gâtés par le confortable de la vie moderne : nous ne nous résignons guère au plaisir douteux des repas qui s'improvisent dans des auberges mal munies contre l'invasion des voyageurs affamés, des insomnies dramatiques dans des lits peu douillets, qui se transforment, sitôt qu'on y entre, en des champs de bataille où triomphent des légions vaillantes d'invisibles ennemis. On juge — avec raison — que ces inconvénients sont disproportionnés à la modestie de l'entreprise, et qu'une excursion bourgeoise vers la mer ou par les montagnes de France, ne vaut pas le sacrifice du manger et du dormir, aujourd'hui que de somptueux hôtels attendent, au Cap Nord ou dans le voisinage des cataractes du Nil, les explorateurs *à la suite* que leur amènent des paquebots aménagés eux-mêmes en casinos flottants.

Quoi qu'il en soit, celui qui se propose de consacrer quelque peu de son temps à se mouvoir et à voir, commence d'ordinaire par se ménager, dans la prévision des fatigues peu redoutables qu'il aura à subir une fois en route. Dans la plupart des cas il se dispense du soin de tracer lui-même un itinéraire et de dresser son emploi du temps. De même qu'on s'assied

à une table d'hôte, acceptant d'avance le menu offert
à tous les estomacs, de même on demande à un guide
bien informé le devis bien établi des joies et même
des surprises qu'on pourra s'octroyer au cours du
voyage. Le menu est banal : mais chacun reste libre
de le savourer à sa manière, et le digère selon sa
santé. Le devis est fait pour tous, mais on peut y
choisir, et les cadres fournis laissent encore du jeu
à l'initiative individuelle. Que ce guide bienvenu nous
épargne les tâtonnements et les hésitations, qu'il nous
dise ce qu'il faut avoir vu et ce qui se peut négliger,
qu'il se tienne aux carrefours pour nous mettre le
pied dans le bon sentier, qu'il nous adresse à l'hôte-
lière avenante, dont la bonne mine est une bonne
enseigne, et qu'il nous défende contre les rançonnages
impudents, que surtout nous ne manquions pas par sa
faute, l'express ou la patache; —son empressement ne
nous lassera pas, et nous lui aurons une reconnaissance non marchandée pour tous les désagréments
que cette sollicitude nous aura évités. Si d'ailleurs il
se retire discrètement toutes les fois qu'il a fait son
office de fourrier intelligent, s'il ne nous chante pas
l'odieuse mélopée des « cicerone » ou des gardiens de
musée, s'il a la délicatesse de ne pas intervenir dans
nos admirations et de nous croire quelque spontanéité
de goût, — il sera sûr alors d'être pour nous un ami,
des meilleurs, de ceux qui, soigneux de n'être jamais
importuns, semblent estimer que le rôle actif de leur
amitié finit au moment où ils nous ont tirés d'em-
barras.....

Vous avez eu, mon cher ami, l'ambition d'être,
pour les visiteurs de notre Haute-Auvergne, ce guide,
plein de zèle, mais aussi de tact. Vous ne pouviez
manquer de réussir. Votre science de naturaliste,
l'intime connaissance du pays que vous avez acquise
par des explorations entreprises avec passion et

conduites en tout sens, votre désir sincère de rendre aimable à tous la petite patrie que vous aimez tant vous même, tout cela était garantie de succès. Quand vous nous avez fait part de votre projet, nous vous avons félicité ; voici l'œuvre accomplie : c'est à nous à en profiter et à inviter d'autres à en profiter comme nous. Mais pourquoi donc avez-vous voulu qu'il y eût une préface à ce livre qui se recommande assez de lui-même ? et, si vous désiriez un introducteur qui vous présentât à votre public, pourquoi l'avez-vous choisi si peu autorisé ?...

Pensiez vous cependant que nos montagnes eussent encore besoin d'être vantées aux amateurs de belle villégiature ? Leur réputation est faite ; et il est inutile de crier un boniment pour rassembler les curieux au seuil du Cantal. Les visiteurs vont nous venir ; ils sont déjà venus. On s'est enfin dépité d'entendre toujours citer Vic et sa vallée, Le Lioran et ses sapins, Salers et son décor féodal, les cîmes verdoyantes de nos Puys et de nos Plombs qui furent des volcans, sans connaître autrement ces sites, dont, à l'école, les enfants épèlent les noms dans les géographies élémentaires. La place nous manquerait plutôt pour recevoir, comme il convient, les hôtes, qui affluent de toutes parts. Mais voici que s'élèvent, parmi la verdure de nos prairies ou tout près de nos sommets, les vastes abris où le voyageur trouvera une hospitalité réconfortante que l'affabilité de notre accueil lui rendra plus chère. Dans les gares, des affiches, dont le gai bariolage chante pour les yeux la chanson des vacances joyeuses, publient la fierté des crêtes et le doux mystère des vallons d'Auvergne. Les avenues sont nombreuses et faciles, qui mènent aux pentes de laves, couvertes de gazou, aux portes des rustiques burons, aux larges pâturages ensoleillés où sonnent allègrement les clochetfes des troupeaux. Par ces avenues enchantées, par la montée rude sur laquelle la locomotive ha'ète vers le Lioran, par ce sentier hardi qui court au-dessus des précipices de la sauvage Maronne, par ces gorges merveilleuses au fond desquelles le chemin de fer rampe côte à côte avec la Cère, — le flot se précipite de ceux qui veulent nous connaître, et qui, quand ils nous auront connus, nous reviendront. Ce qu'ils verront dès l'arrivée fera naître en eux plus d'espérances que ne leur en suggèrerait la plus habile des préfaces. Mais, j'aurais mauvaise grâce à me mettre plus longtemps en tiers entre eux et vous, qui allez les diriger. Ce vous sera un beau rôle, et je vous l'envie.

Jean BESSIÈRES.

INTRODUCTION

Le but que je me suis proposé en publiant cet ouvrage a été de donner tous les renseignements nécessaires pour que les touristes, les botanistes et les géologues puissent parcourir notre département et voir tout ce qui peut les intéresser, sans perte de temps et trop de frais.

Ce livre est divisé en deux parties : la première comprend la description de tout le département divisé par arrondissements, cantons et communes.

On trouvera pour chaque commune la description des monuments anciens, des sites les plus remarquables, leur population, la distance de cette commune à son chef-lieu de canton, d'arrondissement et de département. Les noms des maîtres d'hôtels et ceux des loueurs de voitures. J'indique si la localité a une station ou une gare de chemin de fer, ou les voitures qui y correspondent. Je donne les noms des terrains et roches de chaque communes. J'indique les filons et gisements ainsi que les noms des plantes les plus rares qui y croissent.

La deuxième partie est exclusivement réservée aux excursions et ascensions.

Les touristes qui voudront passer un mois, quinze jours ou même huit jours, y trouveront des plans d'excursions qu'ils n'auront qu'à suivre. Quant à ce qui est de la description complète des vallées, sites, monuments, ils la trouveront dans les communes décrites dans la première partie de ce volume. La table alphabétique leur indiquera la page.

PREMIÈRE PARTIE

DÉPARTEMENT DU CANTAL

Division, Situation.

Le département du Cantal fait partie de l'ancienne province d'Auvergne. On le désignait autrefois sous le nom de Haute-Auvergne. Il emprunte son nom à la plus haute de ses montagnes.

Par sa position le département du Cantal occupe à peu près le centre de la France. La ville d'Aurillac, son chef-lieu, se trouve comprise sur le méridien de Paris. 555 kilomètres la séparent de la capitale.

La forme de ce département est celle d'un polygone irrégulier, avec un angle rentrant du côté de l'Aveyron.

Il est borné au nord par le Puy-de-Dôme et la Corrèze, à l'ouest par le Lot, au sud par la Lozère et l'Aveyron et à l'est par la Haute-Loire. Sa population est de 239,600 habitants et sa superficie est de 574,147 hectares. Il est divisé en quatre arrondissements qui sont : Aurillac, Mauriac, Murat et St-Flour. Il est divisé en 23 cantons et 268 communes. Ce département appartient au climat central ; mais les différences d'altitude (de 215 mètres à 1858) font que le climat varie beaucoup suivant l'altitude des lieux. L'altitude moyenne est de 800 mètres.

TOPOGRAPHIE

Lorsque le touriste arrive dans le Cantal, il se fait souvent une fausse idée de la configuration de ce département. Il voit d'abord les sommets alpestres et accidentés de la région centrale ; il porte ses regards étonnés des vallées profondes et pittoresques, aux plateaux qui se prolongent et s'étagent peu à peu jusqu'aux monts élevés. Il lui semble alors être dans une contrée très accidentée et très irrégulière. Mais qu'il se trouve sur le Plomb du Cantal avec une bonne carte, il pourra s'orienter et voir qu'il est difficile de trouver une autre contrée ou la symétrie et la simplicité topographique soient à un degré mieux définies ; les pics, les monts, les plateaux et les vallées lui apparaissent placés d'une manière régulière, autour d'un point central dont un immense volcan occupait l'espace.

Les terrains lui apparaissent aussi dans leur plus grande simplicité et une remarquable régularité. 1° le terrain primitif gneiss, micaschiste, talcschiste, granit ; 2° le terrain tertiaire d'eau douce, argile, arkose, sable, calcaire marneux. silex, calcaire, et enfin sur tous ces terrains un énorme cone volcanique de roches andésitiques et pyroxéniques (domite, brèche andésitique et pyroxénique, tuf ponceux, cinérite, andésite amphibolique, phonolite et basalte). A l'ouest du département une étroite bande de terrain houiller.

MONTAGNES

Le centre du département du Cantal était autrefois couronné par un gigantesque volcan dont les restes forment un immense cirque. Le Puy de Griou en occupe le centre. Ces restes ou témoins forment actuellement nos plus hautes montagnes.

Je vais les nommer par ordre de positions. Ce sont : Le Puy-Brunet (1806 mètres), le Cantalou (1805m), le Plomb du Cantal (1858m), le Pic du Rocher (1800m), le Puy Peyroux (1620m), le Roc de Combe-Nègre (1680m), le Puy de Bataillouze (1686m), le Puy de Peyre-Arse (1567m), les fours de Peyre-Arse (11697m), le Puy-Mary (1787m), le Puy de Chavaroche (1744m), le Courpon sauvage (1490m, le Pic de l'Elancèze (1503m) et au milieu le Puy de Griou (1694m).

Après avoir donné les noms de nos principales montagnes, je vais donner la nomenclature des principaux cols.

Cols

Les principaux cols qui s'étendent entre les montagnes sont : le Col de Cabre (1539ᵐ) entre les puys de Peyre-Arse et de Bataillouze ; le Col de Rombières, entre le puy de Bataillouze et les hautes croupes qui vont rejoindre le puy de Griou ; le Col de la Font des vaches entre les puys de Griou et de l'Usclade ; le Col du Lioran, entre les rochers de Combe-Nègre et le Lioran ; le Col des Sagnes (1250ᵐ) entre le Lioran et les premières pentes du plomb du Cantal ; le Col de la tombe du Père (1583ᵐ) entre le plomb du Cantal et le front de la Planèze ; le Col d'Eylac au pied du Puy-Mary, côté de la route de Murat à Salers, le Col de Néronne et le col de Pertus entre le Griou et l'Elancèze.

Je vais maintenant donner les noms des principaux plateaux.

Plateaux

Le plateau le plus important est celui de la Planèze, il est à l'est commandé par le plomb du Cantal ; sa surface est ondulée et présente un grand nombre de surélévations. Son altitude moyenne est de 1025 mètres.

Le Plateau du nord-est dominé par les pays de Gelneuf et de Pramajou, il s'étend à la fois vers l'Allagnon et vers Allanche. Son altitude moyenne est supérieure à celle de la Planèze.

Le Plateau du Limon, au nord, est le plus élevé mais le moins étendu ; il est commandé par les puys du Limon (1568ᵐ). Enfin le plateau de l'ouest qui porte les noms de plateau de Salers, plateau de Mauriac, plateau de Pleaux.

Voici maintenant les noms des 22 vallées du Cantal.

Vallées, Rivières

Le phénomène qui a amené le creusement des vallées, a commencé pendant le pliocène, a atteint son maximum d'intensité durant l'époque quaternaire, ou grâce au climat très rigoureux de cette période, la hauteur considérable des cîmes volcaniques du plateau central y amenait chaque été des pluies torrentielles, et pendant l'hiver, des chutes de neiges abondantes et les hauteurs de la glace formèrent des glaciers qui descendaient très bas. Il en est résulté des ravinements profonds, des transports de blocs volumineux. L'été avec des adoucissements du climat amenait la fonte rapide des neiges et augmentait encore l'intensité de ses effets.

Les 22 vallées qui descendent des hauteurs du cône volcanique sont divisées en 2 catégories, les vallées de premier ordre et les vallées de deuxième ordre.

Les premières au nombre de douze sont : Les vallées de la Cère, de la Jordanne, de l'Allagnon, de Brezons, de Prat, de Bouc, de la Santoire, de la Rhue, de la Marse, de la Maronne, de l'Aspre, de la Bertrande et de la Doire.

Les vallées de deuxième ordre au nombre de dix sont : Les vallées du Goul et du Siniq sur le plateau du Puy gros ; du Lander, sur la Planéze ; du Lommet et du Grolle, sur le plateau du Limon ; de la Néronne, de la Sumène, du Marlhou, sur le plateau du Suc-de-Rond ; de l'Auze, sur le plateau de Salers ; du ruisseau de Lamerlie qui descend des rochers basaltiques, situé entre les vallées de la Doire et de la Bertrande. Toutes ces vallées sont arrosées par des rivières qui portent leur nom.

LACS

Les lacs du Cantal présentent trop peu d'importance pour offrir un grand intérêt. Voici les principaux :

Lacs de La Crégut, 4 kilomètres de tour, de la Cousteix, de la Lignal, le lac noir, le lac du Lac, de Madic, de Menet, de la Bourboulie. Il est à remarquer que tous les lacs sont dans l'arrondissement de Mauriac.

MINÉRALOGIE, BOTANIQUE

Le lecteur trouvera à la suite de chaque commune tout ce qui pourra l'intéresser à ce sujet.

ZOOLOGIE

La faune du département du Cantal n'est plus aussi intéressante qu'autrefois, cela tient au déboisement que ce département a subi. Malgré cela il offre encore de grandes variétés. Je ne vais donner ici que les espèces les plus rares :

Mammifères. — Le chevreuil, le sanglier, la loutre, la martre, le blaireau, le hérisson, la belette, la fouine, le putois, le lynx, le loup, le renard, le lièvre, le lapin, l'écureuil, le rat, la chauve-souris, la taupe et le mulot.

Oiseaux diurnes. — Aigle, vautour, milan, faucon, épervier, émerillon, crécerelle,

Oiseaux nocturnes. — Hibou, moyen-duc, chat-huant, hulotte.

Oiseaux de passage. — Le rossignol, l'hirondelle, la caille, la bécasse, les canards sauvages, les sarcelles, les pluviers, les vanneaux, les cigognes, les grues et les cygnes.

Poissons. — Les poissons sont représentés par le saumon, la truite, l'ombre, le brochet, le barbeau, la carpe, la tanche, l'anguille, le goujon, la loche et le chabot.

Reptiles. — La vipère, la couleuvre, l'orvet, le lézard vert, le lézard gris,

Batraciens. — Crapaud, grenouille et salamandre.

Annelides. — Sangsues.

Insectes. — Parmi les insectes, on trouve une myriade de papillons et de coléoptères.

Molusques. — Les molusques sont aussi très variés, et le bassin d'Aurillac contient des coquilles terrestres et fluviatiles très rares.

Crustacés. — L'écrevisse et les cloportes.

Saison des excursions.

La saison la plus favorable pour visiter les montagnes du Cantal commence en juin et finit fin septembre ; mais les mois de juillet et d'août sont les plus favorables.

ARRONDISSEMENT D'AURILLAC

L'arrondissement d'Aurillac est divisé en huit cantons qui sont :

Aurillac nord, Aurillac sud, Laroquebrou, Maurs, Montsalvy, St-Cernin, St-Mamet et Vic-sur-Cère.

CANTON NORD D'AURILLAC

Le canton nord d'Aurillac est formé de onze communes qui sont : Aurillac, Giou-de-Mamou, Laroquevieille, Lascelles, Mandailles, Marmanhac, St-Cirgues-de-Jordanne, St-Julien, St-Simon, Velzic et Yolet.

COMMUNE D'AURILLAC

(AURILLAC VILLE)

Distance de Paris : 555 kilomètres.
Population : 16,756 habitants.
Hôtels : de Bordeaux, du Commerce, St-Pierre, des 3 Frères et Besse.
Loueurs de voitures : Sourdoire, Arnaud, Baconet, Baldeyrou, Bersagol, Besse, Cantuel, Caranove, Cibié, Couderc, Leymarie.

Description et statistique.

Aurillac, anciennement capitale de la Haute-Auvergne, aujourd'hui chef-lieu de Préfecture du département du Cantal est une jolie ville d'environ 17,000 habitants, située sur les deux rives de la rivière, la Jordanne, presque au point terminus de la vallée.

(Latitude 44°55'41", longitude 0°6'22", altitude 622 mètres. Distance de Paris, 555 kilomètres).

La position d'Aurillac est des plus heureuses au point de vue pittoresque. D'abord assez resserrée entre les deux hauteurs voisines qui portent, l'une sur la rive gauche, le couvent du Buis, l'autre, sur la rive droite, le château de St-Etienne, la ville s'élargit en descendant le cours de la rivière, et, dans son expansion toujours croissante, commence déjà à éparpiller dans la riche et magnifique plaine d'Arpajon de nouvelles et blanches constructions.

Rien n'est plus grâcieux dans les beaux jours que cette ville aux toits rouges, enfouie dans le vert intense que les montagnes du Cantal sont seules à posséder. Partout ou l'œil se fixe il aperçoit des coins de riches prairies, de luxuriantes frondaisons. Au nord, dans le lointain bleuâtre, les cîmes du Chavaroche, de l'Elancèze, de Peyre-Arse, du Puy-Mary et la dentelure du Col de Cabre ; au midi, la vaste plaine d'Arpajon aux prés immenses séparés des haies de peupliers, avec un horizon presque sans fin, à peine assombri par les hautes futaies de Tronquières et la forât accidentée de Conros. Aucun heurt dans ce paysage dont la vision charme comme une caresse l'œil partout reposé : le ciel, comme dans tout les pays de haute altitude, a p'utôt la teinte adoucie de la turquoise que le bleu profond du saphir, et la terre, uniformément verte, passe par toutes les variations de couleur de l'émeraude.

Pour bien se rendre compte de la magnificence de ce paysage, nous engageons les voyageurs et les touristes à gravir la hauteur de St-Etienne et, arrivés au château, à monter sur la terrasse de la vieille tour qui domine Aurillac. Ils ne regretteront pas la fatigue à peu près nulle de cette petite ascension (895).

Histoire période antique.

Aurillac comme cité, a exactement mille ans d'existence historique certaine. Antérieurement à la fondation du monastère St-Pierre, par saint Géraud, les documents, actes testamentaires, traités, annales, histoires, sont muets sur tout ce qui concerne cette ville. Il n'est pas jusqu'à l'étymologie de son nom qui ne soit obscur, et qui vrai casse-tête archéologique, n'ait fait couler des torrents d'encre de la plume des savants du pays. La lumière n'a pourtant pas jailli du choc de ces controverses qui tournèrent toujours à l'aigre et après lesquelles, suivant l'habitude en pareilles circonstances, chacun s'enferme plus hermétiquement qu'avant dans son opinion

Les uns tenaient pour : *Aurilacus* (lac d'or), hypothèse admissible puisque jusqu'en 1750 les orpailleurs tiraient de la Jordanne des paillettes de métal précieux ; les autres pour *Aureliani-acum* ou *Aurelii-acum* (bourg d'Aurilien ou de Marc-Aurèle), hypothèse assez admissible aussi puisqu'au milieu du siècle dernier, sur les pentes du rocher de St-Etienne on trouva des armes, des urnes, des statuettes et des poteries gallo-romaines, ce qui reculerait la date de la fondation jusqu'aux empereurs. D'autres enfin tenaient pour une étymologie celtique, vu la façon antique d'orthographier le mot *Orlhac*, mais ans pouvoir, et pour cause, dire ce que cela pouvait bien signifier.

Le lecteur comprendra que nous ne décidions rien en ces matières et que nous lui laissions la liberté complète de suivre son penchant historique pour les unes ou les autres de ces étymologies, la lice étant encore ouverte et le combat ayant cessé, sans vainqueur ni vaincus, faute de combattants.

Ou les faits prennent de la certitude, c'est à partir de 880. A cette époque, Géraud, fils de Gérald comte d'Auvergne et de Limousin, descendant du côté paternel de la famille de Charlemagne, et par les aïeux de sa mère Adeltrude de l'empereur Constantin, était seigneur d'Aurillac. Un fait incontestable est celui-ci : c'est que deux églises existaient dans la vallée, l'une dédiée à St-Etienne premier martyr, qui servait d'oratoire au château, l'autre, St-Clément, qui fut la première paroisse du bourg dépendant de la Seigneurie et dans laquelle le père et la mère du comte Géraud furent ensevelis.

Le comte Géraud fut le modèle des princes de son temps. Les innombrables vassaux qui vivaient sur ses domaines immenses furent toujours préservés par lui des attaques des seigneurs voisins et du pillage et de l'incendie qui dévoraient la France sous les impuissants rois carlovingiens. Pieux, charitable, bienveillant en tout et pour tous, surtout pour les faibles, il vécut dans le monde avec toute l'austérité du c'oître et le plus rigoureux célibat.

Après plusieurs voyages à Rome, le comte Géraud résolut de fonder une abbaye à Aurillac. Pour rendre son œuvre durable, il la mit sous la seule protection du Pontife romain, avec la garantie absolue de l'indépendance la plus complète vis-à-vis de tout pouvoir temporel. L'abbaye d'Aurillac fut commencée en 890, et cinq ans après (895) l'église abbatiale était consacrée.

Le Monastère fut clos de murs très forts et comprit l'immense espace qui s'étend entre la rivière et la porte St-Etienne, les rues du Collège et des Fargues, et le boulevard du Pavatou.

Le comte Géraud mourut en 925.

Climat.

Le site d'Aurillac appartient au climat variable, qui se distingue par la beauté de l'automne. L'hiver est froid et pluvieux, la neige tombe souvent en grande abondance, il commence en novembre pour ne finir la plupart du temps qu'en mai. En raison du voisinage des montagnes, la pluie occasionne un abaissement considérable dans la température, d'où viennent les variations climatériques très brusques. L'été est généralement sec et la chaleur souvent intense.

Etat actuel de la ville d'Aurillac.

Aurillac, chef-lieu du département du Cantal, est le siège de l'administration supérieure, Monsieur le Préfet y réside assisté par un Conseil de Préfecture composé de trois membres. C'est à la Préfecture que se réunissent le Conseil général du département, composé de 23 membres, et le Conseil d'arrondissement.

La vil'e est administrée par un Conseil municipal de 27 membres dans le sein duquel ont été choisis le maire et ses deux adjoints.

Aurillac est le chef-lieu de la 50ᵉ Brigade d'infanterie commandée par un général de brigade, il est aussi le centre des principales administrations. Les finances sont gérées par un Trésorier payeur général.

L'administration de l'enregistrement et des domaines compte à Aurillac, un directeur, un inspecteur, un sous-inspecteur, un conservateur des hypothèques et deux receveurs ou commis de direction.

La Conservation des Forêts est représentée par un Conservateur, un inspecteur et un sous-inspecteur ou garde général.

La Direction des Contributions directes se compose du Directeur, de l'inspecteur, du contrôleur principal, du commis de direction et de contrôleurs.

La Direction des contributions indirectes y compte un Directeur, un inspecteur, des commis de direction, un receveur principal, un entreposeur, un contrôleur, des receveurs et des commis.

Le service des ponts-et-chaussées, compte un ingénieur en chef, un ingénieur ordinaire, des conducteurs et des commis.

L'administration des postes possède à Aurillac, un Directeur, un inspecteur, un receveur, un commis principal et des employés.

Aurillac possède aussi un dépôt d'étalons régi par un directeur, un sous-directeur, un brigadier-chef, plusieurs brigadiers, et des palefreniers.

Le service du recrutement militaire est dirigé par un commandant, un capitaine, un lieutenant, des sergents et soldats de la section.

L'intendance est administrée par un sous-intendant, un officier d'administration, des sergents et des soldats de la section

La gendarmerie est composée d'un commandant, d'un capitaine et d'un lieutenant trésorier.

Il y a à Aurillac deux hospices, l'hôpital municipal et l'asile des aliénés.

La justice est rendue à Aurillac : 1º Par un tribunal de première instance, composé d'un président, de deux juges, de juges suppléants, d'un procureur de la République, d'un substitut et d'un greffier; 2º par deux justices de paix l'une pour le canton nord et l'autre pour le canton sud, de deux greffiers ; 3° pour les affaires consulaires, par un tribunal de commerce composé d'un président, de juges, de juges suppléants et d'un greffier, et enfin d'un tribunal de simple police composé des deux juges de paix, d'un commissaire de police et d'un greffier.

L'Instruction publique est représentée par un inspecteur d'académie et un inspecteur primaire. Le Lycée est dirigé par un proviseur, un censeur, un économe et un commis d'économat.

Les écoles normales primaires des instituteurs et des institutrices sont dirigées par un directeur et une directrice et des économes. Aurillac possède en outre plusieurs écoles laïques et congréganistes.

Monuments et promenades.

CHATEAU DE ST-ETIENNE

Le château de St-Etienne dont la construction remonte à Saint Géraud, fut détruit par un incendie en 1868, on ne put en conserver qu'une tour carrée. Sur l'emplacement de l'ancien château on a construit d'immenses bâtiments qui servent à loger l'école normale primaire des garçons.

Ce château situé à mi-coteau domine la ville, et de la plate-forme de la tour on voit se dérouler un superbe panorama.

EGLISE DU MONASTÈRE OU DE ST-GÉRAUD.

L'église de St-Géraud réédifiée au commencement du XVII° siècle ne fut terminée qu'en 1643. Elle appartient au style ogival, et n'offre qu'une ornementation flamboyante. Les nervures prismatiques de la voûte viennent se fondre dans les piliers. Deux chapelles seules, celle de St-Géraud et celle du Sacré-Cœur, sont tout ce qui reste du monument primitif. On achève actuellement le clocher dont la tour aura 36 mètres et la flèche atteindra 60 mètres.

Cette église possède de magnifiques orgues, plusieurs livres de lutrins, précieux manuscrits exécutés par les frères Combes.

Parmi ses tableaux on cite : un saint François-Xavier mourant, attribué à Zurbaran, et une déposition de croix de Van-den-Berghe ; en sortant de l'église de St-Géraud, il faut aller voir sur la place du Monastère la vasque de la fontaine en serpentine d'un seul bloc.

Église de Notre-Dame-aux-Neiges ou des Cordeliers

Cette église date de la même époque que la précédente, offre la forme d'une longue nef, et ne présente aucun caractère distinctif. Sa voûte d'une inclinaison puissante, n'est pas soutenue par des colonnes, mais repose sur d'épaisses murailles soutenues à l'extérieur par des contre-forts munis d'arcs-boutants. On distingue parmi les tableaux, la Cène du Bassan, qui décorait autrefois le refectoire des pères Cordeliers, et un saint Ignace dans sa cellule. A remarquer aussi une vierge noire.

La maison Consulaire

Cette maison du style gothique est le monument le plus remarquable que possède Aurillac, elle est ornée de quatre tourelles élancées reposant sur des culs-de-lampe ornés. Mais la partie la plus belle est le portail qui encadre deux croisées en cro x, finit au second étage. Les sculptures sont remarquables.

Chapelle d'Aurinques

Cette chapelle fut construite à l'endroit où Guy de Veyre trouva une mort glorieuse en défendant, dans la nuit du 4 au 5 août 1581 la ville attaquée par les huguenots.

Préfecture

La Préfecture du Cantal, monument construit en 1802, n'offre, au point de vue architectural, rien de bien remarquable. C'est un hôtel très agréable dont la façade principale donne sur la place de la Préfecture et l'autre s'ouvre sur de beaux jardins dont la vue s'étend sur la place du Gravier.

HÔTEL-DE-VILLE

L'Hôtel-de-Ville d'Aurillac est un monument qui date du commencement de ce siècle. On travaille actuellement à le restaurer.

PALAIS DE JUSTICE

Le Palais de justice est un beau monument situé sur la place du Square. Il est flanqué, à droite, de la prison, et à gauche, de la gendarmerie. L'entrée est très belle.

LYCÉE

Le Lycée de construction récente est un monument bien situé présentant toutes les garanties de l'hygiène et tout le confort que l'on peut désirer pour un établissement de ce genre.

LES HOSPICES

L'hôpital civil et l'hôpital militaire ainsi que l'asile des aliénés sont situés dans un vaste terrain dont l'entrée principale donne sur l'avenue de la République. Toutes ces constructions, quoique faites sans luxe, sont bien aménagées et ne laissent rien à désirer sous le rapport de l'hygiène.

LES CASERNES

On compte à Aurillac deux casernes : les casernes de l'infanterie et celles de la remonte Les premières sont situées rue des Carmes, dans un vaste terrain, divisées en trois bâtiments distincts. Elles sont de construction récente. Les casernes de la remonte sont neuves, situées sur la route de St-Simon, elles sont aménagées pour contenir un grand nombre de chevaux.

LES HARAS

Les haras dont l'entrée principale est rue des Carmes, forment une série de plusieurs bâtiments situés dans un bel enclos. On y remarque de beaux spécimens de chevaux.

L'hôtel de Noailles

Cet hôtel situé dans la rue du même nom et non loin de la place de l'Hôtel-de-Ville, appartient aujourd'hui à M. de Falvelly. On y remarque une salle dont le pourtour est couvert d'une boiserie à compartiment inégaux, séparés entre eux par des moulures dorées. Dans cette boiserie se trouve enchassés trente panneaux ornés de peinture à l'huile représentant des sujets bibliques. Chaque montant de la cheminée contient deux médaillons, sur chacun desquels est peint, dans un riche fond d'or, un pontife que l'on croit devoir représenter Gerbert. On désigne cette salle sous le nom de chambre du cardinal.

Maison du poète Maynard

On remarque dans la rue d'Aurinques, au n° 35, une maison dont la pierre qui surmonte la façade porte l'inscription suivante : *Donec optata veniat.* C'est dans cette demeure qu'est né le poète Maynard l'enjoue, secrétaire de Marguerite de Valois.

Musées

MUSÉE DE PEINTURE

Le nouveau Musée d'Aurillac dont le plan fait par M. Marion, ingénieur en chef, sera bientôt terminé. Il sera situé dans l'ancienne chapelle du Collège. Le portail qui lui servira d'entrée est une œuvre fort remarquable.

Ce Musée, dont un certain nombre de tableaux ont une grande valeur artistique, doit sa création et son organisation à M. H. de Parieu, ancien maire, et à M. Éloi Chapsal.

Pour ce qui est de l'installation du Musée dans la nouvelle salle, on peut compter sur le talent et le goût artistique du nouveau Directeur, M. Matre. Le Musée de Peinture et Sculpture, sans être très riche, n'en possède pas moins quelques tableaux et quelques sculptures de maîtres. A citer les principaux :

Le Crucifiement de Giotto. — La vierge au Lapin du Corrège.— La vierge avec l'enfant Jésus et saint Sébastien, d'Alessandro Cassoloni. — Un saint avec un Lys à la main de Rutilio Manetti. — Saint Pierre délivré de la prison par un ange, de Brachia. — Vierge allaitant l'enfant Jésus, de Cesare Gennari. — Un portrait de Van-Dick. — Portrait d'homme, de Rembrandt. — Portrait d'homme vêtu de noir, de Van Dick. — Portrait de Charles Ier, roi d'Angleterre, de Van Dick. — Portrait de femme, de Van Dick.— Une marine, de William-Van-der-Velde. — Louis XV jeune, de Carle Vanloo. — Mort du chevalier d'Assas, de Callias. — Prédication de saint Paul à Ephèse, de Lesueur. — Diogène jetant son écuelle, de Nicolas Poussin. — Une marine, de Joseph Vernet. — L'amour désarme, de Nattier. — Le Christ sur la croix, de Prudhon. — Velleda et Eudore, de Voillemot. — Charge du 2e hussards (bataille de Solferino), de Janet Lange. — Noël, de Léuy. — Retour de l'enfant prodigue, de Tabar. — Œdipe et Antigone, de Humbert. — Docteur Civiale, de Hersent. — Judith et Holopherne, d'Horace Vernet. — Les enfants d'Edouard, de Paul Delaroche. — Jacob et Lebon, de Schopin. — L'amour de l'or, de Couture. — Une femme jouant de la Mandoline, de Schelès-Inger-Henry. — Poète mort à l'hôpital, de Chapsal, Eloy. — Portrait du général Michaud, de C. Verhust. — La redevance, de Monginot. — Dante et Virgile, E. Delacroix. — Le martyre de St-Hippolyte, de Casey Daniel. — Orphée, de Laemelin. — Fidélité d'un Satrape, de Lagrénée. — Jeune fille cueillant des raisins, de Wateau. — Aspasie, de L. Charbonnel. — L'éducation d'Achille, par Vagrez, Jacques.

SCULPTURES

Psyché endormi, d'Oudinet — Antinous, buste antique. — Mercure inventant la lyre antique. — Trois bas-reliefs de David d'Angers. — Un moine, de Pascal. — Une Vénus de Milo (réduction de Collas. — Le Gladiateur, combattant, antique. — Diane à la biche, réduction. — Apollon du Belvédère, antique. — Une fille de Niobé, buste. — Auguste, empereur, buste antique. — Diane de Gabies, buste. — Bacchante de Soudry, buste. — La Vénus d'Arles, buste. — La Vénus de Médicis, buste. — Ecorché par Houdon, statue.

MUSÉE SCIENTIFIQUE, MINÉRALOGIE, ROCHES, BOTANIQUE

Ce Musée qui sera formé en grande partie par la collection Rames se trouvera à l'Hôtel-de-Ville. Il se composera des roches et des minéraux du Cantal, et d'un herbier aussi complet que possible, le tout classé avec beaucoup d'ordre.

PLACES ET PROMENADES

Les places et les promenades les plus fréquentées du public Aurillacois sont la place du Square, joli petit jardin public dans lequel les enfants viennent jouer pendant les beaux jours, et dont le pourtour planté de beaux maronniers sert de promenade; on pourra voir aussi sur cette place un superbe Wellingtonia planté en 1889 en commémoration de la révolution de 1789.

La place du Gravier n'est guère fréquentée que pendant les foires de la St-Urbain (mai et juin), époque ou des marchands étrangers viennent faire étalage de marchandises de tout genre. C'est sur cette place que la musique militaire se fait entendre les jeudi et dimanche de chaque semaine. Un joli kiosque a été construit à cet effet.

La promenade du Barra est aussi très suivie et lorsque le temps est beau on est toujours sûr d'y trouver une foule de jeunes dames et de jeunes filles qui ne se lassent jamais de monter la cote afin de contempler la belle et luxuriante plaine d'Arpajon.

A citer encore la place de l'Hôtel-de-Ville qui sert de marché, la place du Monastère et celle de Vic, les places d'Aurinques, de St-Etienne et la promenade d'Angoulême.

COMMUNE DE GIOU-DE-MAMOU

Distance d'Aurillac : 9 kilomètres.
Population : 630 habitants.
Hôtels
Postes et télégraphes : desservi par Aurillac.

Giou-de-Mamou est un petit bourg situé à la naissance d'un joli petit vallon. Son église est de style gothique et régulière dans sa forme. Altitude 824 mètres. On va à Giou par la route d'Aurillac à Vic ; c'est au 8ᵉ kilomètre que la petite route de Giou vient bifurquer.

GÉOLOGIE

Les villages de Mamou-haut, Mamou-bas, L'hopital, Pays-haut, Trepsat, La Rombière, sont sur brèche andésitique. A Cavailhac et la Maison-Neuve on trouve le trachyte inférieur. Le village de Carnéjac est sur moraine glaciaire. A Roques et Bancou on trouve la basalte miocène.

FLORE

On trouve daus cette commune : digitalis purpurea, anthemis nobilis, brunella major et dans les endroits marécageux, le parnassia-palustris, silene flos cuculi.

COMMUNE DE LAROQUEVIEILLE

Distance d'Aurillac : 18 kilomètres.
Population : 855 habitants.
Hôtels : Bouyssou et Roche.
Loueur de voitures : Gaillard.
Postes : possède un bureau.

Laroquevieille est un petit bourg situé dans un vallon abrité par d'énormes rochers. L'égl'se a été construite à deux époques différentes : une partie semble appartenir au XIIIᵉ siècle, l'autre au XVᵉ, elle n'a rien de remarquable. On voit à Ferluc une cascade. A Ginalhac on remarque des roches volcaniques qui affectent les formes les plus bizarres. On voit à Caissac un château bien siué. A Tidernat on trouve un souterrain gaulois. A Sauminac on remarque des rochers qui affectent les formes curieuses et dans l'un d'eux est une grotte qui parait remonter à la plus haute antiquité. (Grotte des Fades)

COURRIERS ET CORRESPONDANCES

Une voiture part tous les soirs d'Aurillac à 3 heures et arrive à Laroquevieille à 5 heures, prix 1 fr. Altitude 820ᵐ.

GÉOLOGIE

Toute cette commune est sur brèche andésitique. On trouve une bande d'alluvions anciennes qui part de Laroquevieille et suit toute la vallée jusqu'à Jussac.

FLORE

On trouve dans cette commune le senecio adonidifolius, sur les plateaux, arnica montana, gentiana, lutea, cineraria, aurantiaca.

COMMUNE DE LASCELLES

Dis'ance d'Auri'lac : 16 kilomètres.
Population : 656 habitants.
Hôtels : Bastid, Vergnol.
Loueur de voitures : Chautard.
Postes : Possède un bureau.

Lascelles est un petit bourg situé au premier gradin de la montagne. On remarque l'énorme rocher de Roque-grande qui est placé là comme limite de la vallée inférieure avec la plaine de Velzic, d'un côté, et de l'autre, la vallée supérieure avec les hautes montagnes qui la dominent. L'église est très ancienne et de style bysantin, elle semble appartenir au XIIe siècle. A l'extérieur elle est entourée de colonnettes. Son portail est décoré d'une jolie guirlande encadrée de torsades. A Lapeyre on remarque un vieux château situé sur un rocher.

Un courrier partant d'Aurillac fait tous les soirs à 3 heures le service de Lascelles, prix 1 fr. Altitude 767^m.

GÉOLOGIE

Presque toute cette commune se trouve sur brèche andisitique. Près du bourg on trouve de l'andésite à amphibole et à labrador. Les villages de Viers, de Jaulhac, La Flandonnière, sont alluvions anciennes : on trouve la cinérite à Hougades.

On trouve dans cette commune : sur les hauts plateaux, les plantes qui croissent en général sur les montagnes, dans la vallée le veratrum album, meum athamonticum saxifraga stellaris.

COMMUNE DE MANDAILLES

Distance d'Aurillac : 25 kilomètres.
Population : 635 habitants.
Hôtels : Doly, Hervieux.
Loueur de voitures : Doly.
Postes : Possède un bureau de postes et télégraphes.

Le bourg de Mandailles, le plus élevé de cette merveilleuse vallée de Jordanne, est situé presque au cœur des montagnes, dans un cirque qui présente un coup d'œil vraiment féérique, du pied duquel s'élèvent le Puy de Chavaroche, le Puy-Mary, le Puy de Peyre-Arse, le Puy de Bataillouze, le Puy de Griou, le Griounou, le Puy de Lusclade et enfin le Pic de l'Elancèze. Toutes ces montagnes qui l'entourent, dressent leurs têtes majestueuses et semblent former une immense couronne dont les fleurons atteignent 1800^m d'altitude. Pour compléter ce vrai décor d'opéra, on y voit les roches les plus bizarres que contournent des torrents qui fuient en serpentant et vont former de fraîches cascatelles. A côté de ces cônes pierreux, de belles forêts aux tons les plus variés, une végétation alpestre, de superbes cascades, (celles de Liadouze et de Larmandie), et pour terminer, la Jordanne cette artère fécondante de la vallée qui s'échappe de plusieurs sources, pénètre sous les frais ombrages de la forêt de Rombières, dont elle sort grossie, pour aller de là un peu plus loin, former, au fond des rochers, une merveilleuse cataracte. Altitude 927 mètres.

Un courrier partant d'Aurillac à 3 heures du soir fait le service de Mandailles, en 3 h. 1/2, prix 1 fr.

Géologie

Toute la commune se trouve sur brèche andésitique On trouve près de Lasteyries de l'andésite à amphibole et à Labrador. A Reymond on trouve de la cinérite. On trouve à Bénéch un filon d'alun de roche. On trouve au-dessus de Liadouze de la phono ithe qui provient du Puy de Griou. On trouve aussi au dessus de Larmandie de la phonolithe scoriacée.

Flore

On trouve au Puy-Mary (cardamine resedifolia, lunaria rediviva, brèche de Rolland). (Cochlearia pyrenaïca, saxifraga oppositifolia, saxifraga androsacea, le saxifraga hiéracifolia, se trouvent dans les flancs humides des rochers de la brèche de Rolland). A la base du Puy-Mary, Dryas octopetala ; au sommet du Puy-Mary, Hiéracium cantalicum, et au sommet des roches de la brèche de Rolland on trouve le Phyteuma betonicifolium.

COMMUNE DE MARMANHAC

Distance d'Aurillac : 15 kilomètres.
Hôtel : Lathelize.
Population : 1348 habitants.
Loueur de voitures : Lacoste.
Postes : Possède un bureau de postes et télégraphes.

Marmanhac est un joli bourg, situé au milieu de la superbe vallée d'Authre, qui va s'élargissant insensiblement et s'ouvre en éventail dans la plaine de Jussac. De chaque côté de cette vallée se trouvent des côteaux assez élevés, les uns boisés, les autres semés de rochers du caractère le plus pittoresque.

L'église est fort ancienne, son rétable est très beau.

On voit à Niocel les ruines d'un ancien château. A Roquenatou, sur un rocher qui domine Marmanhac, se trouvent les ruines d'une ancienne forteresse. On y voit une chapelle restaurée depuis peu. A voir, le vieux château de la Voûte et le beau château de Sédaiges, restauré depuis peu et entouré d'un beau parc.

Courriers et Correspondances

Une voiture partant d'Aurillac à 3 heures du soir pour Laroquevieille passe par Marmanhac ; prix, 1 fr.; durée du trajet 2 heures. Altitude 675 mètres.

Géologie

Marmanhac, la Voûte, Laprade et le moulin d'Estangue, sont sur alluvions anciennes. On trouve à la Conthie le basalte porphyroïde ; le reste de la commune est sur brêche andisitique.

Flore

On trouve dans cette commune à Roquenatou l'helleborus viridis.

COMMUNE DE St-CIRGUES-DE-JORDANNE

Distance d'Aurillac : 17 kilomètres.
Population : 588 habitants.
Hôtel : Gard.
Loueurs de v itures :
Postes : Desservie par le bureau de Lascelles.

Le bourg de St-Cirgues est situé dans un des sites les plus pittoresques du pays. Son paysage pourrait être comparé à ceux de l'Oberland suisse et laisse une impression profonde chez le touriste qui le visite. Il est entouré de deux côtés de chaines de montagnes d'une grande hauteur, dont les croupes ondulées et couvertes de gazon, se terminent au pied de l'Elancèze et du Chavaroche qui semblent l'entourer de leurs altiers contreforts. Vingt cours d'eau viennent se réunir à la Jordanne et chacun de ces ruisseaux baigne un petit vallon, qui par sa grâce, sa fraîcheur, ses petites cascades, mériterait une description particulière. Certes la vallée est belle ! mais les gorges profondes de la Jordanne méritent qu'on s'y arrête.

La Jordanne suit une magnifique galerie qui commence aux portes de Jordanne pour se précipiter de cascades en cascades dans des abîmes ou des blocs énormes ont roulé, se sont parfois, agrégés l'un à l'autre, ont formé des arceaux naturels, des monticules couverts de mousse et d'arbrisseaux, qui vus du haut des berges, dessinent le plus fantastique et le plus effrayant tableau. Mais le spectacle le plus attrayant de cette nature sauvage, c'est la vue de ces belles cascades qui s'élancent majestueusement du haut des rochers et viennent, en pluie argentée, se briser au fond du précipice. Les cascades du Chaumeil sont les plus belles (au 21 k.), elles se précipitent l'une en face de l'autre. On en voit une s'échapper d'une touffe d'arbrisseaux pour bondir de 20 mètres de hauteur; L'autre étage ses chûtes et parvient à la Jordanne par 5 cascatelles. Non loin des cascades du Chaumeil on en voit deux autres qui se précipitent avec fracas au fond du gsuffre d'Enfer. Un peu avant au 18 k.600 sur un chemin qui touche aux bords de l'abîme, et n'est soutenu que par l'entrelacement des racines de grands arbres qui dominent le gouffre, le touriste entrevoit, non sans frayeur, un abîme aux incommansurables profondeurs que l'on nomme le Saut de la Menette.

Courriers et Correspondances

Un courrier partant d'Aurillac tous les soirs à 3 heures, fait le service de St-Cirgues; prix, 1 fr.; Altitude 767 m.

Géologie

Toute cette commune est sur brèche andésitique. On trouve au village de Parrade un filon d'andésite à amphibole et à labrador. Le village du Liaumiers se trouve entre deux petites masses de basalte des plateaux.

Flore

On trouve dans cette commune le verbascum blattaria, solidago virga aurea, saxifraga stellaris, saxifraga airson; dans les endroits humides, chrysosplenium oppositifolium.

COMMUNE DE St-JULIEN-DE-JORDANNE

Distance d'Aurillac : 23 kilomètres.
Population : 523 habitants.
Hôtels : Vergnes, Gerckes.
Loueur de voitures : Manhes.
Postes : Desservie par le bureau de Lascelles.

St-Julien est un joli bourg, bien bâti et admirablement situé dans cette belle valée de Mandailles. La Jordanne quoique moins encaissée qu'à St-Cirgues, n'en offre pas moins un tableau souvent grandiose. On voit de chaque côté les crêtes dures et âpres des montagnes de gigantesques rochers qui s'élancent jusqu'à la cîme des monts. le tout alternant avec des ravins et des cascades qui viennent finir dans le vallon dont les prairies sont couvertes de fleurs aux vives couleurs. Parmi les rochers les plus curieux il faut citer le roc de Combières pain de sucre basaltique d'une grande hauteur, situé entre les villages de Laveyssière et de la Reveilladie Les rochers de Las-lières, le roc de L'abbas, le roc de l'Issouradou et le rocher de Chage ; on trouve non loin de là plusieurs grottes qui ont été des habitations troglodytiques, dont une a une certaine profondeur.

On trouve à St-Julien deux sources d'eau minérales très agréables et très gazeuses, celle de Curadis et celle de Perruchez.

COURRIERS ET CORRESPONDANCES

Une voiture publique partant d'Aurillac à 3 heures du soir fait le service de Mandailles et passe par St-Julien ; prix, 1 fr.; durée du trajet, 3 heures. Altitude, 908 mètres.

GÉOLOGIE

Toute cette commune se trouve sur brèche andésitique.

FLORE

On trouve dans cette commune les plantes qui sont à Mandailles et à St-Cirgues.

COMMUNE DE St-SIMON

Distance d'Aurillac : 5 kilomètres.
Population : 1427 habitants.
Hôtels : Combes, Lussert, Serges.
Postes : Desservi par le bureau d'Aurillac.

St-Simon est un bourg agréablement situé au milieu de vertes prairies et arrosé par la Jordanne. Ses maisons un peu éparses et entourées de jardins sont d'un coup d'œil très agréable.

Le paysage est ici moins grandiose que dans les parties supérieures de la vallée Parfois néanmoins, surgissent des sites et des reliefs de l'effet le plus pittoresque. Les sommets géants de la montagne se montrent sur l'arrière plan et en relèvent singulièrement la beauté. La Jordanne maintenant reposée des fatigues d'un chemin souvent difficile, promène paisiblement les flots argentés de ses eaux et les fait miroiter tour à tour aux pieds des beaux villages de Clavières, Rouffiac et d'Oyez d'où l'on découvre un vieux château situé sur une terrasse soutenue par des grands murs basaltiques. Lestrade dans la plaine et Belliac où Gerbert enfant jouait avec les pâtres, avant de devenir l'illustre pape Sylvestre II On trouve à Labeau un joli château entouré de hêtres et de pins. A Lalaubie on voit un château admirablement situé entouré d'un beau parc. A Mazic on voit aussi un joli château. Au Martinet on trouve une jolie habitation. On trouve à Boussac une église qui sert d'église paroissiale. Il en est de même de St-Jean-de-Dône qui a aussi une église. Altitude, 700 m.

COURRIERS ET CORRESPONDANCES

La voiture de Mandailles qui part d'Aurillac à 3 heures du soir, passe par St-Simon ; durée du trajet : 30 minutes; prix, 0 fr. 50.

GÉOLOGIE

Le bourg de St-Simon, Belliac, Clavières, Rouffiac sont sur alluvions anciennes. Oyez est sur basalte des plateaux et le Martinet est sur calcaire miocène. Le reste de la commune est sur brèche andésitique. On trouve aussi le basalte des plateaux. Au dessus du château de Lalaubie on trouve de beaux cristaux de pyroxénéangite. On trouve près de St-Simon le basalte passant à la Gallinace.

FLORE

On trouve dans cette commune le carex pulicaris, à St-Jean-de-Dône le senecio adonidifolius, la gentiana lutea, arnica montana, narcissus poeticus. A la Croix de l'Arbre on trouve le menhyanthes trifoliata actea spicata. Trollius europeus, astrantia major. Une grande variété d'orchis et d'ophrys, surtout l'ophrys astropophora, aranifera elt'orchis coriophora, ustulata, hiracina, et enfin cette plante incectivore que l'on nomme drosera rotondifolia. On trouve à la Croix de l'Arbre une auberge où l'on peut se rafraîchir.

COMMUNE DE VELZIC

Distance d'Aurillac : 12 kilomètres.
Population : 575 habitants.
Hôtels : Bouyssou, Laporte, Reyt.
Loueur de voitures : Reyt
Postes : Desservi par le bureau d'Aurillac.

Velzic est un joli bourg où l'on voit de belles maisons, il ressemble à une mosaïque de maisons, de jardins, de vergers, le tout décoré par un superbe panorama. A Velzic les formes du paysage y sont un peu indécises et font très bien voir le passage de transition de la vallée supérieure et de la vallée inférieure. La rivière a quelque peine à se frayer un passage au milieu des rochers, d'où elle s'avance à travers les promontoires les plus pittoresques. Après le village de Mousset on trouve le rocher de Fracor. Ce bloc surgit comme une muraille de 50 mètres de haut. Dans les parois supérieures du roc et à 15 mètres au dessus de la rivière on remarque une grotte qui paraît avoir été taillée et divisée en deux compartiments. A une grande hauteur au-dessus de celle-ci s'ouvre une autre grotte plus petite. On les nomme les grottes du Huguenot. On voit un peu plus loin le rocher de Roque-grande. Altitude 705 mètres.

Courriers et Correspondances

Une voiture publique part tous les soirs à 3 heures d'Aurillac pour Mandailles, passe par Velzic ; durée du trajet 1 heure ; prix, 0 fr. 75.

Géologie

Velzic, Mousset, Lavergne blanque, sont sur alluvions anciennes. Clavières est sur alluvions modernes. Le reste de la commune est sur brèche andésitique. Près de Velzic on trouve des filons d'andésite à amphibole et à Labrador. On trouve près de Faliès le basalte des plateaux.

Flore

On trouve dans cette commune le senecio Iacobea, sedum fabaria, sedum dasyphillum stelloria media.

COMMUNE D'YOLET

Distance d'Aurillac : 11 kilomètres.
Population : 607 habitants.
Hôtel : Vialard.
Loueurs de voitures :
Postes : Desservi par le bureau d'Aurillac.

Yolet est un joli bourg bâti à mi-coteau. La route d'Aurillac à Vic passe au-dessus de l'ancien bourg, mais de nouvelles constructions ont été faites sur la route.

D'Yolet, qui se trouve entre la plaine d'Arpajon et la vallée de Vic, l'œil découvre un panorama superbe. Au loin vers la vallée de Vic, qui est incontestablement la reine de nos vallées, trois aspects d'ensemble frappent presque simultanément les regards. D'abord la somptueuse colline placée devant Yolet. Un rideau de bois qui suit tout le long de la chaîne vient servir de ceinture aux beaux châteaux de Caillac et du Doux. Si on passe à la colline opposée, on lui trouve un aspect différent. Ce côté austère dans ses étages supérieurs, projette hardiment sa nudité au milieu des cultures qui enrichissent sa base.

Enfin au nord la vallée se couronne de montagnes, dont
les vives découpures se prolongent à l'horizon,

L'église d'Yolet indique sa date par une ceinture ogivale,
dont le style est du XIVe siècle. On remarque à Boudieu
un petit château. On voit au Doux un château bien situé.
Altitude 795 mètres.

COURRIERS ET CORRESPONDANCES

Yolet possède une halte sur la voie ferrée d'Aurillac à
Arvant.

GÉOLOGIE

Le Doux, Montagnac, les Rieux, Lalo, Montlogis, Cante-
loup, Le Couderc, sont sur alluvions anciennes. Carnéjac
est sur moraine glaciaire. On trouve le calcaire miocène
près de la Maison-Blanche, et le reste de la commune est
sur brèche andésitique.

FLORE

On trouve dans cette commune l'agrimonia eupatoria,
la scutellaria galericulata, ballota fœtida.

CANTON SUD D'AURILLAC

Le canton sud d'Aurillac est formé de douze communes
qui sont : Arpajon, Crandelles, Jussac, Labrousse, Naucelles, Prunet, Reilhac, Sansac-de-Marmiesse, St-Paul-des-
Landes, Teissières-de-Cornet, Vézac, Ytrac.

COMMUNE D'ARPAJON

Distance d'Aurillac : 4 kilomètres.
Population : 2268 habitants.
Hôtels : Canis, Delmas, Froquières, Vaurs.
Postes : Possède un bureau de poste et télégraphe.

Arpajon est un grand et joli bourg, bien bâti dans une charmante position. Il est situé sur un petit plateau dominant la rivière de Cère et la vaste et riche plaine à laquelle il a donné son nom. Çà et là quelques châteaux, de jolies habitations de campagne jetés dans de superbes bosquets et dans des positions coquettement choisies, ornent, animent et embellissent ce riche tableau. L'église de style Lombard a été restaurée depuis peu et n'offre rien de bien remarquable. A Carbonas on voit un vieux château avec tours rondes. A Combelles se trouve un château, ancienne résidence des Astorg, comtes d'Aurillac. Le château de Conros est le plus beau des environs, il est admirablement situé sur les bords de la Cère et non loin d'une splendide forêt. Altitude 598 mètres.

Courriers et Correspondances

Plusieurs courriers passent par Arpajon qui possède en outre une station de chemin de fer.

Géologie

Une grande partie de la commune est sur alluvions anciennes, excepté Combelles, Bouygues, les Granges, le Montal et Coussin, qui sont sur gneiss et micaschites. Lapeyrusse et le cimetière d'Arpajon sont sur terrain éocène. Le Bousquet, Marmier et Baradel sont sur moraines glaciaires.

Flore

On trouve à Carbonas le lithospermum officinale, le cynoglossum officinale, scrofularia canina, trifolium subterraneum, leersia orizoïdes. A Conros, le carez pseudo cyperus, stachys palustris, erythronium dens canis, phalangium liliago. Au dessus du four à chaux, ophrys aranifera, luncus tenageia.

COMMUNE DE CRANDELLES

Distance d'Aurillac : 12 kilomètres.
Population : 606 habitants.
Hôtel :
Postes : Desservi par le bureau d'Aurillac.

Crandelles est un petit bourg bien bâti, il est entouré d'arbres. Son église fort ancienne a été réstaurée. Le rétable et le vitrage de la fenêtre du maître-autel sont fort remarquables. On voit au Bourret plusieurs jolies habitations ; on voit aussi au Bouyssou une jolie maison bourgeoise. On trouve à Messac de jolies habitations.

On va à Crandelles par la route d'Aurillac à Ayrens que l'on quitte au-dessus du Bourret, au lieu dit la Calmette, on prend alors la route de Crandelles. Altitude, 690 m.

GÉOLOGIE

La commune de Crandelles se trouve en partie sur terrain éocène surmonté en certains endroits par des monticules calcaires. Ce calcaire contient des cerithium lamarkii. Les villages de Messac, Mas-Marty, Passefons, le Mont, le Puech, le Bourret, sont sur brèche andésitique. Le village du Bruel est sur miocène.

COMMUNE DE JUSSAC

Distance d'Aurillac : 10 kilomètres.
Population : 1465 habitants.
Hôtels : Laroussinie, Pancou, Chandon, Terrisse.
Loueur de voitures : Terrisse.
Postes : Desservi par le bureau d'Aurillac.

Jussac est un joli bourg situé dans la plaine et à l'entrée de la belle vallée d'Authre. Là, il n'y a pas comme dans la vallée de Jordanne une rivière qui serpente au milieu de gouffres horribles, ni de ces pics élevés et sauvages. Mais cette vallée n'en possède pas moins des coteaux assez élevés et des roches bizarres qui lui donnent un ensemble réellement beau.

L'église est ancienne et a été restaurée depuis peu. On voit au-dessus du bourg, sur un monticule, une ancienne chapelle nouvellement restaurée ; elle est entourée d'énormes tilleuls à l'ombre desquels le touriste peut contempler un superbe panorama. Il y a dans cette commune plusieurs châteaux qui sont Ayvals, Breisse, Esclauzels, Fontenille, Valdésert, Limagne et le plus beau de tous Nozières. Altitude 655 mètres.

COURRIERS ET CORRESPONDANCES

Un courrier qui part d'Aurillac pour Laroquevieille à 3 heures du soir, passe par Jussac ; prix 0 fr. 60, durée du trajet, 1 heure. Une autre voiture qui part à 1 h. 50 pour St-Martin-Valmeroux passe aussi dans ce chef-lieu.

GÉOLOGIE

Jussac, Cueilles, Touly, Caussac, Nozières, Breisse, La Trémolière et Fontenille, sont sur brèche andésitique. Limagne est sur basalte des plateaux. Le pont d'Authre, Salmagne et le moulin de Limagne sont alluvions anciennes Valdésert et Coutrunes sont sur gneiss et micaschiste. On trouve du calcaire au-dessus de Jussac près la vieille route

FLORE

On trouve dans cette commune la brunella major, solanum dulcamara, lychnis vespestina, lychnis viscaria.

COMMUNE DE LABROUSSE

Distance d'Aurillac : 15 kilomètres.
Population : 689 habitants.
Hôtels : Fraignac, Laveyssière, Pourrier.
Loueur de voitures : Cassan.
Postes : Possède un bureau de poste.

Labrousse est un bourg situé sur un plateau. Son église est de style gothique, on y voit quelques vitraux.

A Le Dat on voit un château situé sur un mamelon. La route départementale qui va au Mur-de-Barrez traverse le bourg. Altitude 820 mètres.

COURRIERS ET CORRESPONDANCES

COURRIERS ET CORRESPONDANCES

Un courrier en voiture fait le service d'Aurillac à Labrousse ; départ à 2 h. 15 ; durée du trajet, 2 h. 30.

GÉOLOGIE

Cette commune est toute sur gneiss et miscaschistes, excepté le plateau du Dat qui est sur basalte des plateaux ainsi que Prats. Le village du Dat est à côté de plusieurs filons de quartz des arkoses triasiques.

FLORE

On trouve dans cette commune le gnaphalium diocum, digitalis purpurea, erythrea centaurium, orobanche cruenta.

COMMUNE DE NAUCELLES

Distance d'Aurillac : 7 kilomètres.
Population : 532 habitants.
Hôtels : Dumas Grimal.
Postes : Desservi par le bureau d'Aurillac.

Naucelles est un petit bourg situé sur la route d'Aurillac à Mauriac. L'église est petite et date du XVᵉ siècle. On voit près de l'église une tour carrée qui était destinée à servir de signaux, elle doit dater du IXᵉ siècle. A Monthéli on voit une des plus belles habitations de campagne des environs. Au Claux jolie habitation située dans un site superbe. On voit à Cologne un ancien château fortifié dont il ne reste plus qu'une tour. Altitude 656 mètres.

COURRIERS ET CORRESPONDANCES

Le courrier d'Aurillac à Saint-Martin-Valmeroux et le courrier d'Aurillac à Marmanhac y passent chaque jour à 1 heure de distance ; durée du trajet d'Aurillac à Naucelles, 30 minutes.

GÉOLOGIE

Naucelles, Monthéli, le Claux, les Issarts, sont sur terrain eocène ; Varet haut sur alluvions anciennes ; Cologne et Collinet sur gneiss et micaschistes.

BOTANIQUE

On trouve dans cette commune le radiola linoïdes (Iuncus tenageia, drosera rotodifolia, dans les marais).

COMMUNE DE PRUNET

Distance d'Aurillac : 16 kilomètres.
Population : 5 8 kilomètres.
Hôtels : Delhostal, Rouquet.
Postes : Un bureau vient d'être créé.

Prunet est un petit bourg qui n'offre rien de remarquable. L'église est un ancien prieuré. On voit à Béteilles un château situé sur un plateau. Au Fageonnel on trouve un petit château. Altitude 788 mètres.

COURRIERS ET CORRESPONDANCES

Le courrier d'Aurillac à Entraygues qui part 2 h. 30 passe par Prunet ; durée du trajet, 1 h. 30.

GÉOLOGIE

Toute cette commune est sur gneiss et micaschistes.

COMMUNE DE REILHAC

Distance d'Aurillac : 8 kilomètres.
Population : 531 habitants.
Hôtel :
Postes : Desservi par le bureau d'Aurillac.

Reilhac est un petit bourg situé sur les pentes d'un petit vallon. Il est abrité au nord par un morne rocailleux. On remarque dans le bourg l'église ancien prieuré du XIIIe siècle, et la jolie habitation du général Prax. A Broussette on remarque un château bien situé sur les bords de l'Authre. Altitude 740 mètres.

COURRIERS ET CORRESPONDANCES

Le courrier d'Aurillac à St-Martin passe tous les jours près de Reilhac ; départ d'Aurillac, 1 h. 50 ; durée du trajet 45 minutes.

GÉOLOGIE

Reilhac, Lagarde, Capelle sont sur alluvions anciennes. Le bourg est au pied d'un rocher basaltique et en partie sur miocène et alluvions. En allant au ruisseau on trouve du gneiss et micaschistes avec quartz cristallin. Brousse et Broussette sont sur gneiss et micaschistes. Tourtoulou est sur brèche andésitique.

FLORE

On trouve dans cette commune, digitalis purpurea, brunella major, sedum fabaria.

COMMUNE DE SANSAC-DE-MARMIESSE

Distance d'Aurillac : 11 kilomètres.
Population : 523 habitants.
Hôtel : Prax.
Postes : Desservi par le bureau d'Aurillac.

Sansac est un joli bourg bien situé, sur la rive droite de la Cère ; la route d'Aurillac à Maurs le traverse.

L'église remonte à une haute antiquité. Au-dessous du bourg s'élève le vieux château de Veyrières, entouré de ses tours garnies de créneaux. Altitude 625 mètres.

Courriers et Correspondances

Le courrier d'Aurillac à St-Mamet passe tous les jours à Sansac ; départ d'Aurillac à 4 heures ; durée du trajet 1 heure

Géologie

Le Cros, Bargues et Veyrières sont sur alluvions anciennes. Sansac et le reste de la commune sont sur gneiss et miceschiste.

Flore

On trouve dans cette commune l'érythronium dens canis, digitalis purpurea, solanun dulcamara, lysimachia vulgaris.

COMMUNE DE St-PAUL-DES-LANDES

Distance d'Aurillac : 12 kilomètres.
Population : 631 habitants.
Hôtels : Jouppe, Theulière, Caumeil et Bos.
Loueur de voitures :
Postes : Desservi par le bureau d'Aurillac.

St-Paul est un bourg bâti de jolies maisons ; la route d'Aurillac à Tulle lui sert de rue principale. L'église est fort ancienne. On remarque à Prent-y-Garde un dolmen remarquable. Non loin du bourg, près le village de Colin, on voit dans un pacage deux pierres dressées, sur l'une on voit encore la rainure qui servait à faire couler le sang des victimes. Ces deux pierres ne peuvent être que les restes d'un autel druidique. Altitude 674 mètres.
On va à St-Paul par la route d'Aurillac à Laroquebrou.

Géologie

Toute la commune est sur terrain éocène. Une bande de terrain miocène passe par St-Paul, Escouder, Viele et la Bouygues et se dirige sur Crandelles.

Flore

On trouve dans cette commune, la radiola linoïdes, spirea filipendula, érythrea cautouriun, gnaphalium dioicum, (dans les marais, ligularia siberica, circium anglicum, spiranthes œstivales, potamogeton gramineus) (dans les landes, selinum carvifolia).

COMMUNE DE TEISSIÈRES-DE-CORNET

Distance d'Aurillac : 11 kilomètres.
Population : 403 habitants.
Hôtel :
Postes : Desservi par le bureau d'Aurillac.

Teissières est un petit bourg qui n'offre rien de remarquable.
On voit à Cornet une belle Crypte celtique divisée en plusieurs galeries. Altitude 684 mètres.

Courriers et Correspondances

Un courrier d'Aurillac à Ayrens part tous les jours à 4 heures du soir et passe par Teissières.

Géolodie

Teissières se trouve sur gneiss et micaschistes. Tout le reste de la commune est sut brèche andésitique, sauf une bande de gneiss et micaschistes qui part de Sournac passe par Teissières et se dirige sur Crandelles.

Flore

On trouve dans cette commune la digitolis pupurea, verboscum thapsus, thrincia hirta, veronica hederifolia, convallaria maialis.

COMMUNE DE VÉZAC

Distance d'Aurillac : 10 kilomètres.
Population : 692 habitants.
Hôtel :
Postes : Desservi par le bureau d'Arpajon.

Vézac est un joli bourg adossé à une montagne, il est traversé en partie par la route d'Aurillac à Raulhac. Son église est très ancienne.

On voit à Caillac un beau château admirablement situé dans la vallée de la Cère et entouré d'un magnifique parc. A Sales on voit un ancien château. Altitude 760 mètres.

COURRIERS ET CORRESPONDANCES

Un courrier partant d'Aurillac à 3 h. 30 pour le Mur-de-Barrez, passe par Vézac ; durée du trajet, 1 heure.

GÉOLOGIE

Vézac, Giou, Brouzac, Dousques, Salles, Le Gouvre, Feneyrol, sont sur gneiss et miceschistes. Le reste de la commune est sur alluvions anciennes. On trouve près de Vézac le quartz des arkoses triasiques en filons, ainsi que des alluvions pliocènes.

FLORE

On trouve dans cette commune la scabiosa permixta, wesbascum virgatum, stachys palustris.

COMMUNE D'YTRAC

Distance d'Aurillac : 8 kilomètres.
Population : 1621 habitants.
Hôtels : Poignet, Andrieu et Bos.
Postes : Desservi par le bureau d'Aurillac.

Ytrac est un joli bourg situé dans une plaine non loin de la rivière d'Authre L'église n'offre rien de remarquable.

On voit dans cette commune plusieurs châteaux qui sont: le château d'Espinassol, de Foulan, de la Martinie, de Leybros, de Reyt. Outre ces châteaux on y trouve aussi de belles habitations telles que Hautessères, Esbans et Hautevaurs. Altitude 606 mètres.

COURRIERS ET CORRESPONDANCES

Ytrac possède une station de chemin de fer.

GÉOLOGIE

Le Goutel, Cambian, Foulon, Veyrines et Caumont sont sur alluvions anciennes et modernes. Leyraldies, Bessones, Hautessères et Lavergne sont sur terrain eocène. Le reste de la commune est sur gneiss et micaschistes.

FLORE

On trouve dans cette commune (au Pontet la camelina dentata). Sur la lisière de la forêt, œnanthe media, galium boreale; près du Bex, cineraria spatulœfolia, iberis amora; dans la forêt, authericum bicolor, asphodelus albus, mellitis melissophyllum, monotrapa hypopithys, lathrea squamaria ; artemisia verlotorum, circium anglicum, euphorbia augulata, phalangium planifolium, spiranthes œstivalis, scirpus pauciflorus, Iuncus tenœgia.

CANTON DE LAROQUEBROU

Le canton de Laroquebrou est formé par 14 communes qui sont : Laroquebrou, Arnac, Ayrens, Cros-de-Montvert, Glénat, Lacapelle-Viescamp, Montvert, Nieudan, Rouffiac, St-Gé.ons, St-Étienne-Cantalès, St-Victor, Siran et Saint-Santin-Cantalès.

COMMUNE DE LAROQUEBROU

Distance d'Aurillac ; 25 kilomètres.
Population : 1703 habitants.
Hôtels : Rieu, Tabel.
Loueurs de voitures : Paul Rieu, veuve Rieu.
Postes : Possède un bureau.

Laroquebrou est une petite ville située sur les bords de la Cère qui va bientôt rouler ses flots écumants dans la gorge la plus sauvage et la plus curieuse de notre pays. (Gorges de la Cère). Parfois les rochers amoncelés dans le lit de la rivière semblent s'opposer à la fuite des eaux, mais vaincus ils sont bientôt submergés et les flots retombent mugissants en superbes cascades. Là, point d'horizons, rien que des montagnes abruptes dont les sommets semblent se toucher, des bois d'où surgissent d'énormes rochers aux dentelures les plus bizarres, et de loin en loin une petite gorge dans le fond de laquelle coule un ruisselet dont les eaux limpides viennent tomber en superbes cascatelles au fond du gouffre où coule la Cère. La voie ferrée d'Aurillac à St-Denis suit tout le temps ces gorges et ne quitte la rivière que pour s'engouffrer dans d'innombrables tunnels qui se succèdent de Laroquebrou à Laval-de-Cère. L'église de Laroquebrou appartient au style ogival, sa façade est percée d'un portail ouvragé et d'une belle rosace. On voit au nord de la ville, et sur un rocher qui la domine, les ruines encore imposantes d'un vieux château. On voit aussi aux environs le joli château de Neppes. Altitude 514 mètres.

COURRIERS ET CORRESPONDANCES

Laroquebrou possède une station de la voie ferrée d'Aurillac à St-Denis-les-Martels.

GÉOLOGIE

La commune de Laroquebrou se trouve sur divers terrains. Son chef-lieu est sur alluvions anciennes, les villages de Couderc, Montplaisir, la Lause, Escarols, le

Vernis, Magnol, Mespouliès, sont sur micro granulite. On trouve la granulite à masses à la Bouriole et à Jentel. On trouve aussi près de Laroquebrou un filon de quartz des arkoses triasiques. Lorque la compagnie d'Orléans fit construire la ligne de St-Denis on fut obligé de percer de nombreux tunnels et d'ouvrir de nombreuses tranchées ; on a mis ainsi à découvert une grande quantité de granites, granulites, microgranulites, porphyres noirs et rouges. C'est dans ces tranchées et sous ces tunnels que sur la prière de M. Fouquet, je dirigeai la Société géologique de France, lors de son passage dans le Cantal.

FLORE

On trouve dans cette commune, l'adenocarpus complicatus, le trifolium subterraneum, et dans les rochers humides le scolopendrium officinale.

COMMUNE D'ARNAC

Distance du canton : 16 kilomètres.
Population : 687 habitants.
Hôtels : Arnal, Conort, Longuevergne.
Loueurs de voitures : Leyrac et Corinhac.
Postes : Desservi par le bureau de Laroquebrou.

Arnac est un petit bourg situé sur un plateau assez élevé. L'église a été construite depuis peu.

Entre Savalauze et les bois de Raynal, on voit dans une presqu'île formée par la Datze, les ruines du vieux château de Poul. Altitude 620 mètres.

COURRIERS ET CORRESPONDANCES

Le chef-lieu de cette commune n'a pour toute correspondance que la station de Saint-Illide ; durée du trajet à pied, 45 minutes.

GÉOLOGIE

Arnac, Longuevergne, Le Rouffet, Leucamp, Vabre, Reynal, sont sur basalte des plateaux. Les villages de Brousse, Marcenat, St-Rauffy, Cavernac. Progiès, Salavauze, Selves et Vabres sont sur gneiss et micaschistes.

FLORE

On trouve dans cette commune la digitalis purpurea, poteriun sanguisorba, ajuga chomapitys.

COMMUNE D'AYRENS

Distance du canton : 22 kilomètres.
Population : 1661 habitants.
Hôtels : Aygueparses, Clayzac.
Loueurs de voitures : Aygueparses, Clayzac, Mabit.
Postes : Possède un bureau.

Ayrens est un gros bourg bien bâti. Situé dans une plaine où coule un ruisseau. L'église est ancienne, le cœur est voûté et à plein cintre. On remarque encore les ruines de l'ancien château ou tour d'Ayrens.

On voit à Clavières un château remarquable entouré de bois et de riantes prairies. A Selves on trouve aussi un château. Altitude 600 mètres.

COURRIERS ET CORRESPONDANCES

Outre le courrier qui part d'Aurillac à 4 heures pour Ayrens, cette localité est encore desservie par une correspondance de la station de Nieudan ; départ de Nieudan à 8 heures du matin, arrivée à Ayrens à 10 heures.

GÉOLOGIE

Ayrens ainsi que les villages le Bos, la Tronque, le Moulinier, la Croix-longue, Selves, Cels et Sarrus, sont sur gneiss et micaschistes. Les autres villages sont sur brèche andésitique. On trouve à Niac des cinérites. M. Rebeyrol a fait faire des fouilles ; il possède une fort belle collection de feuilles, d'empreintes et de fruits.

FLORE

On trouve dans cette commune, alsine arenaria Chrysosplenium oppositifolium, œtusa cynapium, calamintha acinos.

COMMUNE DE CROS-DE-MONTVERT

Distance d'Aurillac : 36 kilomètres.
Distance du canton : 18 kilomètres.
Population : 862 habitants.
Hôtels : Castanié, Mielvaque et Robert.
Postes : Desservi par le bureau de Laroquebrou.

Cros-de-Montvert est un petit bourg assez bien bâti. L'église est fort ancienne et appartient au style bysantin ; le chœur et le sanctuaire sont voûtés. On voit à Montvert un château. On trouve à Pénières un château qui a été incendié en 1807. Altitude 577 mètres.

On va à Cros-de-Montvert par Laroquebrou, Montaut et Rouffiac, et par la route d'Aurillac à Pleaux que l'on suit jusqu'à la Maison-Rouge.

GÉOLOGIE

Le bourg ainsi que les villages de Cassan, Malmaison, Lestrade, Pérufes, Penières, Fargues, Orfeuilles, Mazergue, Cinqualbres, Bourbouse et Caulus, sont sur granulites à Masses. Les autres villages sont sur gneiss et micaschiste.

FLORE

On trouve à la Maison-Rouge le narthecium ossifragum et le scirpus multicaulis.

COMMUNE DE GLÉNAT

Distance d'Aurillac : 31 kilomètres.
Distance du canton : 9 kilomètres.
Population : 609 habitants.
Hôtels :
Postes : Desservi par le bureau de Laroquebrou.

Glénat est un bourg assez grand situé dans le vallon de Montal ; il est bien bâti. On y voit un château restauré à la moderne. Altitude 587 mètres.

On peut aller à Glénat par Laroquebrou et par la route du Rouget à Siran.

GÉOLOGIE

Toute cette commune est sur granite porphyroide et filons de granulite.

FLORE

On trouve dans les prairies marécageuses, l'ériophorum vaginatum, carex pulicaris, parnassia palustris.

COMMUNE DE LACAPELLE-VIESCAMP

Distance d'Aurillac : 19 kilomètres.
Distance du canton : 10 kilomètres.
Population : 644 habitants.
Hôtels : Clamagiran, Faux, Sabtier et Farges.
Postes : Desservi par le bureau de Laroquebrou.

Lacapelle est un joli bourg situé sur un plateau au bas duquel coule la rivière d'Authre. L'église est ancienne. A Viescamp on voit un beau château remarquable par sa situation ; il est construit sur un rocher qui domine à pic la rivière qui roule ses flots torrentueux au milieu d'innombrablps rochers qui se dressent dans son lit. Au-dessous du château on voit un joli viaduc de 22 mètres de haut.

On voit au Ribeyrès un superbe viaduc avec pont en fer que supporte des piles très élevées. Ce viaduc a 57 m. de hauteur. La ligne d'Aurillac à Toulouse passe sur ce pont gigantesque. Altitude 573 mètres.

COURRIERS ET CORRESPONDANCES

Lacapelle-Viescamp possède une station de chemin de fer.

GÉOLOGIE

Cette commune est toute sur granite phophyrique et granulite à filons. Près de la Frescaldie, au passage à niveau de la ligne du chemin de fer, on trouve de l'arkose.

FLORE

On trouve dans cette commune, la linaria striata, solonum dulcamara ; bords de la rivière sous Lacapelle, leersia orizoïdes.

COMMUNE DE MONTVERT

Distance d'Aurillac : 28 kilomètres.
Distance du canton : 7 kilomètres.
Population : 368 habitants.
Hôtels : Bergautière, Treyssac, Felgines.
Loueur de voitures : Valat.
Postes : Desservi par le bureau de Laroquebrou.

Montvert est un gros bourg assez bien bâti. L'église est de style byzantin ; des colonnettes qui font le tour [du chœur et du rond-point, la rendent remarquable. Du château il ne reste que des ruines.

Il existe au-dessous du bourg des souterrains assez vastes dont on ne connaît ni l'étendue ni les issues. On pense que ces souterrains furent consacrés aux cérémonies mystérieuses du culte druidique. Altitude 624 mètres.

On va à Montvert par Laroquebrou, la route y va directement.

GÉOLOGIE

Toute cette commune est sur gneiss et micaschistes. On trouve à Dilhac un filon de quartz des arkoses triasiques.

FLORE

On trouve dans cette commune la digitalis purpurea, linaria striata, lysimachia numularia.

COMMUNE DE NIEUDAN

Distance d'Aurillac : 21 kilomètres.
Distance du canton : 7 kilomètres.
Population : 298 habitants.
Hôtels : Rieu, à la gare, St-Rames, au bourg.
Postes : Desservi par le bureau de Laroquebrou.

Nieudan est un petit bourg situé sur un mamelon élevé. L'église n'a rien de remarquable. On voit encore, à l'est du bourg, les vestiges d'un camp romain, où, suivant une tradition, César aurait éprouvé un échec lors de la conquête. Près du bourg, sur un monticule, s'élève la chapelle ogivale de Puy-Rachat ; du sommet du clocher on contemple un immense horizon.

A Peyre-Levade on remarque les restes d'un dolmen. Les bois du Mont contiennent aussi des pierres tumulaires celtiques, connues sous le nom de Tombes des Huguenots. Altitude 562 mètres.

COURRIERS ET CORRESPONDANCES

A 3 kilomètres du bourg se trouve la station de Nieudan.

GÉOLOGIE

Le pont d'Orgon, le moulin du Bruel, Meyniel, sont sur terrain eocéne. Nieudan, Landes, la Vaissière, la chapelle et Ccberie, sont sur brèche andésitique. Le reste de la commune est sur gneiss et micaschistes. Près de Meyniel on trouve le terrain houiller.

FLORE

On trouve dans cette commune le nartheciuin ossifragum.

COMMUNE DE ROUFFIAC

Distance d'Aurillac : 33 kilomètres.
Distance du canton : 10 kilomètres.
Population : 854 habitants.
Hôtels : Vaysse et Gourdy.
Loueur de voitures : Four.
Postes : Desservi par le bureau de Laroquebrou.

Rouffiac est un bourg ou l'on remarque quelques jolies constructions, il est situé sur un plateau. L'église est très ancienne, elle remonte au XIIIe siècle. En creusant dans l'église on a trouvé une vierge d'une haute antiquité, elle est connue sous le nom de Notre-Dame de sous terre et est en grande vénération. On remarque à Seignerolles un joli château. On trouve aussi à la Pachevie un château. Altitude 577 mètres.

On va de Laroquebrou à Rouffiac par la route qui passe à Montvert.

GÉOLOGIE

Rouffiac ainsi que presque toute la commune sont sur granulites à masses. Les Bordes et les Fraux sont sur gneiss et miccschistes.

FLORE

On trouve dans cette commune, digitalis purpurea, gallium verum.

COMMUNE DE St-ETIENNE-CANTALÈS

Distance d'Aurillac : 22 kilomètres.
Distance du canton : 4 kilomètres.
Population : 202 habitants.
Hôtels : Gauzeac.
Postes : Desservi par le bureau de Laroquebrou.

St-Etienne est un petit bourg qui n'offre rien de remar-quable. On voit à Gresses un château bien situé ; à Vebret on remarque un petit château. On trouve au milieu d'une plaine, un monument nommé la Croix de la bataille près duquel ont été trouvés des fers, des lances, des épées, des débris de cuirasses. La légende parle d'un combat qui aurait été livré lorsque Euric, roi des Goths, arracha l'Auvergne à la domination romaine. Altitude 603 mètres.

St-Etienne se trouve sur la route de Laroquebrou à la station de Lacapelle-Viescamp.

Géologie

Cette commune se trouve sur des terrains assez variés. Le chef-lieu ainsi que les villages de Lasserre, le Puech, Labro et Vebret sont sur microgranulite ; entre Gresses et Lasserre on trouve un filon de quartz. Gresses, Avise-toi sont sur eocène, et enfin Miécaze (station de chemin de fer) se trouve sur terrain houiller.

Flore

On trouve dans cette commune l'érithrœa centaurium, senecio jacobea.

COMMUNE DE St-GERONS

Distance d'Aurillac : 29 kilomètres.
Distance du canton : 4 kilomètres.
Population : 456 habitants.
Hôtels :
Postes : Desservi par le bureau de Laroquebrou.

St-Gérons est un petit bourg situé sur un monticule qui domine la Cère. Son église est très ancienne. A la Margide on signale un monument druidique qui paraît mériter le plus grand intérêt. Il est composé de plusieurs pierres d'inégales grandeurs, superposées et jointes irrégulièrement entre elles ; deux de ces blocs forment dans leur partie inférieure un signe ou sculpture en creux, ayant la forme d'un zéro. On nomme ce monument le roc Cobolaire. On croit qu'il servait de borne entre deux tribus. Non loin de ce lieu on a trouvé chez M. Taule, des bracelets de formes différentes, des hâches en serpentine et une médaille Gauloise. A Mont-Mile, presque au sommet d'un coteau assez élevé, on voit une excavation oblongue. Altitude 552 mètres.

Une route partant de Laroquebrou pour la Ségalessière passe à St-Gerons.

GÉOLOGIE

Cette commune est presque toute sur micro-granulite. Ou trouve des filons de quartz près de Maroncle et de Fau ; le village de Bos-Viel est sur granulite à masses.

COMMUNE DE SAINT-SANTIN-CANTALÈS

Distance d'Aurillac : 26 kilomètres.
Distance du canton : 15 kilomètres.
Population : 941 habitants.
Hôtels : Maysonobe, Rieu, Bos, Quiers.
Loueurs de voitures : Malavialle, Laporte.
Postes : Desservi par le bureau de Laroquebrou.

St-Santin est un joli bourg, situé sur un plateau basaltique. Son église romane est un ancien prieuré et date du XIIe siècle. On remarque à la Barrière un joli château avec des allées plantées d'arbres séculaires. On voit à Vals un château.
Altitude : 630 mètres.

COURRIERS ET CORRESPONDANCES

St-Santin est à 3 kil. de la station de Nieudan-St-Victor.

GÉOLOGIE

Le bourg et les villages de Combret, Pruns, la Barrière, Leybros et Verilhes sont sur basalte des plateaux, on voit au bas du bourg des colonnes basaltiques qui semblent surgir de terre. Les autres villages sont sur gneiss et micaschiste. sauf Vals qui est sur alluvions anciennes. On trouve à Cazaret des mines de plomb argentifère.

FLORE

COMMUNE DE SAINT-VICTOR

Distance d'Aurillac : 20 kilomètres.
Distance du canton : 18 kilomètres.
Population : 449 habitants.
Hôtels : Ioulhac, Barrière.
Loueurs de voitures :
Postes : Desservi par le bureau de Laroquebrou.

St-Victor est un petit bourg qui occupe une position pittoresque, sur un rocher formant presqu'île, dont une petite rivière fait le tour. L'église s'élève sur les ruines de l'ancien château. Altitude : 614 mètres.

COURRIERS ET CORRESPONDANCES

Saint-Victor se trouve à 3 k. de la station de Nieudan Saint-Victor.

GÉOLOGIE

Toute cette commune est sur gneiss et micaschiste.

FLORE

On trouve dans cette commune le phalangium liliago.

COMMUNE DE SIRAN

Distance d'Aurillac : 32 kilomètres.
Distance du canton : 7 kilomètres.
Population : 1.252 habitants.
Hôtels : Bordes, Monteil, Vialard, Lacaze.
Loueurs de voitures : Montbertrand.
Postes : Desservi par le bureau de Laroquebrou.

Siran est un joli bourg, bien bâti. Son église se fait remarquer par la pureté de l'ordre Toscan ; les voûtes sont à arrêtes et à plein ceintre.

A Salvagnac on trouve un souterrain qu'on n'a pas osé explorer. On cite aussi le pont du Teil, la Cère coule au-dessous à une très grande profondeur.

On va à Siran par la route de Laroquebrou à St-Céré.
Altitude : 635 mètres.

GÉOLOGIE

Siran ainsi que les villages de Las-Bordes, Las-Brayries, Aulhac, Lachens, Roudier, Bousquen, le Fer, la Ganne, Maisonneuve, Montagut, Escoubeyroux, Montcanis, sont sur granulites à masses, on rencontre quelques filons de microgranulites. Les autres villages sont sur gneiss et micaschiste.

FLORE

On trouve dans cette commune la digitalis purpurea, scolopendrium officinale, senecio Iacobea, saxifraga aizoon, soxifraga stellaris.

CANTON DE MAURS

Le canton de Maurs est composé de 14 communes, qui sont : Maurs, Boisset, Fournoulès, Leynhac, Montmurat, Mourjou, Quézac, Rouziers, Saint-Antoine, Saint-Constans, St-Etienne-de-Maurs, Saint-Julien-de-Toursac, Trioulou, St-Santin-de-Maurs.

COMMUNE DE MAURS

Distance d'Aurillac : 45 kilomètres.
Population : 2.998 habitants.
Hôtels : Combatalade, Courbaize,
Loueurs de voitures : Broussol, Vaurs, Négrié.
Postes : Possède un bureau de postes et télégraphes.

Maurs est une charmante petite ville, admirablement située dans une ville assez large et arrosée par la rivière de Rance. Les coteaux qui s'étayent autour de la ville sont couverts de châtaigners.

A leur base commencent de belles prairies émaillées de verdures et de fleurs Cette ville est très ancienne et rien ne fait préciser la date de sa fondation, ce qu'il y a de sur c'est qu'elle était ceinte de fossés et de remparts. On y remarque de belles habitations. L'église a une jolie nef avec colonnes à demi engagées dans le mur et des nervures retombantes. Les fenêtres sont à lances et à trèfles et le portail est entouré de sculptures. Maurs possède une belle place ornée d'une fontaine. Une grande avenue suit à peu près les anciens remparts.

On cite les châteaux de Laborie, de l'Estrade et le vieux château de Murat.

Dans la commune de Maurs on cult've la vigne.

Altitude : 364 mètres.

COURRIERS ET CORRESPONDANCES

Maurs possède une station de chemin de fer et une voiture publique le met en communication avec Montsalvy; départ à 8 h. 45 du matin.

GÉOLOGIE

La ville de Maurs et la vallée sont sur alluvions. Le reste de la commune est sur gneiss et micaschistes avec quelques filons de quarts et de granite.

FLORE

On trouve dans cette commune le Lychnis viscaria, Linum angustifolium, audrosemum officinale, adenocarpus complicatus, medicago polycarpa, lotus angustissimus, inula graveoleus, orobanche cruenta, lamium hybridum, Globuloria Wickomnû, Euphorbia platyphylla, orchis leniflora, gastridium lendigerum, poa rigida, agropyrum glaucum, osmunda régalis.

COMMUNE DE BOISSET

Distance d'Aurillac : 31 kilomètres.
Distance de Maurs : 13 kilomètres.
Population : 1.919 habitants.
Hôtels : Antraygues, Carrière, Montarnal.
Postes : Possède un bureau de postes et télégraphes.

Boisset est un bourg important, cerné de tous les côtés par des collines boisées.
L'église appartient au style Lombard.
On trouve des châteaux aux villages d'Antraygues, de de Conquans et de Solignac.
Altitude : 578 mètres.

COURRIERS ET CORRESPONDANCES

Boisset possède une station de chemin de fer, ligne de Capdenac à Arvant.

GÉOLOGIE

Toute cette commune est sur granite, gneiss et micaschistes.

FLORE

On trouve dans cette commune le silene gallica, linum angustifolium, Radiola linoïdes, géranium pusillum, adenocarpus complicatus, médicago polycarpa (dans les rochers de Cabran, sorbus terminalis), inula graveolens, carduus crispus, centaurea pectinata, andryale intégrifolia, melissa officinalis, lamium hibridum, marubium minor, lathrea clandestina, asplenium braynü.

COMMUNE DE FOURNOULÈS

Distance d'Aurillac : 57 kilomètres.
Distance de Maurs : 12 kilomètres.
Population : 245 habitants.
Hôtels :
Postes : Desservi par le bureau de St-Constant.

Fournoulès est un petit bourg qui ainsi que son église n'offrent rien de remarquable. On voit sur la rivière Soulayroux le rocher de Meallet portant encore les débris d'un vieux manoir. Ce donjon défendait une bourgade groupée à ses pieds et détruite aujourd'hui.
Altitude : 470 mètres.

GÉOLOGIE

Le sol de cette commune est en partie granitique sablonneux et schisteux.

COMMUNE DE LEYNHAC

Distance d'Aurillac : 34 kilomètres.
Distance de Maurs : 13 kilomètres.
Population : 1.123 habitants.
Hôtels : Souquiéres.
Postes : Desservi par le bureau de Maurs.

Leynhac est un gros bourg qui a été jadis entouré d'une enceinte fortifiée. On retrouve des restes du fort et le portail subsiste encore.
Son église est ancienne.
On remarque au village de La Bouygues un château avec une chapelle.
A Martory on voit un monument celtique que l'on nomme dans le pays la pierre de Martory.
A Noyer se trouve un château
Non loin du village de Lagarde, dans les bois, se trouve un souterrain profond ; les gens du pays n'osent pas s'y aventurer. Une route partant de Maurs va à Leynhac. Ce chef-lieu est encore en communication avec la station de Boisset.
Altitude : 640 mètre.

Géologie

Le sol de cette commune est argileux et schisteux.

Flore

On trouve dans cette commune la radiola linoïdes, melissa officinalis, spiranthes œstivalis.

COMMUNE DE MONTMURAT

Distance d'Aurillac : 58 kilomètres.
Distance de Maurs : 13 kilomètres.
Population : 403 habitants.
Hôtels :
Postes : Desservi par le bureau de Maurs.

Montmurat est un joli bourg, bâti en amphithéâtre sur le flanc d'un riche coteau et abrité contre le nord par le sommet du rocher.

Son église est d'architecture gothique.

Un ancien château fort, dont l'origine se perd dans la nuit des âges, était situé sur un pic élevè, ses remparts étaient taillés drns le roc. Ce manoir avait 13 tours. C'était une forteresse imprenable qui commandait tout le pays.

On remarque à Montmurat une grotte taillée avec soin. Dans les environs on a découvert des débris de poteries romaines et des monnaies qui indiquent que les Romains y avaient une station.

Le touriste qui veut recueillir les émotions de la belle nature, trouvera sur la garenne de Montmurat, un magnifique panorama, à l'occident les sites de Figeac et de Capdenac, dans le lointain les côteaux qui avoisinent Cahors, vers le sud on découvre les bass'ns houillers de Décazeville, au nord, le pic de Samberson et enfin à l'est on peut contempler la chaine cyclopéenne des montagnes du Cantal.

Une route partant de Maurs et passant par St-Santin traverse Montmurat.

Altitude : 400 mètres.

GÉOLOGIE

Le sol de cette commune est en partie calcaire : on y trouve le calcaire coquillier.

FLORE

Montmurat, St-Constant et St-Santin, sont les trois communes que doivent visiter les botanistes qui désirent avoir les plantes méridionales.

On trouve dans cette commune : Arum italicum, adonis flammea, iberis amara, reseda lutea, polygala calcarea, linum strictum, géranium sanguineum, coronilla scorpioïdes, lythrum hyssopifolia, buplevrum junceum, pastinaca pratensis, orlaya grandiflora, centranthus calcitrapa, centaurea Debauxü, lactuca perennis, crepis pulchra, lobelia urens, chlora perfoliata, orobanche amethista, globularia wilkomü, phalangium ramosum, carex halleriana, koeleria valesiaca, briza minor, agilops triuncialis, nardurus unilateralia, adianthemum capillum veneris, tolpis barbata, antirrhinum azarina, sinapis alba, gallium anglicum, calamintha ascendens, chenopodium botrys.

COMMUNE DE MOURJOU

Distance d'Aurillac : 45 kilomètres.
Distance de Maurs : 16 kilomètres.
Population : 948 habitants.
Hôtels : Chabut, Piganiol.
Postes : Desservi par le bureau de Calvinet.

Mourjou est un joli petit bourg ; son église est bien entretenue.

A voir : à Burbuzou un château ; à Sadours un château situé sur un plateau ; au Roc un autre château.

Une route partant de Maurs passe à Mourjou. On peut encore aller à Mourjou par le courrier de Maurs à Montsalvy qui passe à Calvinet à peu de distance de Mourjou. Altitude 536 mètres.

Géologie

Le sol de cette commune est en partie granitique et en partie formé de gneiss et de micaschistes.

COMMUNE DE QUÉZAC

Distance d'Aurillac : 51 kilomètres.
Distance de Maurs : 6 kilomètres.
Population : 610 habitants.
Hôtels : Delbac, Viguié, Puech et Canet.
Postes : Desservi par le bureau de Maurs.

Quézac est un petit bourg très agréable. Son église est très belle, la porte est d'ordre toscan, le clocher consiste en une tour carrée surmontée d'une flèche.

La statue de la Vierge qui est dans cette église est en grande vénération, aussi pendant toute l'année les pèlerins accourent à Quézac et s'y rendent en procession.

Des voitures partant de Maurs font le service de cette localité. Altitude 410 mètres.

Géologie

Le sol de cette commune est composé en géneral de gneiss et de micaschistes.

COMMUNE DE ROUZIERS

Distance d'Aurillac : 34 kilomètres.
Distance de Maurs : 14 kilomètres.
Population : 410 habitants.
Hôtel : Delclaux.
Postes : Desservi par le bureau de Maurs.

Ce chef-lieu est un petit bourg possédant quelques jolies habitations. Son église est fort ancienne.

A Reilhac, on voit les ruines du château de ce nom.

Une route partant de Maurs conduit à Rouziers ; on peut aussi aller à ce chef-lieu par la station de Boisset. Altitude 590 mètres.

GÉOLOGIE

Le sol de cette commune est en partie composé de micaschiste, de sable et de gneiss.

FLORE

On trouve dans cette commune le digitalis purpurea, le gallium verum.

COMMUNE DE St-ANTOINE

Distance d'Aurillac : 31 ki'omètres.
Distance de Maurs : 18 kilomètres.
Population : 252 habitants.
Hôtel :
Postes : Desservi par le bureau de Marcolès.

St-Antoine est un gros bourg situé sur un mamelon élevé. Son église n'a rien de remarquable.
Plusieurs routes partant de Maurs, de Marcolès et de Boisset vont à St-Antoine. Altitude 700 mètres.

GÉOLOGIE

Le sol de cette commune est en partie composé de micaschiste, de gneiss, avec des filons de granite.

COMMUNE DE St-CONSTANT

Distance d'Aurillac : 49 kilomètres.
Distance de Maurs : 4 kilomètres.
Population : 1062 habitants.
Hôtels : Angelergue, Marquet. Quiers.
Postes : Possède un bureau de poste.

St-Constant est un bourg très important. Situé dans une plaine, il a été jadis fortifié. L'église n'a rien de remarquable.

A voir a Lacam un château ; à Chaule les ruines d'un fort qui domine un vallon resserré ; à voir aussi les ruines imposantes du château de Merle.

COURRIERS ET CORRESPONDANCES

Le courrier qui fait le service de Maurs à Montsalvy passe par St-Constant ; départ de Maurs à 8 h. 45 du matin.

GÉOLOGIE

Le sol de cette commune est en partie sur alluvions modernes, schistes, argiles, avec calcaire et marne.

FLORE

On trouve dans cette commune le linum angustifolium, hypéricum montanum.

COMMUNE DE St-ETIENNE-DE-MAURS

Distance d'Aurillac : 43 kilomètres.
Distance de Maurs : 2 kilomètres.
Population : 724 habitants.
Hôtels : Vieyres.
Postes : Desservi par le bureau de Maurs.

Ce chef-lieu est un petit bourg situé dans un petit vallon. Son église est ancienne et bien ornée.

On remarque dans cette commune le château de la Devèze. A Senergues un beau château, et au village de Murat deux châteaux qui étaient joints par une galerie.

De Maurs on va facilement à ce chef-lieu, une bonne route y conduit.

GEOLOGIE

Cette commune se trouve sur gneiss, micaschiste avec quelques filons de quartz.

FLORE

On trouve dans cette commune : œnanthe pinpinelloïdes, androsemum officinalis, géranium nodosum, dans le ravin de Gourgassou/ ; on y trouve encore l'osmunda rigalis et le polystichum oreopteris.

COMMUNE DE St-JULIEN-DE-TOURSAC

Di tance d'Aurillac : 36 kilomètres.
Distance de Maurs : 11 kilomètres.
Population : 413 habitants.
Hôtels : Laveyssière, Roudergue.
Postes : Desservi par le bureau de Maurs.

St-Julien est un petit bourg situé dans une gorge. Son église est petite, elle date du XIVe siècle.

A voir à Naucase les ruines d'un château avec un bel étang : à Toursac il a existé un château entouré de murailles fortifiées.

Une route partant de Maurs va à ce chef-lieu.

Altitude 484 mètres.

GÉOLOGIE

Le sol de cette commune est schisteux et granitique avec quelques filons de quartz.

FLORE

On trouve dans cette commune le géranium nodosum.

COMMUNE DE TRIOULOU

Distance d'Aurillac : 54 kilomètres.
Distance de Maurs : 9 kilomètres.
Population : 331 habitants.
Hôtel :
Postes : Desservi par le bureau de Maurs.

Le Trioulou est un joli bourg, bâti sur un plâteau qui domine les environs. Le château a été restauré depuis peu, sa haute tour s'aperçoit de fort loin.

On peut aller au Trioulou par Maurs ou par Bagnac, de belles routes y conduisent.

Altitude : 264 mètres.

Géologie

Le sol de cette commune est en grande partie argilo-calcaire.

Flore

On trouve dans cette commune le nymphea alba, silene gallica, geranium nodosum, oxalis stricta, oxalis corniculata.

COMMUNE DE St-SANTIN-DE-MAURS

Distance d'Aurillac : 54 kilomètres.
Distance de Maurs : 9 kilomètres.
Population : 709 habitants.
Hôtels : Alléguade, Aymard.
Postes : Desservi par le bureau de Maurs.

St-Santin de Maurs est un joli bourg, situé à l'extrême limite du département. Une seule rue le sépare du bourg de St-Santin-de-Rouergue (Aveyron), les deux églises se touchent. Le château se trouvait dans la partie de l'Aveyron. Une route partant de Maurs conduit à Saint-Santin.

Géologie

Le sol de cette commune est en partie schisteux et calcaire.

Flore

On trouve dans cette commune les plantes suivantes : Arum italicum, adonis flammea (A Gratacap, Helianthenum procumbeus, aster amellus, senecio crucifolius, centaurea Debauxü, xeranthemum cylindraceum, xeranthemum inapertum, odoutites lutea, Brachypodium distachyon, Geranium sauguineum, reseda lutea, polygala calcarea, hypericum montanum, ononis natrix, œnonix columno, ervila sativa, coronilla scorpioïdes, spirea filipendula, sorbus terminalis, fœniculum officinalis peucedanum cervaria).

On trouve dans le reste de la commune : calendula arvensis, carduus vivariensis, carduncellus mitissimus, xerauthemum cylindracum , Leontodon proteiformis , pterotheca sancta, crepis pulchra. lapula myosotis, physalis alkekengi, odontites lutea, crepis cetosa, lobelia urens, mercurialis annua, Joncus tenageia, gastridium lendigerum, passerina annua, phalangium romo-um, gladiolus segetum, Limodorum abortivum, ophrys pseudo spéculum, Kœleria valesiaca, poa rigida, trigonella monspeliaca, Epipactis palustris, Tolpis barbata et l'antirrhinum azarina.

CANTON DE MONTSALVY

Le canton de Montsalvy est composé de 15 communes, qui sont : Montsalvy, Calvinet, Cassaniouze, Junhac, Labesserette, La Capelle-del-Fraysse, La Capelle-en-Vézie, Ladinhac, Lapeyrugue, Leucamp, Roussy, Sansac-Veinazès, Sénezergues, Teissières-les-Bouliès, Vieillevie.

COMMUNE DE MONTSALVY

Distance d'Aurillac : 35 kilomètres.
Population : 1.052 habitants.
Hôtels : Montarnal, Puech, Dissac.
Loueurs de voitures : Vergne, Montarnal.
Postes : possède un bureau de postes et télégraphes.

Montsalvy est une petite vil'e située sur un plateau élevé de 829ᵐ, elle était jadis fortifiée, les portes existent encore. Le château était construit sur un coteau qui domine la ville, on le nommait le château de Montdulphe et le monticule sur lequel il était construit, se nomme le puy-de-l'arbre, sur le sommet se trouve une table qui sert à indiquer la méridienne de Paris. On jouit de ce point élevé de la vue la plus étendue. Le clocher de Rodez, les montagnes de la Guiole, du Cantal et des Monts-Dore se dessinent parfaitement aux yeux du spectateur.

L'église est vaste et belle et une des plus curieuses du département, elle est du XIᵉ siècle, elle a été reconstruite ou réparée dans les XIIIᵉ et XVᵉ siècles. Altitude 802 m.

COURRIERS ET CORRESPONDANCES

Montsalvy est en correspondance avec la gare de Maurs et celle d'Aurillac ; prix 3 fr.

Départ de Maurs à 3 h. 45 du matin et d'Aurillac à 9 h. du matin et 2 h. 30 du soir.

GÉOLOGIE.

Cette commune est sur gneiss et micaschiste avec des filons de quartz, on y trouve aussi du Granite.

FLORE

On trouve dans cette commune le Marubium-vulgare, phalangium planifolium et le Lycopodium clavatum.

COMMUNE DE CALVINET

Distance d'Aurillac : 39 kilomètres.
Distance de Montsalvy : 20 kilomètres.
Population : 642 habitants.
Hôtels : Poucot, Bouygues.
Loueurs de voitures : Isaac.
Postes : Possède un bureau de postes et télégraphes.

Calvinet est un joli bourg, situé dans uu vallon grâcieux et fertile. D'énormes blocs de granit qui sortent de terre à chaque pas, en affectant les formes les plus variées, la beauté des arbres qui les ombragent, font de cette région un séjour agréable.

L'Eglise a été reconstruite depuis peu.

Il y avait autrefois à Calvinet un château avec baillage et prévoté.

A voir à Lamothe un château ainsi qu'à Barrance. Ou trouve à La Rouquette d'anciennes cryptes celtiques et de nombreuses pierres levées, qui ont dû servir au culte Druidique. A Lebos, on a trouvé aussi une ancienne crypte.

COURRIERS ET CORRESPONDANCES

Le courrier qui fait le service de Maurs à Montsalvy passe par Calvinet.

Départ de Maurs à 3 h. 45 du matin.

GÉOLOGIE

Cette commune est en partie sur micaschiste et sur granite.

COMMUNE DE CASSANIOUZE

Distance d'Aurillac : 38 kilomètres.
Distance de Montsalvy : 22 kilomètres.
Population : 1.395 habitants.
Hôtels : Aurières, Combon.
Postes : Desservi par le bureau de Calvinet.

Ce chef-lieu est un bourg important, ayant quelques maisons remarquables.

L'église, ancien prieuré, possède une croix de procession digne d'être vue.

A la Guillaumenque on voit un château, à la Frigaldie on remarque les restes d'une ville : on la nommait la ville anglaise.

On trouve à Roquemaurel un château.

A voir à St-Projet une église et un ancien couvent qui méritent une attention toute particulière.

Près du bourg, au lieu dit de la Platte, existe un souterrain dit la cave anglaise.

Près de St-Projet, sur un côteau qui domine le ruisseau, s'élève un rocher où l'on voit l'empreinte d'une pantoufle, on le nomme le rocher de Madame.

Une route partant de Montsalvy, passe par Cassaniouze.

Altitude : 589 mètres.

GÉOLOGIE

Cette commune est sur un sol granitique et schisteux avec sables quartzeux.

COMMUNE DE JUNHAC

Distance d'Aurillac : 32 kilomètres.
Distance de Montsalvy : 6 kilomètres.
Population : 906 habitants,
Hôtels : Treyssac, Dalat.
Postes : Desservi par le bureau de Montsalvy.
Loueur de voitures : Dalat.

Ce chef-lieu est un petit bourg situé dans une plaine fertile. On y remarque quelques jolies maisons.

Son église n'offre rien de remarquable.

Dans cette commune, non loin du village de la Maurinie, se trouve un de ces phénomènes géologiques curieux à voir : c'est un mur que l'on nomme Mur du Diable. Ce sont des blocs de quartz ayant des dimensions colossales, qui sont entassés les uns sur les autres, formant un vrai mur cyclopéen.

On trouve à Cols un château.

On voit à Lassalle un château.

COURRIERS ET CORRESPONDANCES

Le courrier qui fait le service de Montsalvy à Maurs passe par Junhac. Altitude 488 mètres.

GÉOLOGIE

Cette commune est en grande partie sur gneiss, micaschiste et quartz.

FLORE

On trouve dans cette commune le serapias lingua.

COMMUNE DE LABESSERETTE

Distance d'Aurillac : 28 kilomètres.
Distance de Montsalvy : 8 kilomètres.
Population : 511 habitants.
Hôtels : Fabrègues, Vaissières.
Loueur de voitures : Blanqui.
Postes : Desservi par le bureau de Montsalvy.

Ce chef-lieu est un joli bourg, admirablement situé, dans le fond d'un superbe vallon bien boisé. L'église est voûtée, on y remarque plusieurs figures bizarres d'hommes et d'animaux.

Il s'y trouve un vieux château.

On voit aussi des châteaux aux villages de la Maurinie et de la Salle. Une route partant de Montsalvy passe par Labesserette, Altitude, 615 mètres.

GÉOLOGIE

Cette commune est sur gneiss, micaschistes, avec filons de quartz.

COMMUNE DE LA CAPELLE-EN-VÉZIE

Distance d'Aurillac : 22 kilomètres.
Distance de Montsalvy : 14 kilomètres.
Population : 258 habitants
Hôtels :
Postes : Desservi par le bureau de Montsalvy.

Ce petit bourg est situé au centre d'un plateau.
Son église est très ancienne. On remarque encore les ruines d'un château.
La Capelle possède une source d'eaux minérales ferrugineuses gazeuzes très estimées.
On voit au Peyrou un château.
Le courrier qui fait le service de Montsalvy à Aurillac passe à Lafeuillade, à 1 kilomètre de Lacapelle. Départ d'Aurillac à 9 h. du matin et 2 h. 30 du soir ; prix 1 fr 50.
Altitude : 764 mètres.

GÉOLOGIE

Cette commune est en entier sur gneiss et micaschistes.

COMMUNE DE LA CAPELLE-DEL-FRAYSSE

Distance d'Aurillac : 24 kilomètres.
Distance de Montsalvy : 14 kilomètres.
Population : 379 habitants.
Hôtels : Terrisse. Mas.
Postes : Desservi par le bureau de Montsalvy.

Le chef-lieu de cette commune est un petit bourg situé sur un plateau élevé. Son église n'offre rien de remarquable.
Près du bourg, on trouve un des points les plus élevés de la croupe de montagnes qui partant du Plomb du Cantal, va s'abaissant jusqu'au département du Lot.
On nomme ce point les trois arbres du Fraysse, là le spectateur jouit d'un point de vue superbe (on aperçoit Aurillac et Rodez).
A Menthière, on y voit un joli château avec parc et jardins magnifiques.

A La Rodde, on trouve aussi un château.

Le Courrier qui fait le service d'Aurillac à Montsalvy, passe à Lafeuillade (2 kil. de ce chef-lieu). Départ d'Aurillac à 9 h. du matin et 2 h. 30 du soir ; prix 1 fr. 50.

Altitude : 764 mètres.

GÉOLOGIE

Toute cette commune est sur gneiss et micaschistes.

COMMUNE DE LADINHAC

Distance d'Aurillac : 30 kilomètres.
Distance de Montsalvy : 9 kilomètres.
Population : 950 habitants.
Hôtels :
Postes : Desservi par le bureau de Montsalvy.

Ce chef-lieu est un joli bourg, bâti sur un plateau. Son église est fort ancienne, le clocher est carré et la tour octogone est surmontée d'un dôme.

A Auberoques on voit un ancien château.

A Cances on trouve aussi un château. A Montlaury se trouvent encore les ruines d'un ancien château dont il ne reste qu'une tour. A remarquer aussi le château de Murat la Gasse.

Une route partant de Montsalvy traverse Ladinhac.

Altitude : 680 mètres.

GÉOLOGIE

Toute cette commune est sur gneiss et micaschistes.

COMMUNE DE LAPEYRUGUE

Distance d'Aurillac : 34 kilomètres.
Distance de Montsalvy : 7 kilomètres.
Population : 511 habitants.
Hôtels :
Postes : Desservi par le bureau de Montsalvy.

Lapeyrugue est un petit bourg, qui ainsi que son église n'ont rien de remarquable. Altitude : 711 mètres.

GÉOLOGIE

Cette commune est sur gneiss et micaschistes avec du quartz.

COMMUNE DE LEUCAMP

Distance d'Aurillac : 25 kilomètres.
Distance de Montsalvy : 15 kilomètres.
Population : 506 habitants.
Hôtels : Veuve Bonal.
Postes : Desservi par le bureau de Montsalvy.

Ce chef-lieu est un bourg assez important, situé sur un plateau. Son église n'offre rien de remarquable,
On aperçoit encore les ruines du château de la Garde, avec ses tours abattues.
. Une route partant de Montsalvy et passant par Ladinhac va à Leucamp.
Altitude : 661 mètres.

GÉOLOGIE

Cette commune, de nature sablonneuse, est sur gneiss et micaschistes.

COMMUNE DE ROUSSY

Distance d'Aurillac : 21 kilomètres.
Distance de Montsalvy : 33 kilomètres.
Population : 529 habitants.
Hôtels : (à Vezels) Coussin, Delrieu.
Postes : Desservi par le bureau de Labrousse.

Ce chef-lieu est un petit bourg qui n'a de remarquable que l'Eglise.
On voit à Caylus les ruines d'une vieille tour.
A Combe on trouve un petit château.
Une route partant de Montsalvy et passant à Ladinhac et à Leucamp, va à Roussy.
Altitude : 764 mètres.

Grosse erreur il n'y a que
... sont ... presque impraticables

GÉOLOGIE

Cette commune est sur gneiss et micaschistes. Quelques pitons de basalte des plateaux se trouvent sur cette commune.

COMMUNE DE SANSAC-VEYNAZÈS

Distance d'Aurillac : 23 kilomètres.
Distance de Montsalvy : 7 kilomètres.
Population : 405 habitants.
Hôtels :
Postes : Desservi par le bureau de Montsalvy.

Ce chef-lieu est un petit bourg. Son église posséde un tableau de la vierge qui a une certaine valeur artistique.
On voit à Boussaroque un joli château.
Une route partant de Montsalvy passe par Sansac-Veinazès.
Altitude : 736 mètres.

GÉOLOGIE

Cette commune est sur gneiss et micaschistes avec filon de quartz. On trouve dans les ravins des variétés de quartz caverneux, de quartz sacharoïde et de quartz cristallisé, radié. On trouve aussi de beaux cristaux de Tourmaline.

COMMUNE DE SÉNEZERGUES

Distance d'Aurillac : 35 kilomètres.
Distance de Montsalvy : 16 kilomètres.
Population : 812 habitants.
Hôtels : Broha.
Postes : Desservi par le bureau de Montsalvy.

Sénezergues est un petit bourg. L'église qui n'a rien de remarquable possède pourtant une statue de Chevalier armée. Le château est flanqué de cinq tours. On trouve à la Chourlie une chapelle érigée en succursale. On voit à Cours un château du XVII° siècle, style Mansard. Près du village le Don, dans une gorge étroite et sombre, encadrée de hautes montagnes couvertes de forêts au milieu desquelles s'élèvent çà et là des pics noirs et menaçants. De quelque côté que les regards se portent on ne voit que rocs immenses, nus, livides, c'est à peine si de temps à autre on apperçoit un peu de ciel. Les rayons du soleil passent à peine dans cette gorge affreuse ou il n'y a ni chemin, ni sentier, et ou les habitants voisins ne pénétrent qu'avec effroi. C'est à l'extrémité de ce défilé horrible et sauvage que l'ermite Raymond avait fondé son ermitage.

Une route partant de Montsalvy et traversant Junhac passe à Sénezergues.

Altitude : 660 mètres.

Géologie

Cette commune se trouve sur gneiss et micaschistes.

Flore

On trouve à la Chourlie le serapias lingua.

COMMUNE DE TEISSIÈRES-LES-BOULIES

Distance d'Aurillac : 21 kilomètres.
Distance de Montsalvy : 25 kilomètres.
Population : 655 habitants.
Hôtels :
Postes : Desservi par le bureau de Labrousse.

Teissières est un petit bourg dont l'église est fort ancienne.

On voit à La Joyeuse une jolie habitation entourée d'allées.

C'est à quelques distances du chef-lieu que se trouve la source d'eaux minérales de Teissières. Il existe aussi à Canines une autre source d'eaux minérales mais bien moins importante.

Source de Teissières

La fontaine minérale est située dans un vallon étroit et d'accès difficile. L'eau jaillit d'un rocher très dur, on voit les bulles d'acide carbonique qui viennent crever à sa surface, elle est ferrugineuse, très gazeuze et est, sans contredit, une des eaux les plus agréables que nous ayons en France ; on pourrait lui donner le nom d'eau de seltz naturelle. Ces eaux sont des eaux de table supérieures et conviennent en outre dans les maladies suivantes :

Jaunisse, gastralgies, dyspepsies, certains états atoniques de l'estomac et des intestins, les pâles couleurs, les anémies, les céphalalgies nerveuses, et les convalescences des fièvres intermittentes.

Elles sont aujourd'hui universellement connnes et appréciées. M. Reygasse fils en est le propriétaire.

Une route partant d'Aurillac va à Teissièred

Altitude : 748 mètres.

GÉOLOGIE

Cette commune est sur gneiss et micaschiste.

FLORE

On trouve dans cette commune les plantes qui suivent : Senecio Jacobea, Digitalis purpurea, Erythrœa centaurium.

COMMUNE DE VIEILLEVIE

Distance d'Aurillac : 48 kilomètres.
Distance de Montsalvy : 13 kilomètres.
Population : 515 habitants.
Hôtel :
Postes : Desservi par le bureau de Montsalvy.

Vieillevie est un joli bourg, situé sur les bords du Lot. On y voit quelques maisons bien bâties et un château en ruines q i domine le bourg et la rivière.

L'église a une tour carrée qui lui sert de clocher.

A Tousouses, on trouve un château inhabité.

Cette commune n'a que 212 mètres d'altitude, aussi les vignes y donnent un produit assez bon et on y fait un vin très estimé.

Une route partant de Montsalvy passe à Vieillevie.

GÉOLOGIE

Cette commune se trouve sur argiles, talcsalistes et gneiss.

FLORE

On trouve dans cette commune : larum italicum, arabis turrita, cistus salvifolius oxalis corniculata, chrisanthemum monspeliense, centaurca pectinata, vinca major, origanum prismatlcum, salix incana, asplenuim breynü.

CANTON DE SAINT-CERNIN

Le canton de St-Cernin est formé par six communes qui sont : St-Cernin, St-Cirgues-de-Malbert, Freix-Anglards, Girgols, St-Illide, Tournemire.

COMMUNE DE SAINT-CERNIN

Distance d'Aurillac : 22 kilomètres.
Population : 2.145 habitants.
Hôtels : Chemy, Bergeaud.
Loueurs de voitures : Bancarel, Chemy.
Postes : Possède un bureau de postes et télégraphes.

St-Cernin est une petite ville possédant quelques jolies habitations et située sur le versant d'une montagne qui domine le vallon de Tournemire

Son église est voit et digne d'être visitée. Elle est du style byzantin. On y voit des stales et des boiseries sculptées sur chêne qui sont remarquables et datent du XV⁰ siècle Elles viennent du chapitre de Saint-Chamant. Une de ces boiseries représente l'arbre de Jessé.

A citer la vieille tour de Marse qui date du XIVᵉ siècle. les châteaux de Bournazels, du Cambon. de Faussanges et de Rageau.

On trouve au Puy-Cantarel une grande quantité de tumuli ; beaucoup d'entr'eux ont été ouverts ; on y a trouvé des bracelets, dés monnaies et des hâches gauloises.

Si le touriste désire avoir un des plus beaux panoramas qu'il puisse voir, il devra aller visiter la croix de Roziers, 30 minutes suffisent pour cette course.

Courriers et Correspondances

Une voiture partant tous les soirs pour Saint-Martin-Valmeroux, à 1 h. 50 du soir, passe par St-Cernin.

St-Cernin est encore en correspondance avec la gare de St-Illide. Départ de la gare à 8 h. du matin et 7 h. 45 du soir, arrivée à St-Cernin à 10 h. 30 du matin et 9 h. soir. (Départ de St-Cernin pour la gare à 11 heures du matin).

Altitude : 829 mètres.

Géologie

La ville et les villages de St-Cernin, Alterines, Anglards-le-Pommier, Apcher, le Bac, Bargues, le Bouyssou, la Calmette, Combourieu, Cors, le Cros, Faussanges, Frayssy et Fontbulin sont sur brèche andésitique ainsi que les autres villages de la Maletie, Lasmories, Marses, St-Martin-Vallois, Ourzeau, Le Puech, Rageau, Rosiers, Lavigne, Laubac et Lagardette. Le Roc de Lagardette est sur basalte des plateaux. Tous les autres villages sont sur gneiss et micaschistes.

Flore

On trouve près de Rageau le sambucus racemosus.

COMMUNE DE SAINT-CIRGUFS-DE-MALBERT

Distance d'Aurillac : 30 kilomètres.
Distance de St-Cernin : 8 kilomètres.
Population : 1009 habitants.
Hôtels : Saut.
Postes : Desservi par le bureau de St-Cernin.

St-Cirgues est un petit bourg situé dans le vallon de la Doire. L'église est remarquable par son ancienneté et la richesse des dons qui lui ont été faits par les seigneurs du pays, elle est du style Roman.

On voit à Besse une église et à l'hôpital une chapelle. On trouve dans les caves de l'hôtel un souterrain.

Altitude : 728 mètres.

GÉOLOGIE

Besse et Goutte-Dial sont sur basalte des plateaux. Trémont, Lagarenne, Rouffilange et L'Hopital sont sur brèche andésitique. On voit près de Trémont, Le Cros et Rouffilange, des monticules basaltiques. Tous les autres villages sont sur gneiss et micaschistes.

FLORE

On trouve dans cette commune les plantes qui suivent : parnassia palustris, convallaria polygonatum.

COMMUNE DE FREIX-ANGLARDS

Distance d'Aurillac : 17 kilomètres.
Distance de St-Cernin : 7 kilomètres.
Population : 577 habitants.
Hôtels : Parlange, Vialard, Viers.
Postes : Desservi par le bureau de St-Cernin.

Freix-Anglards est un petit bourg situé sur un plateau élevé. L'église date des premières années de notre siècle et n'offre rien de remarquable.

Altitude :

GÉOLOGIE

Les villages de Favars, Sistrières, Sarrus, Caplon, La Montagne, Roussy et Vernuéjoul sont sur gneiss et micaschiste. Freix-Anglards et les autres villages sont sur brèche andésitique.

FLORE

On trouve dans cette commune les plantes qui suivent : brunella major, sexifraga stallaris.

COMMUNE DE SAINT-ILLIDE

Distance d'Aurillac : 29 kilomètres.
Distance de St-Cernin : 12 kilomètres.
Population : 1.860 habitants.
Hôtels : Bessières, Sarret, Capitaine, Terrisse.
Loueurs de voitures : Chanut, Salvat.
Postes : Possède un bureau de postes et télégraphes.

St-Illide est un bourg important, situé sur un plateau élevé et traversé par la route d'Aurillac à Pleaux.

L'église, de style Lombard, est fort ancienne, elle possède quelques statues qui sont belles.

A Albards, à 1 kilomètre de St-Illide, on voit un bel hopital ainsi qu'une jolie chapelle dus à la générosité d'un enfant du pays, M. Darnis, dont le tombeau est joint à la chapelle.

On trouve les châteaux de Bellestat et de la Bontat.

Altitude : 663 mètres.

COURRIERS ET CORRESPONDANCES

St-Illide possède une station de chemin de fer d'Aurillac à Mauriac.

GÉOLOGIE

St-Illide, Albards et Laygue sont sur brèche andésistique, les autres villages sont sur gneiss et micaschistes.

On trouve au Verdier et à Espont le terrain houillier. En suivant la route qui va de la gare à St-Ill de, on trouve des affleurements de schiste houiller.

FLORE

On trouve dans cette commune la brunella major, linaria minor, rhinanthus major.

COMMUNE DE GIRGOLS

Distance d'Aurillac : 21 kilomètres.
Distance de St-Cernin : 6 kilomètres.
Population : 304 habitantt.
Hôtels : Aymar.
Postes : Desservi par le bureau de St-Cernin.

Girgols est un petit bourg placé près du ruisseau de
Cothrunes, un coteau le défend contre les vents du nord.
L'église est du genre gothique, mais n'offre rien de remar-
quable.
Altitude : 937 mètres.

GÉOLOGIE

Girgols est au pied d'une montagne basaltique où l'on
trouve de beaux prismes, les autres villages sont sur
gneiss et micaschistes.

COMMUNE DE TOURNEMIRE

Distance d'Aurillac : 22 kilomètres.
Distance de St-Cernin : 6 kilomètres.
Population : 450 habitants.
Hôtels : Lavialle, Baptista, Angelvy.
Postes : Desservi par le bureau de St-Cernin.

Tournemire est admirablement situé au sommet d'un
vallon. L'église est très ancienne, mais n'offre rien de
remarquable, Ce qu'il y a de curieux à voir, c'est le château d'Anjony. Ce manoir féodal date du XIVe siècle, il
est situé sur un roc escarpé dominant toute la vallée. Le
corps principal de l'édifice est une tour carrée flanquée à
chaque angle d'une tour élancée et ronde. On y trouve
encore, courtine, créneaux et machicoulis. L'intérieur est
parfaitement conservé les meubles, les tableaux de
famille, les tapisseries et les peintures murales sont
dignes d'être examinés avec soin.
Au rez-de-chaussée d'une des tours, a été aménagée une
chapelle dont les murs, décorés de fresques anciennes,
offrent une véritable valeur artistique,
Altitude : 874 mètres.

GÉOLOGIE

Le village de la Merlie est sur basalte des plateaux, près de Lavergne, on trouve un monticule basaltique, tous les autres villages sont sur brèche andésitique.

FLORE

On trouve dans cette commune la digitalis purpurea et lutea, paritaria officinale, brunella major, épilisbium ohirsutum (sur la route qui va de la côte deFonbulin à Tournemire on trouve limpatiens noli me tangère.

CANTON DE SAINT-MAMET

Le canton de St-Mamet est formé par onze communes qui sont : St-Mamet, Cayrols, La Ségalassière, Marcolès, Omps, Parlan, Pers, Roanne-St-Mary, Roumégoux, Saint-Saury et Vitrac.

COMMUNE DE SAINT-MAMET

Distance d'Aurillac : 18 kilomètres.
Population : 1805 habitants.
Hôtels : Mabit, Gramond, Prax.
Postes : Possède un bureau des postes et télégraphes.

La petite ville de St-Mamet est située sur un plateau très élevé L'église remonte aux premiers temps de l'architecture gothique. La cour carrée de son clocher produit un joli effet. A citer l'hôtel de ville, les superbes tilleuls, contemporains de Sully, qui entourent l'église de la Salvetat. Le château de Montraisse, la jolie habitation du Fesq et la chapelle St-Laurent qui se trouve aur un monticule dominant St-Mamet. De ce point la vue s'étend jusqu'aux montagnes du Cantal, du Mont-Dore et du Vivarais.

Altidude : St-Mamet est à 714 mètres et la chapelle de St-Laurent à 771 mètres.

Courriers et Correspondances

Un courrier part tous les soirs à 4 h. d'Aurillac pour St-Mamet, un autre courrier fait aussi la correspondance de ce chef-lieu avec la gare du Rouget.

Géologie

La moitié de cette commune est sur micaschiste et gneiss, l'autre partie est sur granite, on y trouve le granite porphyroïde.

Flore

On trouve dans cette commune (au Rouget la viola canina) (dans les bois du Laurent l'hypericum pulchrum, le géranium pusillum, le ranunculus cœnosus).

Dans l'étang Cabanes (hydrocotyle vulgaris, alisma natane).

Au Rouget (marubium minor, le plantago coronopus, le calitriche hamulata).

COMMUNE DE CAYROLS

Distance d'Aurillac : 27 kilomètres.
Distance de St-Mamet : 9 kilomètres.
Population : 496 habitants.
Hôtels : Jammet.
Postes : Desservi par le bureau du Rouget.

Cayrols est un petit bourg assez bien bâti. L'église est très ancienne, mais fraîchement décorée.

A l'ouest du bourg et du puy de Montredon, on voit l'enceinte d'un ancien camp.

On voit à la Placette, sur un monticule, un petit château.

Au Griffoul se trouve aussi un château.

Cayrols est à 2 kilomètres de la station du Rouget.

Altitude : 576 mètres.

Géologie

Cette commune se trouve sur gneiss micaschiste et granite porphyroïde. On trouve des filons de porphyrite micacée amphibolique.

Flore

On trouve dans cette commune l'utricularia minor.

COMMUNE DE LA SÉGALASSIÈRE

Distance d'Aurillac : 29 kilomètres.
Distance de St-Mamet : 14 kilomètres.
Population : 225 habitants.
Hôtels : Veuve Serres, Bruel.
Postes : Desservi par le bureau du Rouget.

Ce chef-lieu est un petit bourg situé sur les bords du ruisseau de ce nom. Une route allant du Rouget à Laroquebrou passe par la Ségalassière.
Altitude : 601 mètres.

GÉOLOGIE

Cette commune est sur granite porphyroïde et filons de granulite.

COMMUNE DE MARCOLES

Distance d'Aurillac : 36 kilomètres.
Distance de St-Mamet : 13 kilomètres.
Population : 1,348 habitants.
Hôtel : Alidières, Peyrou, Gramond.
Postes : Possède un bureau de poste et télégraphe.

Marcolès est un bourg très important, assez bien bâti, il domine le vallon. Ce bourg a été fortifié et l'on y entrait par deux portes dont il reste encore quelques vestiges. L'église était un prieuré, son architecture est gothique. Dans les chapelles de Notre-Dame et de St-Roch sont des statues en bois d'un précieux travail.
On voit au Poux un beau château, à Faulat se trouve un château bien situé. On trouve à la Moretie un château situé sur la hauteur.
On peut contempler à St-Géraud un rocher très élevé.
Un courrier partant d'Aurillac à 3 h. du soir, arrive à Marcolès à 6 h. 45.
Altitude : 750 mètres.

COMMUNE D'OMPS

Distance d'Aurillac : 20 kilomètres.
Distance de St-Mamet : 5 kilomètres.
Population : 505 habitants.
Hôtels : Bruel, Grave, Bedoussac.
Loueurs de voitures : M·ssilier, Carmes.
Postes : Desservi par le bureau de St-Mamet.

Omps est un petit bourg, on y voit quelques jolies habitations.
L'église est petite mais ancienne.
il y a dans le bourg un château.
Le courrier d'Aurillac à St-Mamet passe à 3 kil. d'Omps.
Altitude : 658 mètres.

GÉOLOGIE

Toute cette commune est sur granulite à masses et granite porphyroïde.

COMMUNE DE PARLAN

Distance d'Aurillac : 32 kilomètres.
Distance de St-Mamet : 14 kilomètres.
Population : 977 habitants.
Hôtels : Vabre, Lacaze, Toyre.
Postes : Desservi par le bureau du Rouget.

Parlan est un petit bourg bien bâti, situé sur une petite éminence.
L'église avait titre de prieuré, ses bas-côtés sont soutenus par des colonnes cylindriques.
On remarque dans ce bourg un château de style gothique, très ancien.
Une route partant de St-Mamet et passant par Cayrols va à Parlan.
Altitude : 506 mètres.

GÉOLOGIE

Cette commune se trouve sur gneiss et micaschiste et sur granulite à filons. Près de Parlan on trouve un filon de quartz des arkoses triasiques.

FLORE

On trouve dans cette commune (dans les landes humides, le narthecium ossifragum).

COMMUNE DE PERS

Distance d'Aurillac : 25 kilomètres.
Distance de St-Mamet : 10 kilomètres.
Population : 701 habitants.
Hôtels : Pachin, Reynal.
Postes : Desservi par le bureau du Rouget.

Pers est un petit bourg, situé près de la ligne d'Aurillac à Figeac (mais il n'y pas de station). Son église est ancienne et jolie.

Ce chef-lieu est à quelques kilomètres de la station du Rouget. Une route partant de ce point traverse le bourg.
Altitude : 601 mètres.

GÉOLOGIE

Cette commune se trouve sur granulite à masses, une large bande de gneiss et de micaschistes, longe la commune, dans ce filon on trouve le terrain houiller.

COMMUNE DE ROANNES-SAINT-MARY

Distance d'Aurillac : 11 kilomètres.
Distance de St Mamet : 10 kilomètres.
Population : 1.065 habitants.
Hôtels : Mazel, Castanier.
Postes : Desservi par le bureau de St-Mamet.

Roannes est un bourg assez bien bâti, son église présente plusieurs époques, mais n'offre rien de remarquable.

A St-Mary on trouve une chapelle isolée et fort ancienne, elle est située sur le sommet d'une montagne appelée Puy-St-Mary. A l'Ermitage on voit encore une église qui sert au culte pour la paroisse de St-Mary.

Le courrier d'Aurillac à Marcolès traverse le bourg de Roannes. Départ d'Aurillac à 3 heures du soir.

Altitude : 590 mètres.

GÉOLOGIE

Toute cette commune est sur gneiss et micaschistes.

COMMUNE DE ROUMÉGOUX

Distance d'Aurillac : 29 kilomètres.
Distance de St-Mamet : 12 kilomètres.
Population : 421 habitants.
Hôtels : Labro, Latour, Limbertie, Valadou.
Postes : Desservi par le bureau du Rouget.

Ce chef-lieu est un petit bourg situé entre deux vallons, sur un ruisseau.

L'église est fort ancienne. On voit dans le bourg les ruines d'un château fort. On remarque près de la chapelle du Bourniou une jolie fontaine désignée sous le nom de fontaine de St-Géraud. On trouve à la Durantie un petit château. On peut voir au Puech un souterrain qui, dit-on, doit dater du temps des gaulois.

La route qui va de St-Mamet à St-Céré passe par Roumégoux.

Altitude : 630 mètres.

GÉOLOGIE

Cette commune est sur granite porphyroïde. On trouve dans la commune des filons de micro-granulite et de porphyrite micacée et amphibolique.

FLORE

On trouve dans cette commune le narthecium ossifragum.

COMMUNE DE SAINT-SAURY

Distance d'Aurillac : 37 kilomètres.
Distance de St-Mamet : 17 kilomètres.
Population : 611 habitants.
Hôtels : Veuve Alric, Merlet.
Postes : Desservi par le bureau du Rouget.

Ce chef-lieu est un bourg qui n'a rien de remarquable. L'église est ancienne. A Calmels on trouve les ruines d'un ancien prieuré.

Il existe à 2 kilomètres de St-Saury un monument druidique, formé de grosses pierres placées en cercle ; deux d'entr'elles, plus élevées que les autres portent des rainures.

Une voiture fait le service de la station du Rouget. Départ à 3 heures du soir, prix 1 fr.

Altitude :   mètres.

GÉOLOGIE

Cette commune se trouve en partie sur gneiss et micaschistes et sur granulite à filons.

COMMUNE DE VITRAC

Distance d'Aurillac : 25 kilomètres.
Distance de St-Mamet : 6 kilomètres.
Population : 722 habitants.
Hôtels : Bac, Prat.
Postes : Desservi par le bureau de St-Mamet.

Vitrac est un joli petit bourg, bien situé, d'un aspect riant. Son église est ancienne et assez remarquable.

On voit à Fargues un beau et ancien château entouré d'un parc et de promenades qui en font une des plus agréables résidences de notre pays.

On voit aussi à Laborie un château.

A Muratel on remarque une jolie maison de campagne bien située et entourée de bosquets.

On va à Vitrac par une route qui part de Saint-Mamet et traverse le bourg.

Altitude : 645 mètres.

GÉOLOGIE

Cette commune se trouve sur gneiss et micaschistes, sur granite et granulite à filons.

CANTON DE VIC-SUR-CÈRE

Le canton de Vic est formé par douze communes, qui sont : Vic, Badailhac, Carlat, Cros-de-Ronesque, Jou-sous-Monjou, Pailherols, Polminhac, Raulhac, Saint-Clément, St-Étienne-de-Carlat, St-Jacques-des-Blats et Thiézac.

COMMUNE DE VIC-SUR-CÈRE

Distance d'Aurillac : 20 kilomètres.
Population : 1.701 habitants.
Hôtels : Vialette.
Loueurs de voitures : Vialette.
Postes : Possède un bureau de postes et télégraphes.

Pour les fatigués de la vie, ceux que le travail intellectuel ou le négoce actif des grandes ville surmena, pour tous les chercheurs d'heures lentes passées en un décor de calme réparateur, une station thermale s'offre, largement hospitalière, joyeuse de prodiguer ses merveilles : Vic ! L'Enchanteresse que célébrèrent nos littérateurs et nos artistes, depuis les lointaines époques, jnsqu'aux pages d'apothéoses signées de Jean Ajalbert, le savoureux écrivain de « En Auvergne », jusqu'aux récentes phrases claironnantes du conférencier disert, le très érudit Eugène Lintilhac.

Dévalant des hautes collines en une descente flâneuse de troupeaux, quêtant les eaux vives, les maisons se

suivent, se groupent dominées du clocher noirci, avec
leurs façades gaies, pimpantes, orientées vers le soleil des
pleins midi. Jusqu'à la Cère paresseuse, attardée en ces
plaines comme une jolie fille heureuse de se laisser admirer.

Une garde élégante de sveltes peupliers l'escorte, dessi-
nant son cours sinueux, harmonisant le bruissement des
feuilles blanches à l'éternelle chanson de l'onde claire sur
les cailloux polis.

Dans l'intense rayonnement des étés, sous le frisson
lumineux des avrils ou la rouille dorée des automnes,
Vic reste la même charmeuse, troublante de ses grâces,
preneuse de cœurs, impossible à oublier.

Les visiteurs d'un jour ou d'une heure que le hasard
amène lui deviennent de fervents adorateurs, des fidèles
passionnés, qui tous les ans réapparaissent, plus épris, à
jamais possédés.

Aussi le nombre ne peut-il que s'accroître en rapides
progressions des accoutumés de la saison thermale, en
cette citée de Vic où l'on éprouve si vivement le charme
et la douceur de vivre.

On a prophétisé qu'elle deviendrait la capitale du futur
tourisme auvergnat. Nous ambitionnons plus. Ce n'est pas
qu'aux fils du pays qu'elle sera réservée. En un temps
déjà proche, sa réputation semée en toutes les provinces
de France, lui attirera une considérable et élégante
clientèle. Lorsque les hôtels et les casinos, sortis de terre,
s'offriront aux besoins de vie large et luxueuse, la reine
de nos vallées deviendra rapidement l'une des plus belles
villes d'eaux et pourra changer sa modeste parure de
fleurs pour la couronne endiamentée dont se glorifient
Luchon, Neris ou Royat.

Mais il n'y a pas que le cadre suggestif, de longs repos
et des cures infaillibles, il y faut joindre ce qui donne à
Vic sa plus grande raison d'être, son animation particulière. L'établissement thermal est là, justifiant le renom
des eaux minérales qui figurent sur toutes les tables des
grands hôtels de Paris et de la province, ayant enfin
conquis les plus délicats et les plus difficiles. Parler de la
cité vicoise sans rappeler combien elle doit à M. Fayet,
serait une faute inexcusable, une trop grande injustice.

Elle lui doit sa fortune présente, sa gloire future, à celui qui jadis descendit tout jeune patre de ses montagnes et s'en fut en sabots à la conquête de Paris. Il n'est revenu de la capitale que pour offrir son dévouement à la terre natale, la faire connaître. et apprendre aux voyageurs des jours d'été, ce chemin de Vic sur le parcours duquel ils sèment l'aisance et parfois la fortune.

C'est à lui, donateur généreux des terrains ou s'élève le grand hôtel, que notre station thermale devra, sans conteste, la plus large part de sa prospérité.

Vic est une ville très ancienne, elle était connue des Romains, ainsi que le constatent de nombreux débris découverts lors des fouilles qui furent faites pour l'établissement thermal.

Elle avait son château fort situé sur une hauteur, au nord de la ville qu'il dominait et que l'on nomme aujourd'hui Castel-Viel.

On y remarque un certain nombre de jolies habitations. L'église est très ancienne, on voit sur les murs extérieurs des sculptures curieuses, représentant des figures grimaçantes et des têtes de divers animaux.

On y voit aussi le château des Grimaldi, princes de Monaco et le château des comtes de Murat Sistrières, entouré d'un joli parc donnant sur la rivière.

Vic possède en outre de bons hôtels, des cafés bien tenus, ainsi qu'un superbe petit casino, inauguré depuis peu. A signaler surtout l'établissement thermal de Vic-sur-Cère et le grand hôtel que l'on bâti actuellement. Ce superbe édifice, construit d'après les dernières données de l'art architectural, aura 200 chambres luxueusement meublées, un ascenseur et monte-bagages et tout ce que peuvent désirer comme confort, les heureux de la vie qui ne manqueront pas de venir admirer nos belles montagnes.

Vallée de la Cère

C'est du tunnel du Lioran, au débouché d'une gorge étroite et profonde ou cheminent les blanches avalanches, que surplombent d'énormes rochers, entourés de vieux sapins dont la barbe moussue traîne jusqu'à terre, que la rivière la Cère se précipite de cascade en cascade,

au milieu de rochers entassés, pour s'échapper ensuite
et suivre un cours plus paisible, jusqu'à ce qu'elle trouve
un amoncellement de roches bizarres, qui semblent sus-
pendues sur un abime et où ses eaux viennent se briser
et tomber avec fracas au fond du gouffre du pas de Compaing, une des merveilles de la vallée. Là la route est
creusée dans le roc et semble suspendue sur l'abime ; de
ce point le spectateur peut comtempler, non sans effroi,
ni sans admiration, les flancs de la gorge hérissés de
roches, qui paraissent vouloir s'écrouler dans les flots
écumants. C'est aux pieds des hautes montagnes que la
Cère continue sa marche jusqu'à ce qu'elle franchisse, au
pas de la Cère, dans un étroit passage qu'elle s'est frayé,
en coupant presque verticalement une coulée de lave de
80 mètres de hauteur.

Alors, calme et docile, cette belle rivière se déroule
pour se déployer en gracieux méandres à travers un des
plus beaux paysages de nos montagnes. La vallée s'élargit peu à peu et forme un magnifique bassin parsemé de
vallons verdoyants et de riantes collines que décore la
plus belle et la plus vigoureuse végétation.

Partout s'élèvent de belles maisons de campagne et de
superbes châteaux entourés d'arbres séculaires, qui semblent former un cadre à ce ravissant tableau.

*Excursions aux environs de Vic. — Cascade du trou de la
Conche. — Comblat-le-Château. — Château de la Cavade.
— Grotte des huguenots, écho superbe. — Retour à Vic
ar Polminhac.*

En remontant la vieille ville, derrière l'église, le touriste
n'aura qu'à suivre le torrent l'Iraliot, pour arriver dans
une gorge au pied du rocher de Castel viel. Là le ruisseau
s'y précipite en charmantes cascatelles. Cette gorge dont
les bords entourés d'une belle végétation est pleine de
charmes et rêverie, se termine au fond d'une petite baie
que l'on nomme le Trou de la Conche. C'est dans
cette vasque que se précipite une des plus curieuses
cascade des environs.

Le touriste devra ensuite aller rejoindre la route de Vic
à Aurillac et aller voir le château de Comblat, situé dans

la riante position de la vallée de la Cère et au débouché d'un superbe petit vallon. Après avoir visité le château, le touriste pourra prendre le chemin qui monte à Combelles et aller voir le vieux château de la Cavade, de là il descendra au village d'Onsac, entre ce village et celui de Cabanus, se trouvent des rochers forts curieux à voir.

On descend dans une espèce de cirque, ou on a devant soi une masse considérable de rochers, véritables falaises taillées à pic, ayant environ 80 mètres de hauteur, en faisant face aux rochers, on a le plus joli écho que l'on puisse trouver. Sur la roche la plus élevée, on aperçoit une grotte assez grande, elle ressemble à une gigantesque guérite surmontant le rocher, elle est connue sous le nom de grotte des Huguenots.

Après avoir contemplé ces curiosités naturelles, on descend à Pestel que l'on trouve sur la droite et après une visite faite à ce vieux donjon, on descend à Polminhac où on peut prendre le train pour retourner à Vic.

Excursion à la Cascade de Fournol. — Ascension du rocher de Muret. — Visite au pas de la Cère et à la cascade de la Roucole. — Retour à Vic.

Pour faire cette excursion une matinée ou une après-midi suffit largement. On devra suivre la route de Vic à Murat. Vers le 23ᵉ kilomètres on trouve un pont sur lequel passe la route, il faut descendre le long du ruisseau et un peu plus bas que le pont on verra une jolie cascade, connue sous le nom de cascade de Fournol. Puis faisant face à la route on a devant soi le rocher de Muret, où se trouvait jadis un château féodal, remp'acé aujourd'hui par un superbe tilleul, du haut de ce rocher on contemple un magnifique panorama.

Arrivé au 23ᵉ kil. 200 on trouve, à droite, un petit sentier qui conduit au pas de la Cère et en quelques minutes on est sur les bords de cet étroit défilé, dont les parois verticales ont 80 mètres de haut. Après avoir admiré cette merveille de la nature, le touriste devra remonter par le même chemin; arrivé sur la route, il devra la suivre jusqu'à la borne 23 k. 600, juste en face, sur la droite, il verra un sentier qui le conduira à un énorme rocher, du sommet duquel il pourra voir une des plus belles cascades du pays formée par le ruisseau la Rouco'e. Les eaux tumultueuses se précipitent avec fracas, d'une hauteur de 25 mètres, sur des rochers énormes entassés au fond de l'abime. Si le touriste désire descendre au fond de la cascade, il devra remonter la route, dépasser le pont, suivre le ruisseau jusqu'à l'endroit où il se précipite, le contourner un peu et descendre au bord des rochers sur lesquels les eaux viennent se briser avec fracas. Cette cascade est peu connue, elle est pourtant bien belle et digne d'être visitée.

Après cette promenade très récréative, on revient à Vic par la route.

Excursion à la cascade de Fabrègues. — Ascension du Puy de la Poche. — Descente entre St-Jacques et Thiézac. — Visite au pas de Compaing. — Retour à Vic par Thiézac.

Pour faire cette excursion le touriste devra partir de Vic par le train de 5 heures du matin, arrivé à Thiézac il suivra la route de Thiézac à Vic jusqu'au 25 k. 400 ou se trouve le cimetière de Thiézac, immédiatement après il trouvera la petite route qui le conduira jusqu'au village de Lasmolineries ; de ce village il apercevra, sur la droite, une cascade où il pourra se rendre en 20 minutes.

Cette belle chute se précipite du sommet d'un énorme rocher basaltique à colonnes, d'une hauteur de 50 mètres et forme la plus belle cascade du département ; on la nomme la cascade de Fabrègues.

Après avoir bien vu la cascade et le rocher, qui est superbe à voir, on remonte, par un des flancs, rejoindre le ruisseau que l'on suivra jusqu'à la vacherie de Braque-ville ou le ruisseau se divise en deux branches, prendre la branche de droite et la suivre jusqu'aux pieds du Puy de la Poche qui n'est pas très éloigné, en faire l'ascension contempler le panorama que l'on a de tous les côtés, puis aller rejoindre le chemin qui passe près du village d'Armandie et qui se joint à la route presque en face du pas de Compaing que l'on verra au 29 k. 500.

Puis, au retour, on trouvera au 28 k. le village de Malbec, ou se trouve aussi une jolie cascade que l'on voit de la route. On rentre à Thiézac pour prendre le train de 12 h. 20 et à midi 40 on est de retour à Vic.

Excursion aux châteaux de Clavières et de Vixouze.

Le touriste, pour faire cette excursion, prendra la route qui passe à Comblat-le-Pont et traverse Olmet où il verra la charmante habitation où notre savant et illustre compatriote, le digne successeur de Pasteur, M. Duclaux, aime à venir, pendant les vacances, prendre un repos bien mérité. De là il continuera sa route jusqu'au château de Clavières qu'il pourra visiter et se dirigera ensuite sur Vixouze ou se trouve un beau château placé dans un site réellement beau et d'où l'on peut admirer la vallée de la Cère presque entière.

Puis si l'on désire ne pas revenir par le même chemin, on peut aller prendre le train à Polminhac.

Indépendamment des excursions qui sont tracées ici, le touriste pourra aller au Lioran faire les ascensions du Plomb du Cantal, du Puy Mary, du Puy de Griou, aller voir le viaduc de Garabit et St-Flour, traverser la montagne de St-Jacques à Mandailles par le col du Perthus. Enfin, étant donné la quantité de trains qui passent tous les jours à Vic, le touriste pourra voir facilement ce qu'il y a de plus intéressant et visiter les sites les plus beaux de notre département.

Altitude : 678.

Courriers et Correspondances

Vic possède une station de chemin de fer.
Une voiture part de la gare tous les soirs à 2 h. 15 pour le Mur-de-Barrez et Raulhac.

Géologie

Vic est en partie sur brèche andésitique et sur alluvions anciennes et modernes, le moulin de Roudier, le moulin de Vialard, Comblat-le-Pont, Comblat-le-Château, sont sur alluvions anciennes, les autres villages sont sur brêche andésitique. On trouve au-dessus de Chalvagnac, au pas de la Mougudo, un gisement de cinerite remarquable. Je possède dans ma collection des empreintes de feuilles superbes. Entre Vic et St-Clément on trouve de l'andésite amphibole et à Labrador.

FLORE

On trouve dans cette commune le symphytum tuberosum (au pas de la Cère, le scolopendrium off).

COMMUNE DE BADAILHAC

Distance d'Aurillac : 22 kilomètres.
Distance de Vic : 14 kilomètres.
Population : 407 habitants.
Hôtels : Vidalenc, Levasseur, Pagès.
Postes : Desservi par le bureau de Vic.

Badailhac est un petit bourg situé sur le penchant d'une montagne ou un peu plus bas, la pente se change en précipice. Son église n'a rien de remarquable.

On trouve à Bassignac un château qui domine le vallon du Goul. *Bassignac est de Cros de Ronesque*

Au village de Volcamp on remarque un affaissement continue et déjà considérable du chemin. Ce phénomène ferait croire à l'existence de quelque excavation souterraine.

COURRIERS ET CORRESPONDANCES

Le courrier qui part d'Aurillac pour Raulhac passe tous les jours à 2 kilomètres de Badailhac.

GÉOLOGIE

Badailhac Loubejac. la Calsade, Montcalvy, Payrusse, sont sur basalte des plateaux, les autres villages sont sur brèche andésitique.
Altitude : 972 mètres.

COMMUNE DE CARLAT

Distance d'Aurillac : 17 kilomètres.
Distance de Vic : 15 kilomètres.
Population : 828 habitants.
Hôtels : Semeteys, Fesq, Laborie.
Loueur de voitures : Semeteys.
Postes : Possède un bureau de poste.

Carlat est un joli bourg, étagé au pied d'un énorme rocher basaltique, sur le plateau duquel se trouvait jadis un château fort dont l'origine se perd dans la nuit des temps et qui au moyen-âge était une des places les plus fortes de l'Aquitaine.

Le rocher sur lequel il se trouvait a 40 mètres de hauteur, taillé à pic de tous les côtés et entouré de précipices tels que l'abord en était presque impossible et ce n'était que par un étroit sentier, taillé dans le roc, que l'on pouvait y pénétrer.

Ainsi situé, ce château ne devait craindre ni la mine et les escalades, et étant donnée l'action des engins de guerre employés alors ; et la défense de ses murs épais, de ses bastions et de ses tours crénelées, il pouvait braver les attaques les plus vigoureuses.

Marguerite de Valois, femme d'Henri IV y habita quelques temps et les sujets de scandale qu'elle y donna furent cause que le roi le fit raser le 31 mai 1604.

A cette occasion, on plaça dans l'église de Carlat l'inscription suivante, que l'on peut voir encore dans cette église :

Par le commandement du très chrétien, très clément, très magnanime, très victorieux, très puissant, très admirable Henri IV, roi de France et de Navare, libérateur, père et restaurateur du Roïaume, fut cette place démolie pour satisfaire aux vœux de ses bons subjets, estant Maximilien de Bethune, marquis de Rosni, grand maître de l'artillerie, surintendant des finances et fortifications, et grand-voyer de France ; le sieur Duplessis, prévost ordonné par sa Majesté pour faire le rasement, le fist accomplir le dernier mai M.VI.C quatre.

En effet, rien ne fut épargné, les forts, l'église, le palais, tout fut précipité de la cîme du roc et aujourd'hui nulle trace de ces orgueilleux donjons, de cette formidable citadelle que Brantôme qualifiait la plus forte de France.

Sur ce rocher il ne reste plus que quelques traces du château, un puits qui devait servir d'oubliettes, sur les bords on voit un superbe sully à l'ombre duquel on vient contempler le magnifique panorama qui se déroule sous les yeux du spectateur.

L'église est ancienne, on y trouve l'inscription déjà décrite plus haut.

Tout à côté, au pied de ce rocher, se trouve l'humble cimetière ou reposent les cendres du savant géologue Rames.

En face Carlat, sur l'autre versant qui sépare le ruisseau, on voit le château de Cabanes.

Altitude : 874 mètres.

COURRIERS ET CORRESPONDANCES

Une voiture partant d'Aurillac à 8 h. 30 du matin et 1 h. 30 du soir, pour le Mur-de-Barrez et Raulhac, passe par Carlat. Durée du trajet : 1 h. 45. Prix : 1 fr.

GÉOLOGIE

Carlat se trouve sur basalte des plateaux, il est entouré par le basalte miocène, dans le fond de la vallée on trouve le terrain eocène surmonté de gneiss. Presque tous les villages sont sur brèche andésique.

On trouve à Carlat le basalte demi-deuil et un gisement de cinérite.

FLORE

On trouve dans cette commune le carduus tenuiflorus (sur le rocher le ficus carica), l'adonis autamnalis, onopordon acanthium, le phœniculum off.

COMMUNE DE CROS-DE-RONESQUE

Distance d'Aurillac : 31 kilomètres.
Distance de Vic : 23 kilomètres.
Population : 718 habitants.
Hôtels : Veuve Teissières
Postes : Desservi par le bureau de Carlat.

Le petit bourg de Cros-de-Ronesque est situé dans une plaine. L'église était un ancien prieuré.

A Ronesque on voit une église située sur la cîme d'un rocher basaltique très élevé, qui domine toute la contrée.

On trouve à Escoubiac une fontaine minérale ferrugineuse.
Altitude : 695 mètres.

GÉOLOGIE

On trouve un monticule basaltique avec gisement de cinérite près de Joncassou. On voit encore un peu plus loin un autre monticule de basalte des plâteaux avec cinérite. Tous les autres villages sont sur gneiss et micaschistes.

FLORE

On trouve dans cette commune la digitalis purpurea, gnaphalium diocum, silene gallica.

COMMUNE DE JOU-SOUS-MONJOU

Distance d'Aurillac : 31 kilomètres.
Distance de Vic : 11 kilomètres.
Population : 718 habitants.
Hôtels : Veuve Bos, Malvejac.
Postes : Desservi par le bureau de Vic.

Le petit bourg de Jou-sous-Monjou est situé sur les rives du Goul. Son église n'offre rien de remarquable.
On voit à Las Douloux un petit château bien situé.

On trouve à Escabanels les ruines d'un ancien château fort.

A Monjou on remarque sur un monticule les ruines d'un château qui avait été construit sur l'emplacement d'un temple dédié à Jupiter. Altitude : 801 mètres.

GÉOLOGIE

Presque toute cette commune est sur brèche andésitique, une faible bande de gneiss et micaschistes fait une pointe entre les villages de Soulherm et Bouygues, cette bande vient du côté de Cros-de-Ronesque et Montamat. On trouve aussi le basalte des plâteaux sur les bords de la Capelle-Barrez.

COMMUNE DE PAILHEROLS

Distance d'Aurillac : 33 kilomètres.
Distance de Vic : 13 kilomètres.
Population : 531 habitants.
Hôtels : Boyer, Delarbre, Delpuech, Lours.
Postes : Desservi par le bureau de Vic.

Le petit bourg de Pailherols est situé sur les plâteaux. Son église est belle et bien entretenue.
Il y avait jadis un château fort au village de Pouget. Une route partant de Vic passe à Pailherols.
Altitude : 1057 mètres.

GÉOLOGIE

Presque toute cette commune se trouve sur basalte des plâteaux, une partie à l'ouest de cette commune se trouve sur brèche-andésitique.

FLORE

La flore de cette commune est celle des plâteaux assez élevés.

COMMUNE DE POLMINHAC

Distance d'Aurillac : 15 kilomètres.
Distance de Vic : 5 kilomètres.
Population : 1.380 habitants.
Hôtels : Laborderie, Rispal, Soulié, Bos.
Postes : Possède un bureau de postes et télégraphes.

Polminhac est un joli bourg, situé au confluent de la vallée de la Cère et d'un pittoresque petit vallon. Le château de Pestels qui domine le bourg est un des plus beaux souvenirs de l'époque féodale. Il est admirablement situé sur une roche escarpée au pied de laquelle se précipite un torrent, sa haute tour au front ceint de créneaux et sa vaste plate-forme relevée par l'escarpement des précipices qui l'entourent, font rêver combats de chevalerie ; enfin tout dans Pestels est d'une beauté mâle et solennelle et ce noble manoir figure le moyen-âge dans tout ce qu'il avait de plus beau.

L'église est ancienne mais d'une architecture lourde.

On voit près de l'église une vieille croix qui est très curieuse à cause des sculptures qui s'y trouvent.

A Clavières on remarque un château situé en face de Pestels et dominant la Cère qui se déroule à ses pieds.

On trouve encore les châteaux de Vixouze, de Montlogis, de Meymac, de Marfons et de la Ribe qui sont tous très curieux à visiter.

A citer aussi les beaux points de vue de Fraysse haut et des Huttes, situés sur la montagne qui domine Polminhac. Entre le village de Onsac et celui de Cabanus, on voit des rochers curieux, avec une grotte superbe et un écho merveilleux. Altitude : 655 mètres.

COURRIERS ET CORRESPONDANCES

Polminhac est situé sur la route d'Aurillac à Vic et possède une station de chemin de fer.

GÉOLOGIE

Polminhac se trouve sur alluvions anciens et presque tous les autres villages sont sur brèche andésitique, à

Séverac et Roquecellier on trouve de la cinérite, on trouve du basalte sous le château de Pestels et au-dessus des rochers de Cabanus on voit un petit piton de phonolithe.

On remarque aussi sur le bord du ruisseau, derrière le château de Pestels de l'andésite à amphibole et à Labrador.

FLORE

On trouve le silene armeria dans les bois et l'arthemisia camphorata.

COMMUNE DE RAULHAC

Distance d'Aurillac : 31 kilomètres.
Distance de Vic : 17 kilomètres.
Population : 1.061 habitants.
Hôtels : Rouchez, Verjac, Laborie.
Loueurs de voitures : Rouchez. Junin.
Postes : Possède un bureau de postes et télégraphes.

Paulhac est un bourg très important, situé à mi-coteau et dominant le Goul. Son église remonte à une haute antiquité. Le clocher est formé par une tour carrée.

A Cropières on trouve un château agréablement situé sur les bords du Goul. Ce château a vu naître, sous ses lambris la célèbre duchesse de Fontanges.

Elle quitta la vallée du Goul pour se rendre à Paris, auprès de la reine, et fut l'une de ses filles d'honneur ; c'est là que le roi la vit et fut si épris de ses charmes qu'elle dut bientôt céder aux caprices du grand monarque.

Ce château e t à peu près ce qu'il était sous Louis XIV, sauf ce que les ravages du temps ont pu y apporter. Les meubles sont là ou la jeune duchesse les avait laissés.

On voit au Mas un petit château.

On remarque à Messalhac un château situé sur un rocher escarpé, au milieu des bois.

A Puech Mourier, on trouve les ruines d'un ancien château, sa tour carrée est très haute et à Valduce un petit château.

Altitude : 775 .

COURRIERS ET CORRESPONDANCES

Une voiture publique part tous les jours à 8 h. 30 du matin et 1 h. 30 du soir pour le Mur-de-Barrez, passe par Raulhac. Une autre voiture part de Vic-sur-Cère pour le Mur-de-Barrez, passe aussi par Raulhac. Départ de Vic à 2 h. 15 du soir.

GÉOLOGIE

Raulhac se trouve situé sur calcaire miocène. Une grande partie de la commune se trouve sur brèche andésitique, sauf une large bande de gneiss et micaschiste qui se dirige sur Cros-de-Ronesque. Le hameau de Lagarde se trouve sur basalte des plateaux.

FLORE

On trouve à Courbelimagne l'althea hirsuta, Rubus wahlbergii, orlaya grandiflora, myrrhis odorata, eruca crucifolius, carlina acanthifolia, chlora perfoliata, orobanche picridis, epipactis rubra, epipactis ensifolia, epipactis palustris, Limodorum abortivum, carex halleriana equisetum telmetcia, ophioglossum vulgatum, passerina annua (au château de Messilhac conium maculatum, silybum marianum et (l'orchis militaris à Courbelimagne).

COMMUNE DE St-CLÉMENT

Distance d'Aurillac : 28 kilomètres.
Distance de Vic : 8 kilomètres.
Population : 449 habitants.
Hôtel :
Postes : Desservi par le bureau de Vic.

St-Clément est un petit bourg situé sur les plateaux. Son église n'offre rien de remarquable.

A Confolent on voit un ancien château à la moderne.

A Mereze et à la Roque on remarque d'anciens châteaux.

COURRIERS ET CORRESPONDANCES

Un courrier partant de Vic pour Raulhac passe par St-Clément. Altitude : 1.021 mètres.

GÉOLOGIE

Cette commune est en partie sur brèche andésitique excepté les villages de Brujat, le Cayla et Belleviste qui sont sur basalte des plateaux.

COMMUNE DE St-ETIENNE-DE-CARLAT

Distance d'Aurillac : 16 kilomètres.
Distance de Vic : 12 kilomètres.
Population : 302 habitants.
Hôtel :
Postes : Desservi par le bureau de Carlat.

Le petit bourg de St-Etienne est situé sur les pentes d'un vallon très pittoresque. Son église est très ancienne.
On voit à Caissac une jolie habitation.

COURRIERS ET CORRESPONDANCES

Le courrier qui part d'Aurillac pour le Mur-de-Barrez passe près de St-Etienne. Départ d'Aurillac à 8 h. 30 du matin et à 1 h. 30 du soir ; durée du trajet 1 h. 30.
Altitude 744.

GÉOLOGIE

Cette commune est en grande partie sur brèche andésitique. On trouve un petit monticule de basalte près de Caizac, et le basalte qui vient de Carlat s'étend aussi un peu dans cette commune. Près de St-Etienne on trouve un fort gisement de calcaire miocène.

COMMUNE DE St-JACQUES

Distance d'Aurillac : 33 kilomètres.
Distance de Vic : 13 kilomètres.
Population : 948 habitants.
Hôtels : Manhes, Pélissier, Griffuel.
Postes : Desservi par le bureau de Thiézac.

St-Jacques est un petit bourg situé presque au commencement de la vallée de la Cère. Par sa situation aux pieds des montagnes et pur la beauté grandiose de ses sites, cette commune est, dans la belle saison, une des plus curieuses à visiter. De son chef-lieu on peut faire des courses et des ascensions très intéressantes : ascensions du Plomb du Cantal, du Puy de Griou, du Puy de la Poche, visite à la vallée de Mandailles par le col du Pertus.

Les touristes qui ne voudraient pas se hasarder seuls dans nos montagnes trouveront à St-Jacques un guide, M. Manhes, qui saura les diriger et leur faire visiter tout ce qu'il y a de beau.

La commune de St-Jacques se termine au tunnel ou percée du Lioran. Œuvre d'art d'autant plus remarquable que c'est le premier tunnel qui ait été fait en France. Il a 1400 mètres de long, 8 mètres de large et 7 mètres de hauteur, des trottoirs sont ménagés pour les piétons.

Il traverse la montagne Le Lioran et met en communication la route de Vic avec le côté de Murat. Il est d'une grande utilité ; grâce à lui, pendant les hivers, le passage n'est plus intercepté par les neiges. Au-dessous de ce tunnel la compagnie d'Orléans en a fait construire un autre pour la voie ferrée d'Aurillac à Clermont, il a 1800 mètres de long.

Les entrées de ces deux tunnels, dans un pareil paysage, méritent d'êtres visitées.

Altitude 974 mètres.

COURRIERS ET CORRESPONDANCES

St-Jacques possède une station du chemin de fer d'Aurillac à Clermont.

GÉOLOGIE

Cette commune est presque en entier sur brèche andésitique. On trouve plusieurs pitons phonolitiques, à citer surtour le puy de Griou qui est phonolithique. On remarque aussi de nombreux filons d'audesite à amphibale et à labrador.

FLORE

On trouve dans cette commune les plantes des hauts sommets.

COMMUNE DE THIÉZAC

Distance d'Aurillac : 26 kilomètres.
Distance de Vic : 6 kilomètres.
Population : 1580 habitants.
Hôtel :
Postes : Desservi par un bureau de poste et télég.

Thiézac est un bourg très important, admirablement situé sur la route de Vic à Murat et dans cette splendide vallée de la Cère. L'église est ancienne et bien décorée à l'intérieur.

On trouve au-dessus du bourg, sur la pente de la montagne, une chapelle avec fresques anciennes dignes d'attirer l'attention des visiteurs.

Thiézac est la patrie du docteur Civiale.

On voit à Asprat les ruines d'une vieille chapelle ; à Lagoutte un rocher fort curieux par ses formes bizarres ; à Malbec (au 28ᵉ k. sur le bord de la route), une jolie cascade tombant du haut d'un rocher très élevé ; un peu plus loin au 29 k. 500, le pas de Compaing se voit dans toute sa splendeur. C'est là que la Cère s'efforce de se frayer un passage à travers un amoncellement de roches énormes qui semblent vouloir l'arrêter dans sa course, les obstacles sont vaincus et les eaux tumultueuses franchissent ces barrières de basalte et viennent tomber avec fracas au fond du gouffre dont les parois composées de rochers suspendus au-dessus de l'abîme et ne semblent retenus que par les mains invisibles des ondines. Le Pas de Compaing est une des merveilles de cette vallée ; à Lasmolmeries on voit près de là, une superbe cascade qu'on nomme la cascade de Fabrègues. Là la vallée est coupée à pic par des rochers de basalte porphyroïde taillés en colonnes. Ce rocher par lui-même est superbe mais ce qui en augmente la beauté, c'est le ruisseau tout entier se précipitant de 50 mètres de haut et tombant dans un bassin creusé par les eaux. Près de cette cascade on pourra remarquer une carrière de pierre très employée pour la construction des bâtiments. On nomme cette carrière la carrière de Failletoux.

Courriers et Correspondances

Thiézac se trouve posséder une station de chemin de fer, d'Aurillac à Clermont-Ferrand. Altitude 805.

Géologie

Le bourg de Thiézac est sur bréche andésitique : près du bourg, sur la route, on trouve du gneiss et du micaschiste. Près de Lasmolineries on trouve de la cinérite ; à la cascade de Fabrègues on trouve le basalte porphyroïde, près de là à Failletoux on trouve une andésite à amphibole et à labrador ; au 28 k. 350 on trouve de la domite blanche et rose, elle contourne le ruisseau de Tourcy ; au 28 k.650 on voit, sur la route, de la cénérite avec des troncs d'arbres silicifiés ; entre la gare et Thiézac, sur les bords de la rivière on trouve du calcaire et de la marne verte.

Flore

On trouve dans cette commune l'arabis turrita, le crocus vernalis, et le verbascum thapsus.

ARRONDISSEMENT DE MAURIAC

L'arrondissement de Mauriac est divisé en 6 cantons qui sont : Mauriac, Champs, Pleaux, Riom-ès-Montagnes, Saignes et Salers.

CANTON DE MAURIAC

Le canton de Mauriac est divisé en 11 communes : Mauriac, Arches, Auzers, Chalvignac, Drugeac, Jaleyrac, Méallet, Moussages, Salins, Sourniac, Le Vigean.

MAURIAC, chef-lieu d'arrondissement

Distance d'Aurillac : 52 kilomètres.
Population : 3631 habitants.
Hôtels : Aussandon, Gibert, Delmas, Gély, etc.
Loueurs de voitures : Bancharel, Decelle, etc.
Postes : Possède un bureau de postes et télégraphes.

L'origine de la ville de Mauriac est assez obscure, mais d'après une chronique, Mauriac devrait son nom à Amaury, fils d'Alaric, lequel à la tête des Visigoths aurait passé la rivière la Maronne, se serait emparé des châteaux de St-Christophe, de Biore et d'Arches et en fit sa résidence.

Vaincu par Clovis il fut obligé d'abandonner l'Auvergne au vainqueur. Quelque temps après, la reine Clotilde venant à la tour d'Arches, se trouvait dans les bois, lorsque ses yeux furent frappés de l'éclat d'une vive lumière. S'étant approchée, elle aperçut avec surprise une lionne avec ses trois lionceaux qui gardaient une lumière posée sur une pierre de marbre. La reine comprit qu'il y avait une manifestation divine ; elle fit le vœu de fonder à cette place une chapelle dédiée à la vierge. Elle fit élever aussi un monastère de l'ordre de St-Benoît et y envoya de précieuses reliques. Les habitants obtinrent la permission de construire des maisons autour de ce monastère et fondèrent ainsi la ville de Mauriac. Quoiqu'il en soit de cette légende, Mauriac n'en est pas moins aujourd'hui une jolie ville et qui mérite qu'on fasse la description de ses monuments.

Mauriac est une ville agréablement située sur le penchant d'une colline. Les jardins et les belles prairies qui l'entourent donnent de la grâce au paysage.

L'église est très belle, elle est classée parmi les monuments historiques.

L'intérieur renferme une cuve baptismale romane très remarquable. On y voit aussi un beau tableau de Gérard hont horst (gerardo della notti). On peut visiter le tribunal, la sous-préfecture, l'hôtel de ville, l'hospice, le collège. A voir aussi au cimetière une lanterne des morts, monument unique dans la haute Auvergne. On remarque encore le cours Monthyon où on a élevé une pyramide à Monthyon bienfaiteur de la ville. On y lit une inscription en vers de Marmontel. Cette inscription est gravée sur une plaque de marbre et sert à perpétuer le souvenir de cet homme vertueux. Altitude : 698 mètres.

Courriers et Correspondances

Une ligne ferrée, allant d'Aurillac à Paris, passe par Mauriac et relie ainsi cette sous-préfecture avec son chef-lieu de département.

Géologie

Les villages de la Roussilhe, St-Thomas, Boucharel, St-Jean, Belair, Les Queilles, Marchamps, sont sur gneiss et micaschistes. Mauriac et les autres villages sont sur basalte des plateaux. On trouve la brèche andésitique près de Verlhac le Jeune et Verlhac le Vieux.

Flore

On trouve dans cette commune le stachys arvensis, elatine alsinastrum (mares et fossés centaura solstitialis).

COMMUNE D'ARCHES

Distance d'Aurillac : 70 kilomètres.
Distance du canton : 12 kilomètres.
Population : 710 habitants.
Hôtels : Breuil.
Postes : Desservi par le bureau de Mauriac.

Arches est un bourg assez considérable et possède d'assez jolies maisons. On y voit une grosse tour ronde. C'était une vigie. Non loin du bourg se trouve une peulven ou pierre plantée, nommée dans le pays (Peyro de lo Pendulo), dans le communal voisin on remarque plusieurs tombelles rangées sur une même ligne, on y trouve des débris romains.

A Montfort se trouve un château qui domine les rives de la Dordogne.

On va à Arches par une route qui part de Mauriac et va dans la Corrèze en traversant la Dordogne à Port d'Arches.

Altitude : 605 mètres.

GÉOLOGIE

Toute cette commune est sur gneiss et micaschistes, près des villages de Cheix et de Chabanes, on trouve du basalte des plateaux.

COMMUNE D'AUZERS

Distance d'Aurillac : 76 kilomètres.
Distance du canton : 21 kilomètres.
Population : 1045 habitants.
Hôtels :
Postes : Desservi par le bureau de Saignes.

Auzers est un bourg assez bien bâti. Son église est d'architecture gothique du XIV siècle. On voit aussi un château, superbe édifice du XV siècle, flanqué de 2 tours rondes et d'une troisième tour percée d'une porte ogivale, des tourelles enjolivent les angles de ce monument. Une belle pièce d'eau, des jardins, des allées plantées d'antiques tilleuls en rendent le séjour très agréable.

A Marlat on voit une vieille tour carrée du Xe siècle.

On va à Auzers par la route de Mauriac à Saignes, on quitte cette route au moulin de Marlat et l'on suit une autre route qui passe par Auzers.

Altitude : 702 mètres.

GÉOLOGIE

Auzers, Chaylat, le Mouly, sont sur brèche andésitique. Le moulin du Mont est sur gneiss et micaschistes. Tous les autres villages sont sur basalte des plateaux. On trouve près d'Auzers des argiles sableuses et de la cinérite. Marlat et le moulin de Marlat sont sur gneiss et argiles sableuses.

COMMUNE DE CHALVIGNAC

Distance d'Aurillac : 67 kilomètres.
Distance du canton : 9 kilomètres.
Population : 1249 habitants.
Hôtels : Roufflange.
Postes : Desservi par le bureau de Mauriac.

Chalvignac est un bourg situé à l'extrémité de cette commune et domine la vallée de la Dordogne. Son église est assez remarquable, la cuve baptismale est fort belle et garnie de moulures d'un dessin fort correct. A Miremont on voit les ruines encore imposantes d'un château fort dont la situation élevée donnait une grande importance. Au village de Doumis on trouve des briques romaines et des vestiges antiques.

On va à Chalvignac par une route qui part de Mauriac et que l'on quitte au moulin de Chantal pour en prendre une autre qui passe par Chalvignac.

Altitude : 577 mètres.

GÉOLOGIE

Toute cette commune se trouve sur gneiss, excepté le plateau de Miremont qui est basaltique.

FLORE

On trouve près du château de Miremont l'hyssopus officinalis.

COMMUNE DE DRUGEAC

Distance d'Aurillac : 47 kilomètres.
Distance du canton : 9 kilomètres.
Population : 1244 habitants.
Hôtels : Tazé, Chanut.
Postes : Desservi par le bureau de Mauriac.

Drugeac est un joli bourg. Son église fort ancienne est d'architecture gothique. Dans le cimetière on trouve une croix remarquable par son ornementation, deux lions lui servent de support et un banc est sculpté sur le devant ; on voit aussi dans le bourg un superbe Sully. Au village de Freluc on voit un petit château.
Altitude 765 mètres.

COURRIERS ET CORRESPONDANCES

Drugeac possède une station de chemin de fer.

GÉOLOGIE

Drugeac, le Parieu, Freluc, Vernet, Soulage sont sur brèche andésitique ; le reste de la commune est sur basalte des plateaux.

COMMUNE DE JALEYRAC

Distance d'Aurillac : 67 kilomètres.
Distance du canton : 9 kilomètres.
Population : 1339 habitants.
Hôtels :
Postes : Desservi par le bureau de Mauriac.

Jaleyrac est un bourg qui occupe un vallon très profond, les maisons sont groupées autour de l'église qui est très ancienne et de style bysantin. Ainsi abrité par les hauteurs environnantes, le vallon de Jaleyrac est favorisé d'une température très douce. La neige y séjourne peu ; mais la chaleur y est très forte en été. À Bourianes on voit un tumulus. On remarque aussi le château de Lavaurs.

On va à Jaleyrac par une route qui part de Mauriac et traverse directement Jaleyrac.

Altitude 563 mètres.

GÉOLOGIE

Augerolles, Boissières, Bourianes, sont sur basalte de plateaux, le reste de la commune est sur gneiss avec filons de terrain houiller. On trouve de la brèche andésitique et des argiles sableuses entre Jaleyrac et Méallet.

COMMUNE DE MÉALLET

Distance d'Aurillac : 73 kilomètres.
Distance du canton : 15 kilomètres.
Population : 1020 habitants.
Hôtels :
Postes : Desservi par le bureau de Mauriac.

Méallet est un joli bourg situé à la naissance d'un vallon boisé et pittoresque. L'église appartient à l'époque romane, elle est bien décorée et convenablement entretenue. Saint Calupau a habité quelque temps le Monastère de Méallet, qu'il ne quitta que pour aller habiter une grotte pratiquée dans un rocher. On voit à Courdes, village situé sur un mamelon, les restes d'un ancien château.

On remarque près du village de Ferluc, sur le chemin de Veysset, un peulven de deux mètres de hauteur et bien conservé. On voit aussi près de l'Herm, au sommet d'une colline, les ruines d'une tour carrée construite avec des pierres de si grande dimension qu'on est amené, en les voyant, à se demander quels ont pu être les moyens employés pour les transporter sur cette hauteur et les mettre en place. Cette construction qu'on pourrait qualifier de cyclopéenne, remonte à une haute antiquité. On a trouvé dans les terrains qui l'environnent des médailles en or des premiers empereurs romains.

A Montbrun existe un château qui a été le chef-lieu d'une baronnie importante. A voir aussi à Montirat, les ruines d'une forteresse

Une route partant de Mauriac passe par Méallet.

Altitude 675 mètres.

Géologie

Méallet, Claveyres, Ferluc, la Melières, Souleyse, sont sur brèche andésitique. Marjac est sur des argiles sableuses qui contournent presque toute la commune. Lavergne est sur basalte de plateaux. Le reste de la commune est sur gneiss.

COMMUNE DE MOUSSAGES

Distance d'Aurillac : 74 kilomètres.
Distance du canton : 16 kilomètres.
Population : 1079 habitants.
Hôtels : Aurial, Couderc.
Postes : Possède un bureau de poste.

Moussages est un bourg agréablement situé sur le revers d'une montagne qui l'abrite contre les vents. Son église romane est du XIe siècle. On voit près de Fressanges les ruines du château de Grossaldet. On trouve à Valens les ruines d'un château féodal ; on voit à Veysset un petit château. Altitude 893 mètres.

Courriers et Correspondances

Un courrier qui fait le service de Mauriac à Murat passe par Moussages ; départ de Mauriac à 6 h. 35 du matin, prix 2 f. 10.

Géologie

Le moulin de Celles se trouve sur argiles sableuses. Moussages et le reste de la commune sont sur basalte des plateaux. On trouve de la cinérite près de Moussages. On trouve aussi de la brèche andésitique près de Moussages, Chaulit, Jaillou.

COMMUNE DE SALINS

Distance d'Aurillac : 51 kilomètres.
Distance du canton : 7 kilomètres.
Population : 471 habitants.
Hôtel : Palat.
Postes : Desservi par le bureau de Mauriac.

Salins est un bourg assis sur la pente d'une vallée. L'église est petite mais ancienne et bien ornée. A 1 kilomètre du bourg, la rivière d'Auze se précipite perpendiculairement d'une hauteur de 30 mètres et forme une des plus belles cascades du pays. Elle est digne d'être visitée. Au-dessous de la roche du haut de laquelle se précipite la rivière, existe une grotte à l'extrémité de laquelle se trouve une fontaine druidique On voit à Mazerolles un château bien conservé On a trouvé à Sarrut des vestiges d'habitations romaines.

Salins se trouve sur la route d'Aurillac à Mauriac. On va à Salins par la route qui va de Mauriac à Aurillac.

Altitude 762 mètres.

Géologie

Salins, le moulin de la Prade et Mazerolles sont sur argiles sableuses, le reste de la commune est sur brèche andésitique et basalte des plateaux. On trouve de la cinérite entre Meydieu et Jonsac.

FLORE

On trouve à la cascade de Salins l'Inula helenium.

COMMUNE DE SOURNIAC

Distance d'Aurillac : 67 kilomètres.
Distance du canton : 9 kilomètres.
Population : 303 habitants.
Hôtel : Gibert.
Postes : Desservi par le bureau de Mauriac.

Sourniac est un joli bourg. L'église est du Xe siècle. Du haut du plateau de Sourniac on jouit d'une vue remarquable. On trouve à Ortrigiers 12 tombelles celtiques; non loin de là, sur le chemin qui conduit à Arches on voit un peulven. On va à Sourniac par une route qui part de Mauriac et va dans la Corrèze, on quitte cette route au moulin de Sourniac et l'on prend une autre route qui traverse ce bourg. Altitude 639 mètres.

GÉOLOGIE

Ortigiers, le Bros, le Prat, Bibzac, sont sur basalte des plateaux, le reste de la commune est sur gneiss.

FLORE

On trouve dans cette commune le senecio Iacobea.

COMMUNE DU VIGEAN

Distance d'Aurillac : 60 kilomètres.
Distance du canton : 2 kilomètres.
Population : 1345 habitants.
Hôtels : Gramont, Davèze.
Postes : Desservi par le bureau de Mauriac.

Le Vigean est un joli bourg situé sur un plateau élevé. L'église appartient à l'architecture romane de transition;

la voûte de la nef est ornée de nervures prismatiques et de fleurons. A Angles on trouve un souterrain qui a servi de refuge, lors des guerres anglaises. Au hameau de Gregory on voit des vestiges d'habitations gallo-romaines. On trouve à Chambres un château.

La route de Mauriac à Riom-ès-Montagnes conduit au Vigean. Altitude 746 mètres.

GÉOLOGIE

Toute cette commune est sur basalte des plateaux. Le Vigean est à 734 mètres.

CANTON DE CHAMPS

Le canton de Champs est divisé en 5 communes qui sont : Champs, Beaulieu, Lanobre, Marchal et Trémouille.

COMMUNE DE CHAMPS

Distance d'Aurillac : 94 ki'omètres.
Distance de Mauriac : 36 kilomètres.
Population : 1968 habitants.
Hôtels : Estève, Tissandier.
Postes : Possède un bureau de poste et télégraphe.

Champs est une petite ville très agréable et bien bâtie. Son église est de style ogival, le clocher est hexagonal. On voit à Brousse les ruines d'un ancien château. A Mérigot on remarque quelques vestiges de constructions gallo-romaines et un tumulus bien caractérisé. On voit encore à La Roche les ruines d'un ancien château-fort.

COURRIERS ET CORRESPONDANCES

Un courrier qui part de la gare de Bort va à Champs. Départ de la gare à 9 heures du matin et à 4 heures du soir, durée du trajet 1 heure.

GÉOLOGIE

Champs est sur alluvions anciennes, le reste de la commune est sur gneiss.

FLORE

On trouve à la Monselie, oxyceocos, palustris.

COMMUNE DE BEAULIEU

Distance d'Aurillac : 103 kilomètres.
Distance du canton : 14 kilomètres.
Population : 310 habitants.
Hôtels :
Postes : Desservi par le bureau de Champs.

Beaulieu est un petit bourg, situé sur un plateau entouré de bois. On remarque à Journiac un château moderne dont la coupole qui éclaire l'escalier est a-sez curieuse à voir. On trouve à Thinières les ruines d'un château-fort. Non loin de Journiac, dans la plaine, on trouve les restes d'un ancien camp romain.

On peut aller à Beaulieu par la route qui part de Bort ou par celle qui part de Champs.
Altitude : 656 mètres.

COMMUNE DE LANOBRE

Distance d'Aurillac : 96 kilomètres.
Distance du canton : 7 kilomètres.
Population : 1641 habitants.
Hôtels : Gauthier, Moncourrier.
Postes : Desservi par le bureau de Champs.

Lanobre est un petit bourg sans importance, mais son église est remarquable. C'est un beau monument de l'époque romane qui mérite toute l'attention des archéologues. Le château de Rochemaure est bien conservé et situé au sommet d'une colline. A Vol on remarque un château hissé au bout d'un monticule qui surplombe le bassin de la Dordogne et fut construit sur le modèle du château de Plessis-les-Tours. Six tours extérieures ceignent ses reins d'un corselet de pierre et en font une des plus curieuses constructions du moyen-âge.

On voit dans cette commune plusieurs lacs, le lac de Granchier, le lac du Lac, le lac Noir et le lac de Bramefond, lac merveilleux et prophétique, qui ne désemplit, dit la chronique, que lorsque la contrée est menacée de disette.

On va à Lanobre par la route qui part de Bort, on quitte cette route à Peage pour en prendre une autre qui traverse le bourg

Altitude : 690 mètres.

GÉOLOGIE

Lanobre, Peage, Estours, Haute-Siauve, Vol, Moranges, Grand-Veilhac, sont sur alluvions glaciaires, le reste de la commune est sur gneiss.

COMMUNE DE MARCHAL

Distance d'Aurillac : 103 kilomètres.
Distance du canton : 9 kilomètres.
Population : 535 habitants.
Hôtels : Besson, Auriel.
Postes : Desservi par le bureau de Champs.

Marchal est un petit bourg situé au creux d'un vallon. L'église n'offre rien de remarquable. Grâce à ses robustes forêts de sapin et de hêtre, la commune est riche en beaux sites.

On va à Marchal par une route qui part de Champs et va à St-Genèz. Altitude : 829 mètres.

GÉOLOGIE

Toute cette commune est sur gneiss.

COMMUNE DE TRÉMOUILLE

Distance d'Aurillac : 110 kilomètres.
Distance du canton : 17 kilomètres.
Population : 736 habitants.
Hôtels : Geneix, Raboisson.
Postes : Desservi par le bureau de Champs.

Trémouille est un petit bourg qui n'a de remarquable que son église, gracieux édifice du style ogival. A Coindes on remarque les restes d'une voie romaine. A Lajarrige on trouve un tumulus. On peut voir dans cette commune des lacs considérables, le lac de Coindes et le lac de la Crégut, qui a 4 kilomètres de tour et 35 mètres de profondeur.

On va à Trémouille par la route de Bort à Condat, on la quitte au Cournilloux et une autre route traverse ce bourg. Altitude : 819 mètres.

GÉOLOGIE

Toute cette commune est sur gneiss. On trouve près de Coindes des amphibolites et des filons de diorite.

FLORE

On trouve l'Euphorbia pilosa et près le lac de la Crégut l'hypericum pulchrum.

CANTON DE RIOM-ÈS-MONTAGNES

Le canton de Riom-ès-Montagnes est divisé en 8 communes, qui sont : Riom, Apchon, Colandre, Menet, Saint-Etienne, St-Hippo'yte, Trizac et Valette.

COMMUNE DE RIOM-ÈS-MONTAGNES

Distance d'Aurillac : 88 kilomètres.
Distance de Mauriac : 37 kilomètres.
Population : 3044 habitants.
Hôtels : Roche, Serre, Laumond.
Loueurs de voitures : Baguet, Boudias.
Postes : Possède un bureau de postes et télégraphes.

Riom est une petite ville agréablement située dans une belle vallée. Son église est un édifice fort remarquable, le corps de cette église est d'architecture romane, le clocher est couronné par des créneaux, qui rappellent ces époques de troubles, où les besoins de la défense transformaient souvent en forteresse, les lieux de prière et de paix. Riom était ceint de murs et de fossés. On remarque près de Riom le château de St-Angeau. A Rignac on voit les ruines d'un ancien château. A Pons on trouve un souterrain.

Altitude 839 mètres.

COURRIERS ET CORRESPONDANCES

Une voiture part tous les jours à 5 h 40 du matin, de la gare de Bort pour Riom-ès-Montagnes. Durée du trajet : 4 h. 30. Prix : 3 fr. 10.

GÉOLOGIE

Le Mazet, Lagorce, les Arbres, Feragne, sont sur basalte des plateaux, le reste de la commune est sur gneiss. On trouve des filons d'amphibolites près de Moliers.

FLORE

On trouve près du pont de Riom et la route de Condat, l'atropa Belladona.

COMMUNE D'APCHON

Distance d'Aurillac : 82 kilomètres.
Distance du canton : 6 kilomètres.
Population : 902 habitants.
Hôtels : Amadieu, Dumas.
Postes : Possède un bureau de poste.

Apchon est un bourg très important, les maisons sont groupées autour du rocher qui porte les ruines de l'ancien château. L'église de style roman est remarquable. Dans le bois de Cornil on voit les vestiges d'une voie romaine, dite le pavé de la reine blanche. On voit au pont d'Authier une belle cascade formée par la Véronne On trouve à la Jalene un château du même nom. Altitude : 960 mètres.

COURRIERS ET CORRESPONDANCES

Un courrier partant tous les matins à 5 h. 40 passe par Apchon. Durée du trajet : 5 h. 1/2. Prix : 4 fr.

GÉOLOGIE

Les villages de la Champ, les Trois Granges, le Cher blanc, la Montagnoune, Mazeire, Coudeilles, sont sur basalte des plateaux. Le reste de la commune est sur gneiss. Un large filon de brèche andésitique coupe la commune en deux parties et se dirige sur Riom-ès-Montagnes.

FLORE

Sur les rochers et les murs d'Apchon, on trouve l'hyssopus officinalis et la parietaria officinalis. Sur les murs de Clidelle on trouve la Draba muralis.

COMMUNE DE COLANDRE

Distance d'Aurillac : 94 kilomètres.
Distance du canton : 6 kilomètres.
Population : 735 habitants.
Hôtels : Albessart, Floret.
Postes : Desservi par le bureau de Riom.

Colandre est un bourg peu considérable, l'église est fort ancienne. On trouve dans cette commune les restes de plusieurs villages abandonnés depuis des siècles, ce sont Trops, Bonnefons et Isalène.

On va à Colandre par la route de Riom au Falgoux.

Altitude : 1060 mètres.

GEOLOGIE

Colandre, Lagoutte, Colandre Soubro, Puy-Verdier, sont sur gneiss, tous les autres villages sont sur basalte des plateaux. Cette commune est coupée par deux filons de brèche andésitique.

COMMUNE DE MENET

Distance d'Aurillac : 92 kilomètres.
Distance du canton : 7 kilomètres.
Population : 1856 habitants.
Hôtels : Chalvignac, Mercier, Juillard. Bourgeade.
Postes : Possède un bureau de poste.

Menet est un bourg très important, situé dans un site gracieux et pittoresque. Un joli lac vient encore ajouter à la beauté du paysage. L'église est un vaste édifice qui date d'époques différentes, mais la porte la plus ancienne est du XIIe siècle. On voit à la Clidelle un château que l'on considère comme moderne. C'est une belle construction, qui suspendue en quelque sorte au-dessus d'un abîme est d'un effet admirable.

Au village des Lignes, on trouve dans les champs des débris de monuments gallo-romains.

A Montsistrière on a trouvé dans un champ des sarcophages en pierres.

A Laveyssière on voit un tumulus de grande dimension, nommé dans le pays Suc-Roudatour. A une petite distance de ce tumulus on a découvert un grand nombre de sarcophages. Altitude : 792 mètres.

Courriers et Correspondances

Le courrier allant de Bort à Riom passe par Menet. Départ de Bort à 5 h. 40 du matin. Prix : 2 fr. 10.

Géologie

Le bourg est sur basalte des plateaux, les villages de Menocière, Laveyssière, le Voyal, Les Clauzels, sont sur brèche andésitique ; les autres villages sont sur gneiss. A la Fage on trouve un gros rocher phonolitique. Entre Riom et Menet on trouve un micaschiste où l'amphibole horneblende remplace le mica.

Flore

Dans le Lac on trouve le nuphar luteum, nymphea alba et sur les bords du Lac la Trapa natans.

COMMUNE DE SAINT-ETIENNE

Distance d'Aurillac : 98 kilomètres.
Distance du canton : 10 kilomètres.
Population : 1052 kabitants.
Hôtels : Georges, Gaudon.
Postes : Desservi par le bureau de Riom.

St-Etienne est un bourg important, situé sur le versant d'un rocher élevé, que l'on nomme Roche-d'Orlande. L'église est romane. Le château paraît remonter au XVIᵉ siècle, il est flanqué de tourelles.

On va à St-Etienne par la route de Riom à Bort ; on quitte cette route à Neuviale pour en prendre une autre qui traverse le bourg. Altitude 900 mètres.

Géologie

Cette commune est sur gneiss avec quelques monticules surmontés de basalte des plateaux.

Flore

On trouve dans cette commune la digitalis purpurea, scrofularia nodosa.

COMMUNE DE St-HIPPOLYTE

Distance d'Aurillac : 83 kilomètres.
Distance du canton : 9 kilomètres.
Population : 583 habitants.
Hôtel : Roux.
Postes : Desservi par le bureau de Cheylade.

St-Hippolyte est un bourg très ancien. Son église est vaste et flanquée de 6 chapelles. C'est un beau monument de l'époque romane ; on y voit une cloche qui remonte à l'an 913.

A Béchadoire on remarque au milieu des montagnes, l'église de la Font-Sainte où se trouve une statue de la vierge d'une grande célébrité dans le pays ; sa fontaine passe pour miraculeuse. Aux Mouleyres on voit sur la montagne un petit château. A Rochemonteix on voit des arbres silicifiés. A Roche-Salesse on trouve un petit château. Altitude 975 mètres.

COURRIERS ET CORRESPONDANCES

Un courrier part de Bort à 5h. 40 du matin ; prix 4 f. 50.

GÉOLOGIE

Les villages de Rastoul, Esporats, Taussac, Labastide, Les Mouleyres, sont sur brèche andésitique. Les autres villages sont sur basalte des plateaux.

FLORE

On trouve dans cette commune : ranuculus cœnosus, alchimilla arvensis.

COMMUNE DE TRIZAC

Distance d'Aurillac : 82 kilomètres.
Distance du canton : 13 kilomètres.
Population : 1160 habitants.
Hôtels : Bouchy, Bech, Raymond.
Postes : Possède un bureau de poste.

Trizac est un bourg très important. Son église de style roman est très belle et bien conservée. On voit près de ce bourg, sur la hauteur, une source intermittente qui est d'une grande célébrité dans le pays, on la nomme Font Bourdoire. A Chavaroche on voit les ruines d'un ancien château. A Cheyrouse on trouve, près d'un magnifique étang, un village qui est dominé par les ruines d'un château. On voit à Laurichesse les ruines d'un vieux château. On rencontre dans cette commune, les ruines de plusieurs villages gaulois qui ne sont plus habités depuis des époques très reculées. Tels que Val, Las Taches, Las Clidéles. Les plus remarquables de ces ruines sont dans le bois de Marlhou ; on les nomme Cotteughe.

Altitude 930 mètres.

Courriers et Correspondances

Trizac est en correspondance avec la station d'Ydes-Saignes ; départ de la station à 11 heure du soir. Prix 2 f. 25 ; durée du trajet 2 heures. Et de Mauriac à 6 h. 55 du matin. Prix 3 fr. 15.

Géologie

Les villages de la Vaissière, Le Fayet, sont sur brèche andésitique, les autres villages sont sur basalte des plateaux, sauf Labesseyre qui est sur gneiss. On trouve près de ce dernier village, un monticule phonolitique.

Flore

On trouve dans cette commune l'atropa belladona, gentiana lutea, gentiana cruciata, arnica montana.

COMMUNE DE VALETTE

Distance d'Aurillac : 89 kilomètres.
Distance du canton : 6 kilomètres.
Population : 548 habitants.
Hôtel : Dumas.
Postes : Desservi par le bureau de Riom.

Valette est un joli petit bourg très bien situé. On trouve
dans les champs des briques et des restes de poteries
gallo-romaines. On remarque les châteaux de Total-haut
et de Total-bas.

On va à Valette par la route de Mauriac à Riom.

Altitude 667 mètres.

GÉOLOGIE

Total-haut se trouve sur basalte des plateaux ; les
autres villages sont sur gneiss ; on trouve du basalte des
plateaux à le Faval et Maison-Neuve.

CANTON DE SAIGNES

Le canton de Saignes est formé par 12 communes qui
sont : Saignes, Antignac, Bassignac, Champagnac, Chastel-
Marlhac, La Monselie, Madic, St-Pierre, Sauvat, Vebret,
Veyrières, Ydes.

COMMUNE DE SAIGNES

Distance d'Aurillac : 85 kilomètres.
Distance de Mauriac : 27 kilomètres.
Population : 592 habitants.
Hôtels : Boutal, Brun. Simon, Rouchy.
Loueur de voitures : Peyrol.
Postes : Possède un bureau de postes et télégraphes.

Saignes est une jolie petite ville agréablement située
dans une belle et fertile vallée. L'église est très ancienne,
une partie est romane l'autre date de l'époque ogivale.
On voit sur un rocher basaltique situé près de la ville les
vestiges d'un château. A la Guilhaumette on rencontre les
restes d'habitations gallo-romaines. A Tres-peyres et à
Vialles on trouve aussi des vestiges gallo-romains. A
Peyre se trouve une gracieuse habitation.

On va à Saignes par la ligne ferrée de Mauriac à Paris, station Saignes-Ydes ; la station est assez éloignée de ce chef-lieu de canton. Altitude 570 mètres.

GÉOLOGIE

On voit près de Saignes un monticule de basalte des plateaux, le reste de la commune est sur gneiss.

FLORE

On trouve dans la commune le stachys arvensis, épipactis palustris (dans les ruines du château de Chale on trouve le nepeta cataria).

COMMUNE D'ANTIGNAC

Distance d'Aurillac : 92 kilomètres.
Distance du canton : 7 kilomètres.
Population : 979 habitants.
Hôtels : Georges, Praugères.
Postes : Desservi par le bureau de Saignes.

Antignac est un joli bourg agréablement situé dans un vallon. Son église n'offre rien de remarquable. Au Chatelet on trouve les ruines d'un château. A Vignon on voit sur un rocher, une chapelle que l'on nomme la chapelle de Vignonet ; c'était autrefois un prieuré.
Altitude 600 mètres.

COURRIERS ET CORRESPONDANCES

Antignac se trouve sur la route de Bort à Riom-ès-Montagnes ; départ de Bort à 5 h du matin. Prix 1 fr. 20 ; durée du trajet, 1 h. 30.

GÉOLOGIE

Toute la commune est sur gneiss, excepté une bande d'alluvions anciennes qui part d'Antignac et se dirige sur Vebret. Une autre bande part de Fauranet et se dirige sur Madic.

COMMUNE DE BASSIGNAC

Distance d'Aurillac : 77 kilomètres.
Distance du canton : 8 kilomètres.
Population : 1260 habitants.
Hôtels :
Postes : Desservi par le bureau de Champagnac.

Bassignac est un petit bourg situé dans un vallon entouré de prairies. L'église est très ancienne. Le château situé non loin de l'église, sur une plate-forme, est un édifice du XVIe siècle. On voit à Charlus les ruines d'un château. A Vendes, aujourd'hui station de chemin de fer (Paris-Aurillac), on voit un beau pont et une chapelle. Altitude 602 mètres.

COURRIERS ET CORRESPONDANCES

Bassignac est situé entre les stations de Vendes et de Largnac et à proximité de ces deux stations.

GÉOLOGIE

A Bassignac, le Rieu, Montgrau, Parensol, Charlus, on trouve le terrain houiller. Au village de Erousse on trouve du grès houiller, très bon pour meules à aiguiser. Le reste de la commune est sur gneiss.

FLORE

Audiosemum officinale, agrimonia odorata.

COMMUNE DE CHAMPAGNAC

Distance d'Aurillac : 82 kilomètres.
Distance du canton : 10 kilomètres.
Population : 1673 habitants.
Hôtels : Delord, Robert, Rouchon.
Postes : Possède un bureau de poste.

Champagnac est un bourg considérable. On y trouve des mines de houille très importantes ; près de 1000 ouvriers y sont employés pour son extraction. L'église est du style romano-bysantin.

A Billoux la rivière la Dordogne coule dans un encaissement creusé dans le roc à une profondeur presque perpendiculaire de près de 100 mètres ; A Lavandes on voit un château bien situé ; à Teldes et sur un mamelon volcanique, on trouve les ruines assez considérables d'une commanderie des Templiers. — Altitude 616 mètres.

COURRIERS ET CORRESPONDANCES

Champagnac est près de la station de chemin de fer qui porte son nom.

GÉOLOGIE

Majaillac, Pradelles, Lavandès, sont sur gneiss ; on trouve le basalte des plateaux à Pradéles se dirige sur l'Ampret et finit à Lampre. A Bouyssou on trouve un monticule de basalte des plateaux.

Champagnac et les autres villages sont sur granite à grains moyens ; on trouve le terrain houiller.

FLORE

On trouve dans cette commune le ranunculus ololeucos, nuphar luteum ; près de Vendes, androsemum officinale, agrimonia odorata, radiola linoïdes, rubia peregrina, calamintha officinalis.

COMMUNE DE CHASTEL-MARLHAC

Distance d'Aurillac : 80 kilomètres.
Distance du canton : 3 kilomètres.
Population : 1259 habitants.
Hôtels :
Postes : Desservi par le bureau de Saignes.

Chastel-Marlhac est un petit bourg situé sur un plateau entouré d'escarpements de 20 à 35 mètres de haut. Un rocher qui a glissé a permis d'établir un sentier qu'on nomme le trou de l'échelle.

Chastel-Marlhac ne serait autre que le Castrum meroliacum assiégé par Thierry. On y trouve beaucoup de vestiges gallo-romains, ce qui prouverait que ce bourg a été jadis un vaste camp romain.

A Anterroche, on trouve les restes de constructions romaines.

A Billières, on voit 3 tumuli bien conservés et à Chastanet on trouve les ruines d'un ancien château. On va à Chastel-Marlhac par la route de Saignes à Trizac qui passe près de ce bourg.

Altitude 787.

GÉOLOGIE

Chastel, le Bourgnou. Ribes, le Montheil, La Poulveraire, Vintuejoul sont sur basalte des plateaux, Millhac est sur brèche andésitique le reste de la commune est sur gneiss, on trouve près de Ribes une montagne phonolitique.

COMMUNE DE LA MONSELIE

Distance d'Aurillac : 80 kilomètres.
Distance du canton : 10 kilomètres.
Population : 568 habitants.
Hôtel : Boubeaud.
Postes : Desservi par le bureau de Saignes.

La Monselie est un petit bourg qui ainsi que son église n'offre rien de remarquable. On va à La Monselie par Antignac.

Altitude : 603.

GÉOLOGIE

Cette commune est sur gneiss, on trouve près de La Monselie du basalte des plateaux. A Montmalier, Lafage, Pratoupy on trouve du basalte, près de Lafage on trouve de la phonolite.

COMMUNE DE MADIC

Distance d'Aurillac : 88 kilomètres.
Distance du canton : 8 kilomètres.
Population : 842 habitants.
Hôtel : Godenèche.
Postes : Desservi par le bureau de Saignes.

Madic est un joli bourg situé sur les bords d'un lac admirable, des bords duquel on voit se dresser, sur un monticule taillé à pic, les ruines imposantes du château de Madic. Quand on considère ces ruines on est frappé de leur grandeur. On peut encore mesurer la hauteur considérable des énormes tours dont les murailles ont plus de 3 mètres d'épaisseur. C'était en 1455 la demeure de l'illustre famille des Chabannes. On trouve à La Forest une fontaine minérale froide qui a quelque réputation.

Le lac s'étend au-dessous au bourg et est bien fait pour les douces rêveries d'un poète. La route de Mauriac à Bort passe près de Madic.

Altitude 430 mètres.

GÉOLOGIE

Les villages de la Forêt, la Barraquette, le moulin d'Antignac, sont sur alluvions anciennes. Le reste de la commune est sur gneiss. On trouve dans cette commune une large bande de terrain houiller qui se dirige sur Champagnac. On trouve aussi des micaschistes où l'amphibole horneblende remplace le mica.

FLORE

On trouve sur les bords du Lac le Nuphar luteum, viola palustris, Drosera intermedia, Myriophyllum verticillatum Peucedanum palustre, andromeda polifolia, scheuchzeria palustris, radiola linoïdes, circium anglicum scutellaria minor.

COMMUNE DE SAINT-PIERRE

Distance d'Aurillac : 86 kilomètres.
Distance du canton : 14 kilomètres.
Population : 509 habitants.
Hôtels : Vigier.
Postes : Desservi par le bureau de Champagnac.

Saint-Pierre est un petit bourg qui a été, depuis peu, érigé en chef-lieu de commune. On va à Saint-Pierre par une route qui part de Champagnac.

Altitude 603 mètres.

GÉOLOGIE

Toute cette commune est sur granit à grains moyens, près du moulin de Barat et de Combret on trouve du basalte des plateaux.

COMMUNE DE SAUVAT

Distance d'Aurillac : 89 kilomètres.
Distance du canton : 4 kilomètres.
Population : 742 habitants.
Hôtels : Brandely, Laurichesse, Vignal.

Sauvat est un petit bourg situé sur un plateau élevé d'où on découvre un immense horizon. A Moulin-Broussoles, on a découvert les restes d'un four à briques, de construction gallo-romaine. Sauvat se trouve sur la route de Saignes à Anglards.

Altitude 693 mètres.

GÉOLOGIE

On trouve à la Douguebu du calcaire; on trouve de la brèche andésitique à Vergnes, près de Sauvat; Chavagnac, Agut et Broussoles se trouvent sur basalte des plateaux, tout le reste de la commune est sur gneiss.

On trouve (à l'étang de Broussoles l'élatine hexandra).
(Iosopyrum Thalictroïdes, Inula helenium dans les ravins
du Poux), le Datura stramonium et à Chavagnac le Léono-
rus Cardiaca).

COMMUNE DE VEBRET

Distance d'Aurillac : 90 kilomètres.
Distance du canton : 5 kilomètres.
Population : 1105 habitants.
Hôtels : Pomarot, Fauc, Reynal.
Postes : Desservi par le bureau de Saignes.

Vebret est un bourg peu important, son église est très
ancienne, il en est fait mention dans une charte attribuée
à Clovis. A La Besseyre, on rencontre dans les champs
les vestiges d'une ville gallo-romaine. On voit à Couzans
un ancien château assez bien conservé.

A Rochemont on admire une magnifique cascade formée par la Rhue et connue sous le nom de Cascade du
Saut de la Saule. A Sumenat, on trouve des vestiges
gallo-romains, des pavés en mosaïque, des anneaux en
bronze et en fer, etc.

Altitude 562 mètres.

GÉOLOGIE

Vebret, Conchat, Maisonneuve, Courtille, Champs sont
sur alluvions anciennes, les autre villages sont sur gneiss.

FLORE

On trouve dans cette commune la Lysimachia commu-
nis. Solanum dulcamara.

Vebret se trouve sur la route qui part de Saignes et va
rejoindre celle de Bort à Riom.

COMMUNE DE VEYRIÈRES

Distance d'Aurillac : 78 kilomètres.
Distance du canton : 12 kilomètres.
Population : 463 habitants.
Hôtels : Lombard.
Postes : Desservi par le bureau de Champagnac.

Veyrières est un petit bourg. Son église est remarquable. Près de ce bourg on aperçoit de vastes ruines enfoncées dans les profondes gorges au bas desquelles coule la Dordogne. On cite encore les ruines d'un pont que l'on nomme pont des Monges.

Pour aller à Veyrières on suit la route de Mauriac à Bort jusqu'à Parensol où il faut prendre alors la route qui va à Champagnac-les-Mines. Altitude 614.

GÉOLOGIE

Au village du Mas on remarque un riche minerai de fer et des dépôts houillers. Toute la commune est sur gneiss avec des filons de terrain houiller du côté de Champagnac.

COMMUNE D'YDES

Distance d'Aurillac : 83 kilomètres.
Distance du canton : 2 kilomètres.
Population : 1683 habitants.
Hôtels : (Ydes gare) Veuve Vignal.
Hôtels : (Ydes bourg) Bretoniche, Noël.
Postes : Possède un bureau de poste.

Ydes est un bourg assis au fond d'un très joli bassin. La butte qui supporte la tour carrée du chatelet et qui domine le bourg, ajoute encore à ce riant tableau. L'église est classée parmi les monuments historiques, c'est une œuvre remarquable. Ydes était une commanderie de l'ordre des Templiers.

A La Garde on trouve une énorme pierre qui est appelée pierre de la Justice et que l'on suppose avoir été un autel druidique . A Montfouilloux on voit les restes de constructions romaines.

On trouve à Ydes une source d'eaux minérales purgatives très estimées et qui mériteraient d'être mieux connues quelles ne le sont.

Altitude 503 mètres.

Courriers et Correspondances

Ydes est une station de la ligne de Paris à Aurillac.

Géologie

On trouve sur la route de Bort à Mauriac un dyke basaltique, ce basalte est pyroxénique et contient du péridot et du grenat, sur les flancs de ce rocher on trouve du quartz résinite.

Ydes, Vic, Pont de Vic sont sur alluvions anciennes, Fanostre, Montessou, le Fayet, sont sur terrain houiller, les autres villages sont sur gneiss. A Largnac on trouve un monticule basaltique dont le pied est entouré d'argile sableuse.

Flore

On trouve dans cette commune l'hypericum hirsutum, l'hypericum pulchrum (dans les fossés Isnardia palustris), (dans le ruisseau myriophyllum alternifolium) hypochœris glabra ; centunculus minimus, Leonorus cardiaca, ranunculus divaricatus. Dans le lac de Fleurance (hydrocharis morsus ranœ, potamogeton obtusifolius. juncus tenageia), Radiola linoïdes, cirsium anglicum, lamium hybridum, scutellaria minor.

CANTON DE PLEAUX

Le canton de Pleaux est formé par douze communes qui sont : Pleaux, Ally, Barriac, Brageac, Chaussenac, Drignac, Escorailles, Loupiac, St-Christophe, Ste-Eulalie, St-Martin-Cantalès, et Tourniac.

COMMUNE DE PLEAUX

Distance d'Aurillac : 50 kilomètres.
Distance de Mauriac : 20 kilomètres.
Population : 2500 habitants.
Hôtels : Bastide.
Loueurs de voitures : Bastide, Jaladis, Gaston.
Postes : Possède un bureau de postes et télégraphes.

Pleaux est une petite ville très commerçante, elle avait été jadis fortifiée. Le fort avait une enceinte de murs et une grande tour.

Son église paraît être de la fin du XVe siècle, la voûte est à plein cintre, elle est supportée par quatre piliers massifs.

A voir le petit séminaire construit par les Carmes et l'hôtel-de-ville dont la façade est monumentale.

La ville se trouve sur deux routes, l'une qui va de Salers à Argentat et l'autre de Mauriac à St-Céré. Ces deux routes lui ouvrent des communications faciles pour son commerce avec le Lot et la Corrèze. Au village d'Enchanet on trouve une église où on conserve une statue miraculeuse de la vierge, objet de nombreux pélerinages. On voit encore à Luze un vieux château. A Pleaux, Soubeyre, des souterrains et à Trignac de nombreux débris de briques romaines et un souterrain dont la destination est inconnue.

Altitude : 641 mètres.

COURRIERS ET CORRESPONDANCES

Une voiture publique partant de la station de Drignac fait le service des voyageurs pour Pleaux. Départ de la station à 8 h. Arrivée à 9 h. 25. Une autre voiture partant de Loupiac fait aussi le service de Pleaux, départ de la station à 7 h. 30 du matin — et 1 h. 4 du soir — arrivée à Pleaux à 8 h. 40 du matin et 2 h. 50 soir. Prix : 1 fr. 10. Pleaux est aussi en correspondance avec Argentat.

GÉOLOGIE

Pleaux, Labaudie, Le Souqueirou, le Doignon, Pradal, Beth, la Bourgeade, Nozières, Salvagnac, Leige, Granoux, Loudiers et Triniac, sont sur basalte des plateaux. Les autres villages sont sur gneiss et micaschistes.

FLORE

On trouve dans cette commune le Lycopodium clavatum, Inula Helenium, circium anglicum, hypochœris glabra, crepis cetosa, crepis agrestis, chœnopodium glaucum, serapias lingua, scirpus multicaulis, carex brizoïdes, osmunda regalis, (dans les bois de Lestouroc), calendula arvensis, ophioglossum vulgatum (dans les champs, à Clamoux, oxalis corniculata), dans les landes humides, erica tatralix), (au Reynal, Juncus capitatus) et le scirpus fluitans dans le ruisseau de la Bourgeade.

COMMUNE D'ALLY

Distance d'Aurillac : 53 kilomètres.
Distance de Pleaux : 9 kilomètres.
Population : 1200 habitants.
Hôtels : Bourbouge, Jarrige, Varennes.
Loueurs de voitures : Coste.
Postes : Possède un bureau de postes et télégraphes.

Ally est un joli petit bourg, situé sur la route de Mauriac à Pleaux. Son église est ancienne et bien entretenue, la corniche est ornée extérieurement de figures d'hommes et d'animaux.

On trouve à la Vigne un élégant château gothique, construit vers la fin du XVIᵉ siècle. Il se compose d'une tour carrée et de deux rondes avec leurs créneaux.

A remarquer, au pont d'Auze, une fontaine minérale, ainsi que les gorges escarpées de la rivière d'Auze et des sites très pittoresques.

Altitude : 710 mètres.

COURRIERS ET CORRESPONDANCES

Une voiture partant de la station de Drignac à 7 h. 20 matin et 1 h. 15 soir, fait le service d'Ally. Prix : 0.50 c.

GÉOLOGIE

Toute cette commune est sur basalte des plateaux.

COMMUNE DE BARRIAC

Distance d'Aurillac : 52 kilomètres.
Distance de Pleaux : 4 kilomètres.
Population : 460 habitants.
Hôtels : Borne, Chancel.
Postes : Desservi par le bureau de Pleaux.

Barriac est un petit bourg, situé à mi-coteau sur le ruisseau d'Escladines. L'église n'offre rien de remarquable. A Burc on voit un château de très belle apparence.
Altitude : 651 mètres.

COURRIERS ET CORRESPONDANCES

La voiture qui fait le service de Pleaux à la station de Drignac passe près de Barriac.

GÉOLOGIE

Le village de Courbiac est sur gneiss, ceux de Encon, Favar, sont sur brèche andésitique, les autres villages sont sur basalte des plateaux.

FLORE

On trouve dans cette commune l'ophioglossum vulgatum.

COMMUNE DE BRAGEAC

Distance d'Aurillac : 62 kilomètres.
Distance de Pleaux : 12 kilomètres.
Population : 401 habitants.
Hôtels : Guittard.
Postes : Desservi par le bureau d'Ally.

Brageac est un petit bourg situé sur le bord d'un plateau qui domine les gorges de la vallée d'Auze.

Près du bourg on voit encore les vestiges de la cellule qu'un pieux ermite avait construite vers l'an 700, sur un rocher à pic dans un des sites les plus sauvages de la vallée ; elle porte encore le nom de Croix de saint Till.

L'église du XIIᵉ siècle est assez remarquable, elle possède outre la bourse de saint Till, tissée en fil d'or avec des cygnes en perles fines brodées sur chaque face, un reliquaire byzantin émaillé et d'une belle conservation.

Altitude 670 mètres.

GÉOLOGIE

Les villages de Ceyrac, la Sudrie et la Tiollière sont sur basalte des plateaux ; les autres villages sont sur gneiss.

On trouve près du village de Fayet un monticule basaltique.

COMMUNE DE CHAUSSENAC

Distance d'Aurillac : 58 kilomètres.
Distance de Pleaux : 8 kilomètres.
Population : 816 habitants.
Hôtels : Marcès, Cheymol, Rives.
Postes : Desservi par le bureau d'Ally.

Le bourg de Chaussenac est important, admirablement situé dans une plaine à la naissance du ruisseau d'Ortense. L'église est fort ancienne et son porche doit avoir appartenu à une construction plus ancienne encore. Près de cette église on remarque une fontaine consacrée autrefois au culte druidique. A peu de distance de cette fontaine se trouvent deux peulvens connus sous le nom de pierres des Géants ; elles ont deux mètres de haut et s'appuient l'une sur l'autre. Près de ces peulvens on trouve quelques traces d'habitations gallo-romaines. A Cussac on voit les ruines d'un château très ancien.

Chaussenac est à 2 kilomètres de la route de Mauriac à Pleaux.

Altitude 792 mètres.

GÉOLOGIE

Toute cette commune est sur basalte des plateaux.

COMMUNE DE DRIGNAC

Distance d'Aurillac : 57 kilomètres.
Distance de Pleaux : 13 kilomètres.
Population : 263 habitants.
Hôtels : Latourette.
Postes : Desservi par le bureau d'Ally.

Drignac est un petit bourg situé à mi-coteau sur un versant de la vallée d'Auze. L'église n'offre rien de remarquable. Près du village de Les Martres, dans une terre dite des Garennes, on trouve une grande quantité de briques romaines. A Nesbouilleres on remarque un souterrain qui mérite de fixer l'attention des archéologues. Drignac est à 2 kilomètres environ de la route de Salers à Pleaux.

Altitude 706 mètres.

GÉOLOGIE

Les villages des Martres, Meyssac, Monteil, Nesbouillères sont sur basalte des plateaux. Les autres villages sont sur brèche andésitique. On trouve au nord de Drignac une longue bande d'alluvions anciennes qui suit la vallée et la rivière.

COMMUNE D'ESCORAILLES

Distance d'Aurillac : 55 kilomètres.
Distance de Pleaux : 11 kilomètres.
Population : 118 habitants.
Hôtels : Veuve Teyssier.
Postes : Desservi par le bureau d'Ally.

Escorailles est le chef-lieu d'une des plus petites communes du département. C'est un joli petit bourg très bien situé. A voir le château et le tombeau du consul Scaurius, un camp romain. On remarque aussi derrière l'église les ruines d'un château fort du xiᵉ siècle.

Escorailles se trouve sur la route de Mauriac à Pleaux et près du bourg d'Ally qui possède une correspondance avec le chemin de fer.

Altitude 730 mètres.

GÉOLOGIE

Escorailles est sur basalte des plateaux, le reste de la commune est sur brèche andésitique.

COMMUNE DE LOUPIAC

Distance d'Aurillac : 55 kilomètres.
Distance de Pleaux : 12 kilomètres.
Population : 559 habitants.
Hôtels : Veuve Delbos.
Postes : Desservi par le bureau de St-Martin-V.

Loupiac est un petit bourg situé sur la ligne ferrée d'Aurillac à Paris par Mauriac, il possède une station. Son église de style romain est mentionnée dans une charte attribuée à Clovis.

On voit à Branzac un château encore debout mais en fort mauvais état.

On trouve à La Roche les murs d'un château qui avait été considérable en 1649.

Altitude 708 mètres.

COURRIERS ET CORRESPONDANCES

Loupiac possède une station de chemin de fer, ligne d'Aurillac à Paris.

GÉOLOGIE.

Loupiac, Peyrebrune, sont sur brèches audastiques. Baneilles, La Borie, Lachaux, Conrots et Fressines sont sur basalte des plateaux ; le reste de la commune est sur gneiss.

COMMUNE DE SAINT-CHRISTOPHE

Distance d'Aurillac : 40 kilomètres.
Distance de Pleanx : 10 kilomètres.
Population : 1105 habitants.
Hôtels : Tissandier, Serres.
Postes : Possède un bureau de poste et télégraphe.

Saint-Christophe est un bourg important situé sur le penchant d'une colline, il domine la vallée de la Maronne. L'église est romane et l'une des plus anciennes du pays. A Boujaret on trouve dans les bruyères dites de Murat, un dolmen parfaitement conservé : il est composé de deux pierres placées de champ et d'une troisième qui les recouvre.

Le village de Bétailles est remarquable par sa situation pittoresque entre deux ruisseaux. On voit, à Prades, dont la situation est des plus pittoresques, une jolie habitation à Vabres on trouve les ruines d'une ville ga lo-romaine.

Altitude : 630 mètres.

COURRIERS ET CORRESPONDANCES

Saint-Christophe possède une station de chemin de fer d'Aurillac à Paris. Cette station porte le nom de Loupiac-Saint-Christophe, le bourg en est assez éloigné.

GÉOLOGIE

Chabus, Lavergne, Boujaret et Prades sont sur basalte des plateaux. On trouve des gisements houillers près de

Boujaret, Gagnou, Salesse et Col. Les autres villages sont sur gneiss.

On trouve dans cette commune, près de Branzac, le lychnis coronaria.

COMMUNE DE Ste-EULALIE

Distance d'Aurillac : 44 kilomètres.
Distance de Pleaux : 18 kilomètres.
Population : 942 habitants.
Hôtel : Gaston.
Postes : Desservi par le bureau de St-Martin-Valm.

Ste-Eulalie est un petit bourg agréablement situé dans la vallée de la Maronne. Son église est romane mais n'offre rien de remarquable.

A Plaques on voit un château peu important aujourd'hui.

On va à Ste-Eulalie par la gare de Loupiac. Un courrier faisant le service de Loupiac à St-Martin passe près de Ste-Eulalie. Altitude 588 mètres.

GÉOLOGIE

Ambials, le Chaunial et le moulin de Cros sont sur gneiss et miscaschistes ; Fredeviale, Viallard et Ste-Eulalie sont sur basalte des plateaux, les autres villages sont sur brèche andésitique.

COMMUNE DE St-MARTIN-CANTALÈS

Distance d'Aurillac : 36 kilomètres.
Distance de Pleaux : 14 kilomètres.
Population : 750 habitants.
Hôtels : Sarret, Mas.
Postes : Desservi par le bureau de St-Christophe.

St-Martin-Cantalès est un petit bourg situé sur un plateau dominant les gorges de la Maronne ; la vallée de cette rivière sépare St-Martin de St-Christophe. Son église est de l'époque romane ; à remarquer le portail et le clocher hexagone. La sonnerie de cette église est des plus curieuses et compose un carillon particulier à cette paroisse.

La route d'Aurillac à Pleaux traverse le bourg. On peut encore y aller par la gare de St-Christophe qui n'est pas très éloignée. Altitude 688 mètres.

GÉOLOGIE

Domat est sur basalte des plateaux, St-Martin est sur cinérite. Lagane, la Rivière, La Rigaldie, Septfonds, le Puech, sont sur brèche andésitique ; le reste de la commune est sur gneiss et micaschistes. On trouve à Esponts du schiste houiller.

COMMUNE DE TOURNIAC

Distance d'Aurillac : 57 kilomètres.
Distance de Pleaux : 7 kilomètres.
Population : 710 habitants.
Hôtels : Brousse, Malazayrat.
Postes : Desservi par le bureau de Pleaux.

Tourniac est un petit bourg qui n'offre rien de bien remarquable. Son église est de l'époque romane.
On voit à La Chaux un petit château.
Une route partant de Pleaux passe à Tourniac.
Altitude 628 mètres.

GÉOLOGIE

Cette commune est sur micaschiste, sauf près de Peridières où on trouve le basalte des plateaux ; à la Ferrière on remarque un filon de minerai de fer hydraté.

FLORE

On trouve dans cette commune la mentha viridis et le serapias lingua.

CANTON DE SALERS

Le canton de Salers est pour le touriste et le naturaliste un des plus intéressants du Cantal. On y trouve les sites les plus pittoresques, de nombreuses cascades, des rochers aux coupes hardies, quelquefois bizarres toujours grandioses.

Il est formé par 13 communes qui sont : Salers, Anglards-de-Salers, Le Falgoux, Le Fau, Fontanges, St-Chamant, St-Martin-Valmeroux, St-Paul-de-Salers, St-Projet, St-Bonnet, St-Remy, St-Vincent et le Vaulmier.

COMMUNE DE SALERS

Distance d'Aurillac : 48 kilomètres.
Distance de Mauriac : 20 kilomètres.
Population : 1015 habitants.
Hôtels : Faure, Espinasse, Maigne, Bro, Chabaud, Juillard et Ligier.
Postes : Possède un bureau de poste et télégraphe.

Sur le sommet de l'une des montagnes qui dominent la vallée de la Maronne se trouvent deux mamelons basaltiques isolés l'un de l'autre. Le pourtour de cette montagne est entouré d'escarpements tels que l'accès en est difficile. Un château dont l'origine se confond avec celle de la féodalité, avait été construit sur le mamelon qui présentait le moins d'étendue, sur l'autre s'étaient groupées des habitations qui devaient être dans la suite la ville de Salers.

Quand on arrive à Salers par la route départementale, on se croirait encore au XVe siècle. La ville apparaît tout d'un coup, avec ses murs en terrasse, ses remparts, ses portes surmontées de tours qui servaient à se défendre et au-dessous ses maisons ornées de tourillons et de clochetons.

Aperçu de loin Salers donne l'illusion d'une ville féodale. La place est remarquable, chaque maison a sa tour ; ici c'est une tour carrée, là une tour héxagonale, mais les plus nombreuses sont les tours rondes terminées en culs de lampe et divisées dans leur hauteur par des cordons de moulures.

Toutes ces superbes habitations datent du XVIe siècle. Si l'on pénètre dans l'intérieur, on y arrive par des allées dont les voûtes en pierres s'ornent de nervures et de fleurons. La plus remarquable est la maison de Bargues.

L'église est un beau monument ogival du XIIIe siècle ; elle renferme un saint sépulcre digne d'être vu, ainsi qu'un très beau tableau, l'adoration des Mages, chef-d'œuvre de Ribéra.

La promenade de Barrouze est aussi à voir et du fond de cette place la vue s'étend sur toute la chaîne de montagnes et domine à pic les belles vallées de la Maronne et de l'Aspre.

Salers a vu naître Jean de Vernyes, ancien président de la cour des aides de Montferrand, Chalvet, président des enquêtes au Parlement de Toulouse et conseiller d'Etat ; Lizet, premier président au Parlement de Paris. Tous ces hommes illustres d'autrefois ne doivent point faire oublier un non moins illustre enfant de cette cité, car lui aussi a été le bienfaiteur de son pays en créant et en perfectionnant la race bovine de Salers. Ce n'est pas seulement un buste mais une statue que l'on devrait élever à Tyssandier d'Escous.

On trouve au village de la Jourdanie un château bien situé. Altitude 918 mètres.

COURRIERS ET CORRESPONDANCES

On va d'Aurillac à Salers par la ligne d'Aurillac à Mauriac. On s'arrête à la station de Drugeac. Une voiture publique part de cet endroit pour Salers à 7 h. 10 et 10 h. 35 du matin ; à 1 h. 10 et 7 h. 15 du soir. Durée du trajet, 1 h. 10 ; prix, 1 fr. 25.

GÉOLOGIE

La commune de Salers est située sur basalte des plateaux : près de Salers on trouve de la cinérite et en suivant la route de Salers à Fontanges à 1 kilomètre de la ville on trouve des cailloux roulés, la direction de cette moraine semble venir des rochers qui dominent Salers, pour aller au-dessous du château de la Pierre. Près de ce château j'ai trouvé du basalte demi-deuil.

FLORE

On trouve près de Salers le thalictrum aquilegifolium, le sedum hirsutum, le calimintha grandiflora. (sous les rochers de la Peyrade on trouve le sélene saxifraga).

COMMUNE D'ANGLARDS-DE-SALERS

Distance d'Aurillac : 59 kilomètres.
Distance de Salers : 11 kilomètres.
Population : 3391 habitants.
Hôtels : Chanut, Faucher, Salesse, Dupuy.
Postes : Possède un bureau de poste et télégraphe.

Anglards est un joli bourg très important bâti sur un plateau. L'église est ancienne, le clocher est octogone. On remarque près de l'église le château de la Tremoulière qui est du XVe siècle. Sur la place publique on voit un dolmen composé de deux pierres supportées par trois autres. A Longuevergne on voit un château du XIIIe siècle. A Montclar on trouve les restes d'un ancien château. On remarque enfin sur le rocher de Malsarte les ruines d'un château fort et d'une chapelle dont un autel existe encore. Auprès du hameau de Menterolles on distingue un peulven appelé Peyre-Rouniade ou Croix des batailles ; d'après quelques auteurs ce serait à cet endroit qu'Œtius vainquit Attila. Altitude 823 mètres.

COURRIERS ET CORRESPONDANCES

Un courrier faisant le service de Mauriac à Salers passe par Anglards. Départ de Mauriac u 3 h. 15 du soir ; durée du trajet, 1 h. 45.

GÉOLOGIE

Les villages de Boliergue, Espradels, Vergne-Chabrud, sont sur argiles sableuses ; ceux de Bagnac, Pons, sont sur gneiss et ceux de Neyre-Combe, Le Peil, Loustalet, Labastide, sont sur brèche andésitique. Tous les autres sont sur basalte des plateaux.

COMMUNE DU FALGOUX

Distance d'Aurillac : 61 kilomètres.
Distance de Salers : 13 kilomètres.
Population : 723 habitants.
Hôtels : Labourel, Laviale, Vizet.
Postes : Possède un bureau de postes et télégraphes.

Le Falgoux est un petit bourg situé dans la vallée et sur la rivière de Mars.

L'église est de construction récente.

On remarque près du village de Negrestan une grotte faite de main d'homme, on y croyait voir un autel grossièrement travaillé.

On voit près de Sailhans une cascade remarquable.

Dans cette commune on voit beaucoup de sites remarquables et des montagnes assez élevées, telles que le Roc des Ombres, le Puy de la Tourte et le Puy Mary.

COURRIERS ET CORRESPONDANCES

Un courrier part tous les jours de Mauriac à 7 h. 30 du matin pour le Falgoux, arrivée à 11 h. 30.

GÉOLOGIE

Une grande partie de cette commune est sur brèche andésitique. On trouve de la cinérite près du bourg et à la Franconèche. On trouve plusieurs filons de basalte miocène près de Franconèche, Lachaze, Fontolive, le Taoul et le Coin. Les vacheries de Luchaud, le Fumadou, le Figayrol, sont sur basalte des plateaux.

FLORE

On trouve dans cette commune le draba aizoïdes ainsi que les plantes des hauts plateaux.

COMMUNE DU FAU

Distance d'Aurillac : 46 kilomètres.
Distance de Salers : 17 kilomètres.
Population : 416 habitants.
Hôtels : à La Bastide, Coubladoux.
Postes : Desservi par le bureau de Fontanges.

Le petit bourg du Fau est situé à mi coteau sur le penchant de la montagne, son église n'offre rien de remarquable. Le Fau dépendait autrefois de la commune de Fontanges, on en a fait depuis peu le chef-lieu d'une nouvelle commune. Peu de communes offrent des sites plus beaux et des points géologiques plus curieux. C'est surtout La Bastide qui doit être le centre de toutes les curiosités naturelles que l'on peut y voir.

La Bastide est un joli village situé à la base du bois Noir et aux pieds du Puy Mary et du Chavaroche. Le bois Noir, est une forêt considérable et du plus grand style ; coupé par le Puy Dorcet. il s'étend le long des deux vallées de l'Aspre et de la Chavaspre. On y trouve de profondes clairières, des retraites perdues, des physionomies de désert, qui impressionnent. Le centre n'est pas boisé comme les côtés, ce qui permet de distinguer par ci par là des rocs renversés, des gorges effroyables et des cascades superbes, dont la plus belle est connue sous le nom de Pissa-del-Coin.

On voit dans le village même une fontaine minérale qui donne une eau gazeuse et ferrugineuse, d'une fraîcheur telle, qu'il est impossible d'en boire un verre aussitôt qu'on vient de l'extraire de la fontaine.

On a trouvé depuis peu, non loin de la cascade du Pissat-del-Coin, dans le lit même de la rivière, une autre source minérale sulfureuse.

On voit à Peyre del Cros, sur les bords du ruisseau et au pied d'une gigantesque falaise de cinérite, des grottes où l'on trouve des arbres entiers silicifiés. On trouve à La Bastide un bon hôtel chez M. Coubladoux.

Géologie

Cette commune est sur brèche andésitique. On y trouve aussi quelques filons d'andésite à amphibole et à Labrador, ainsi que de la cinérite.

Le village de Labastide est sur une masse de cinérite et de conglomérats argileux.

Flore

On trouve dans cette commune, le vaccinium myrtillus, saxifraga stellaris, digitalis purpurea, gentiana ciliata et gentiana lutea, senecio adonidifolius.

COMMUNE DE FONTANGES

Distance d'Aurillac : 45 kilomètres.
Distance de Salers : 6 kilomètres.
Population : 849 habitants.
Hôtels : Tallou, Bergaud, Dupuy, Broc.
Loueurs de voitures : Dagot, Tallou
Postes : Possède un bureau de postes et télégraphes.

Fontanges est un bourg agréable et très important, admirablement situé dans cette superbe vallée de Laspre.

L'église est ancienne, elle a 7 chapelles. Le maître-autel ainsi que les panneaux de la chaire sont en belle serpentine d'un bleu foncé. On y remarque de nombreux tableaux. Cette église date du XVᵉ siècle, son clocher est carré à la base et prend ensuite la forme d'un octogone que surmonte une flèche.

Fontanges avait à une époque fort reculée un château féodal considérable, dont on aperçoit encore les vestiges à la cime d'un énorme rocher qui domine le bourg.

Ce château avait donné son nom à une des plus nobles familles d'Auvergne, la famille de Fontanges d'où est sortie Marie-Angélique de Scorailles qui, à 17 ans, séduisit par son éclatante beauté le grand roi Louis XIV et fut titrée duchesse de Fontanges.

A la sortie du bourg on trouve un énorme rocher isolé sur lequel on a élevé une belle statue de la vierge.

Palmont, château crénelé, produit un bel effet, vu des bords de la rivière.

A Beauclair on voit encore une chapelle et les ruines d'un château féodal.

A Cuzal-Bas, sur la rivière de Laspre, une belle cascade qui descend en serpentant d'un rocher de conglomérats.

A Cuzal-Haut, on trouve des grottes taillées au ciseau, les maisons du hameau sont au milieu de blocs de rochers énormes et ne laissent entrevoir que quelques cheminées qui émergent. Il s'y trouve aussi des rochers bizarres, dont quelques-uns, de vrais monolithes, ont l'air de surgir de terre, d'autres ressemblent à des obélisques. On trouve aussi des bois d'une beauté incomparable, de vrais nids de mousse et de verdure, sillonnés de charmants ruisselets.

Altitude 676.

COURRIERS ET CORRESPONDANCES

Fontanges correspond avec les stations de Loupiac et de Drugeac. Un courrier part de Loupiac pour Saint-Martin-Valmeroux et Fontanges à 10 h. 15 du matin. Un autre courrier part de Drugeac pour Saint-Martin et Fontanges à 7 h. 20 du matin. Prix : 2 fr.

GÉOLOGIE

Fontanges se trouve sur alluvions modernes, les autres villages sont sur brèche andésitique. On trouve à Seilhol des conglomérats argileux, couverts d'efflorescences de sulfate de fer, et contenant du sulfate d'alumine presque pur. Cet endroit est curieux pour les géologues. On trouve un filon assez important, de cinérite aux villages de Chaumont et d'Aspich, Chau et Peyrelade sont sur basalte des plateaux.

COMMUNE DE St-CHAMANT

Distance d'Aurillac : 32 kilomètres.
Distance de Salers : 19 kilomètres.
Population : 777 habitants.
Hôtels : Lavialle, Fournal.
Postes : Possède un bureau de poste et télégraphe.

St-Chamant est un joli bourg agréablement situé à l'entrée de la vallée de la Bertrande. Son église est ancienne et a été restaurée depuis peu. On y trouve des boiseries sculptées d'une grande valeur. A remarquer dans l'église les bancs de chœur, surtout une sainte Cécile touchant de l'orgue qui est remarquable. Au village de Pradines on trouve des grottes d'un accès difficile. Près de l'église est une tour carrée qu'on peut classer au nombre des monuments les plus anciens de ce genre que possède le Cantal, elle porte le nom de Tour Prallat.

A une petite distance du bourg, on remarque sur le mont Constans les débris d'une église de style ogival qui avait dû être remarquablement belle. Un peu plus loin, on voit le beau château de St-Chamant. Il est situé sur un monticule et entouré de jardins et de bosquets.

Altitude 770 mètres.

COURRIERS ET CORRESPONDANCES

Un courrier partant d'Aurillac pour St-Martin-Valmeroux passe par St-Chamant. Départ d'Aurillac à 1 h. 50.

GÉOLOGIE

Les villages de la Viste, Rogier, le buron de Lachaze sont sur basalte des plateaux, les autres villages sont sur brèche andésitique.

COMMUNE DE St-MARTIN-VALMEROUX

Distance d'Aurillac : 38 kilomètres.
Distance de Salers : 11 kilomètres.
Population : 1322 habitants.
Hôtels : Cardes, Monier, Robert, Sautarel.
Loueurs de voitures : Baldeyrou, Mas.
Postes : Possède un bureau de poste et télégraphe.

St-Martin est un bourg très important agréablement situé à la naissance de la vallée de la Maronne et de l'Aspre. On y voit une jolie habitation avec tourillons ronds à culs de lampe. L'église est un bel édifice construit d'un seul jet. On remarque le portail orné de cinq boudins en retrait reçus sur des colonnettes prismatiques triangulaires et au tympan duquel on voit un bas-relief représentant saint Martin.

Les fonts baptismaux sont ornés de sculptures représentant plusieurs sortes d'animaux.

On voit à Montjoli un château moderne, à Nozières-Soubro une tour à demi-ruinée, mais la ruine la plus importante qui attire le plus l'attention dans cette commune c'est celle du château de Crèvecœur.

Cette belle forteresse, dont la construction remontait à une époque fort reculée, était le chef-lieu d'une seigneurie royale.

Dans un champ appelé Couderc on a trouvé des tuiles romaines, des couteaux sacrificateurs, des poteries et des médailles.

Altitude 776 mètres.

COURRIERS ET CORRESPONDANCES

St-Martin est en correspondance avec la station de Loupiac. Départ de la station à 10 h. 15 du matin ; durée du trajet 1 heure. Une voiture partant d'Aurillac fait tous les jours le service de St-Martin-Valmeroux ; départ d'Aurillac à 1 h. 50 du soir ; arrivée à St-Martin à 6 h. 10.

GÉOLOGIE

Les villages de Lachaux, Laborie, Tronchis, Giroux et le Belair, sont sur basalte des plateaux, les autres villages sont sur brèche andésitique ; près de Montjoli se trouve un monticule basaltique.

FLORE

On trouve dans cette commune les plantes suivantes : calendula arvensis, saponaria officinalis, lycopsis arversis et la valantia crusciata (plante qui n'a pas été signalée encore dans le Cantal).

COMMUNE DE St-PAUL

Distance d'Aurillac : 47 kilomètres.
Distance de Salers : 4 kilomètres.
Population : 793 habitants.
Hôtel : Maury.
Postes : Desservi par le bureau de Salers.

Le petit bourg de St-Paul est admirablement situé dans la vallée de la Maronne. Son église est de l'époque romane. Cette commune a des vallées très profondes et des montagnes élevées parmi lesquelles on remarque le Puy-Violent qui en occupe le centre et dont la hauteur est de 1594 mètres.

A Chaumeil on trouve une source d'eaux minérales froides ferrugineuses. On trouve près de St-Paul une jolie cascade formée par un ruisseau qui descend du Puy-Violent, mais la plus belle est la cascade située à Couderc; Là la Maronne se précipite à pic d'une hauteur de 30 m. Le touriste peut passer entre le rocher et la cascade sans être mouillé. On trouve à la Fauvelie une jolie maison de campagne. A la Pierre on voit un château moderne.

Altitude 789 mètres.

COURRIERS ET CORRESPONDANCES

Le courrier de Fontanges à Salers passe à 1 kilomètre du bourg de St-Paul.

GÉOLOGIE

Toute cette commune est sur brèche andésitique, sauf le Puy-Violent qui est un basalte scoriacé sur quelques points mais généralement compact. Le sommet est formé de conglomérats trachytiques surmontés de basalte des plateaux.

On remarque de nombreux blocs de phonolite avec cristaux d'haüyne. Près du Falgouzet on trouve de la cinérite et à Vielmur du basalte porphyroïde.

FLORE

On trouve dans cette commune la digitalis purpurea, le senecio adonidifolius, et entre les rochers humides, le saxifraga stellaris.

COMMUNE DE St-BONNET

Distance d'Aurillac : 53 kilomètres.
Distance de Salers : 5 kilomètres.
Population : 1151 habitants.
Hôtels : Martin, Tiple.
Postes : Desservi par le bureau de Salers.

St-Bonnet est un bourg bien bâti situé sur un plateau. Son église, ancien prieuré, est très ancienne et touche au XIIIe siècle.

On trouve à Leybros une grosse tour carrée, ancien donjon féodal. A Chabrevière on remarque un ancien château composé d'une tour carrée. A Escous, ancien château où est né Tyssandier d'Escous On voit encore à Roche-Soutro un joli château et à Tougouze une jolie habitation. Altitude 897 mètres.

COURRIERS ET CORRESPONDANCES

Le courrier de Salers à Drugeac passe dans le bourg et fait le service de cette localité ; durée du trajet 30 minutes.

GÉOLOGIE

Le village de Roche-Soutro et une partie du bourg de St-Bonnet, sont sur brèche andésitique ; les autres villages sont sur basalte des plateaux.

Une partie du village de Boussac se trouve aussi sur brèche andésitique, l'autre partie est sur basalte des plateaux.

COMMUNE DE St-PROJET

Distance d'Aurillac : 33 kilomètres.
Distance de Salers : 15 kilomètres.
Population : 806 habitants.
Hôtels : Rouchy. Espinasse, Courchinoux.
Postes : Desservi par le bureau de St-Chamant.

St-Projet est un bourg charmant situé dans la vallée et sur les bords de la Bertrande. Son église est très ancienne.

On remarque à Embarnave les ruines d'un vieux château ; à la Roche on voit sur le sommet d'une grande élévation, des ruines désignées sous le nom de Château-vieux, et au village de Roussy, au sommet d'un rocher escarpé, les ruines d'une forteresse qui portait au XIIIe siècle le nom de Béraldet.

Du haut de la côte de St-Georges on voit la Bertrande couler dans des ravins d'une grande profondeur.

Une route partant de Tournemire passe par St-Projet.
Altitude : 808 mètres.

GÉOLOGIE

Tous les villages de cette commune sont sur brèche andésitique. Les burons qui se trouvent sur les montagnes sont sur basalte des plateaux. Au village de la Peyre, on trouve de la cinérite.

FLORE

On trouve dans cette commune le cistus salvifolius, oxalis corniculata, chrisanthemum monspeliense, origanum prismaticum.

COMMUNE DE SAINT-REMY

Distance d'Aurillac : 43 kilomètres.
Distance de Salers : 13 kilomètres.
Population : 418 habitants.
Hôtels :
Postes : Desservi par le bureau de St-Martin.

Le petit bourg de St-Remy n'offre rien de remarquable.
L'église était autrefois un riche prieuré.
Altitude : 866 mètres.

GÉOLOGIE

Toute cette commune est sur brèche andésitique, sauf
une partie située dans la vallée de la Maronne qui est sur
alluvions anciennes.

COMMUNE DE SAINT-VINCENT

Distance d'Aurillac : 68 kilomètres.
Distance de Salers : 20 kilomètres.
Population : 553 habitants.
Hôtels : Faure, Maury.
Postes : Desservi par le bureau d'Anglards.

St-Vincent est un bourg assez considérable, l'église est
ancienne, l'abside est roman et à pans coupés. Le château
se compose d'un corps de logis flanqué d'une grosse tour
carrée et au nord d'une tour ronde ; la porte est ogivale
et ornée de moulures. Sa construction paraît remonter au
XVᵉ siècle.
La vallée de St-Vincent est très belle, tout y est cons-
traste. Les ruisseaux ne coulent pas, ils se précipitent en
cascades, bondissent de rochers en rochers jusqu'à ce
qu'ils viennent rouler leurs eaux avec celles de la rivière
de Mar. On voit une magnifique végétation à côté d'un
rocher dénudé ; et tout au fond d'un petit vallon, les
hameaux se cachent sous le vaste ombrage de noyers
gigantesques. On trouve à Chanterelles un château assez
remarquable. Altitude : 612 mètres.

COURRIERS ET CORRESPONDANCES

Un courrier qui part de Mauriac à 7 h. du matin fait le
service de St-Vincent. Prix : 2 fr.

GÉOLOGIE

Presque toute cette commune est sur brèche andésitique et basalte des plateaux, dans les vallées on rencontre le gneiss et le granit. Près de St-Vincent on voit un filon de cinérite qui se dirige sur le Vaulmier.

A mi-côte, vers l'ouest du village de Bancharel, on trouve dans le ravin des couches de cinérite avec empreintes superbes.

COMMUNE DU VAULMIER

Distance d'Aurillac : 68 kilomètres.
Distance de Salers : 20 kilomètres.
Population : 502 habitants.
Hôtels : Pons.
Postes : Desservi par le bureau d'Anglards.

Le Vaulmier est un petit bourg au-dessus duquel on remarque un rocher escarpé où se trouvait le château de Combraille et dont il ne reste que des ruines.

Au centre du bourg l'église dégage son clocher moderne.

Presque tous les villages sont situés sur des mamelons granitiques.

Le point le plus élevé de la commune est le Suc de Ronc (1581 mètres). Altitude : 1043 mètres.

COURRIERS ET CORRESPONDANCES

Un courrier, partant de Mauriac à 7 h. du matin, fait le service du Vaulmier. Prix : 2 fr. 10.

GÉOLOGIE

Cette commune est en partie sur brèche andésitique, dans la vallée on trouve une large bande de gneiss, ainsi que des monticules de granit à petits grains.

Près du Vaulmier on trouve de la cinérite.

ARRONDISSEMENT DE MURAT

Murat est le plus petit des quatre arrondissements du département du Cantal. Il est divisé en trois cantons qui sont : Murat, Allanche et Marcenat.

CANTON DE MURAT

Le canton de Murat est formé par quinze communes.

Bredons, Celles, Chalinargues, Chastel-sur-Murat, Chavagnac, Cheylade, La Chapelle-d'Allagnon, Le Claux, Dienne, Laveissière, Lavigerie, Laveissenet, Murat, Neussargues et Virargues.

MURAT (chef-lieu d'arrondissement)

La commune de Murat est arrosée par la rivière l'Allagnon.

Son chef-lieu est l'une des villes du département dont l'existence est constatée le plus anciennement. Son origine se perd dans la nuit des temps. Son nom est cité pour la première fois dans l'histoire en 270 époque où saint Mamet y fut envoyé par saint Austremoine pour y porter les lumières du christianisme naissant.

Cette ville est dominée par un énorme rocher (rocher de Bonnevie) au sommet duquel se trouvait jadis un château fort et sur l'emplacement duquel on a édifié une gigantesque statue de la vierge. Cette montagne est formée de superbes colonnes basaltiques qui ont jusqu'à 20 mètres de longueur, elles ont la forme d'un prisme hexogonal parfait.

Cette pittoresque petite ville située entre le rocher de Bonnevie et le rocher de Bredons, dans cette superbe vallée de l'Allagnon ayant pour fond de décor les hautes cimes de notre massif central, forme un tableau réellement grandiose.

Murat possède une église ancienne et assez belle. On remarque quelques jolies habitations et d'assez belles places publiques. C'est dans cette ville qu'est né Jean de l'Hôpital, père de Michel de l'Hôpital, l'illustre chancelier.

Non loin de la ville se trouve le château d'Anterroche, il est admirablement situé et ses tourelles se perdent au milieu de rochers en hémicycles et de bois superbes. A voir aussi les ruines du château de Cheylane, le château de Massebeau et des grottes assez curieuses.

Altitude 938 mètres.

COURRIERS ET CORRESPONDANCES

Murat possède une gare de la Cie d'Orléans. (Aurillac à Arvant).

GÉOLOGIE

La ville de Murat ainsi que les villages de la Grange et de Massebeau se trouvent sur brèche andésitique supérieur. Le village de Creponet est sur andésite à amphibole et à Lobrador La Grange-Neuve est sur alluvions glaciaires. On trouve le basalte des plateaux sur un rocher au-dessus de Murat.

On trouve sur la route de l'Ampalat, près de la scierie, à 2 kilomètres de Murat, un basalte décomposé dans lequel on voit de beaux cristaux de Chsbasie.

Les géologues pourront aussi admirer les magnifiques prismes hexagonaux du rocher de Bonnevie. Ces colonnes basaltiques ont jusqu'à 20 mètres de longueur et sont d'une régularité parfaite.

On trouve aussi au-dessus de Murat un rocher recouvrant de la cinérite dans laquelle on trouve les moules de gigantesques bombous.

FLORE

On trouve dans cette commune le géranium lucidum, sempervivum arvernense, tanacetum vulgare, Rumex scutatus, Rumex hypolapathum, (dans la gare l'érogrostis pilosa) (à Notre-Dame-de-Lescure achilea pyrenaica) (entre Albepierre et Prat de Bouc sous une cascade le calamagrostis epigeios).

COMMUNE DE BREDONS

Distance d'Aurillac : 52 kilomètres.
Distance du canton : 2 kilomètres 500.
Population : 870 habitants.
Hôtels :
Postes : Desservi par le bureau de Murat.

Bredons est un petit bourg situé sur la partie scorifiée d'un dike basaltique. Son église fut construite en 1074 au bord même du rocher. Elle rappelle par son architecture le style roman. Son extérieur n'offre rien de remarquable, mais l'intérieur mérite d'être examiné avec attention. Elle est à 3 nefs. Les deux latérales sont voûtées en pierre et la nef principale lambrissée en bois, les deux côtés sont formés par deux rangs de piliers massifs. On y voit encore de belles boiseries.

Le rétable est embelli de sculptures artistement ouvragées, il est encadré dans quatre colonnes torses de style Corinthien et orné de statues. Au front du rétable on aperçoit le Père éternel entouré d'étoiles ; d'un côté Eve présentant la pomme fatale à Adam et un ange qui tient un glaive sur leur tête ; derrière eux l'arbre de mort ; de l'autre côté la Ste-Vierge et l'enfant Jésus. Plus loin le sculpteur représente David et beaucoup d'autres personnages bibliques, Jérusalem, et enfin dans le lointain le Calvaire.

Le tabernacle a deux mètres de haut, il est décoré par de petites colonnes corinthiennes disposées sur deux étages. Les deux nefs sont terminées par les rétables de deux chapelles contiguës ayant le même style que le rétable principal et dont les sculptures ont le même fini d'exécution. On admire aussi une vierge en bois de cèdre du Liban (elle a été apportée de la Palestine par St-Louis). Cette vierge jouit d'une grande vénération dans le pays, à cause des nombreux miracles qui lui sont attribués.

Cette église est classée parmi les monuments historiques et est digne en tous points de l'admiration des visiteurs.

On trouve au village de Pignon, un petit château. A Stalopos on voit un château et des eaux minérales. Près de Molèdes on trouve une belle cascade.

Altitude 987 mètres.

GÉOLOGIE

Le bourg de Bredons se trouve sur basalte des plateaux; non loin de là on trouve de l'andésite à amphibole et à labrador. Les villages d'Auzolles-haut, Auzolles-bas, sont sur alluvions anciennes. Albepierre est sur brèche andésitique et cinérite. A Grand-Champ on voit l'andésite à amphibole et à labrador.

FLORE

On trouve dans cette commune le cirsium rivulare, gentiana cruciata, symphitum officinale, véronica triphyllos, plantago arenaria. (A Albepierre, myrrhis odorata, symphytum tuberosum).

COMMUNE DE CELLES

Distance d'Aurillac : 58 kilomètres.
Distance de Murat : 10 kilomètres.
Population : 603 habitants.
Hôtels :
Postes : Desservi par le bureau de Neussargues.

Celles est un bourg situé sur une esplanade plantée de beaux arbres. On y voit un château du XIe siècle dont la chapelle sert d'église paroissiale ; ce château et cette chapelle étaient primitivement une Commanderie de Templiers. On trouve dans la commune le château de Beynac, composé d'une grosse tour rectangulaire ; on voit aussi aux environs une belle cascade.

Celles se trouve sur la route de Murat à Talizat.

Altitude 895 mètres.

GÉOLOGIE

Celles se trouve sur cénérite. Les villages de la Chaulou, Traverges et le moulin de Celles sont sur alluvions glaciaires. Les villages de Ribes, Ribeltes et Secourioux, sont sur basalte des plateaux.

Flore

Ou trouve dans cette commune l'artemisia absinthium, centaurea maculosa, lactuca viminea.

COMMUNE DE CHALINARGUES

Distance d'Aurillac : 59 kilomètres.
Distance de Murat : 9 kilomètres.
Population : 1268 habitants.
Hôtels : Bourdiel, Estieu, Jouve et Rhode.
Postes : Desservi par le bureau de Murat.

Chalinargues est un joli bourg situé sur la route de Murat à Allanche L'église dont une partie très ancienne a été restaurée à diverses époques, offre plusieurs genres d'architecture. On peut voir au village du Chaylar, les ruines d'un château avec souterrain. Un autre château se trouve aussi à la Peschaud. Ce château est entouré d'arbres et situé sur un plateau dominant l'Allagnon. Sur la route d'Allanche à Murat on voit le château de Rancilhac. A signaler aussi le château de Tissonnière et un cimetière gallo-romain.

Chalinargues se trouve sur la route de Murat à Allanche. Altitude 1077 mètres.

Géologie

Chalinargues, Mouret, Mazière et Recoder, se trouvent sur basalte des plateaux. On trouve au village de Nuits, une sorte de roche ou conglomérats de toutes sortes de pierres précieuses. On distingue très bien des grains d'émeraude, de rubis, de topaze, etc. Cette station est à voir.

Flore

On trouve dans cette commune la gentiana cruciata, centaurea maculosa.

COMMUNE DE CHASTEL-SUR-MURAT

Distance d'Aurillac : 51 kilomètres.
Distance de Murat : 2 kilomètres.
Population : 416 habitants.
Hôtels :
Postes : Desservi par le bureau de Murat.

Chastel est un bourg situé au pied d'un énorme rocher basaltique de forme ovale. Ce rocher met le bourg à l'abri des rafales et des neiges qui descendent de la montagne. Au sommet il existait jadis un château adossé à l'église et sur les décombres duquel on a élevé une croix. L'église s'y trouve encore et comme pour y arriver la montée est longue et rapide, on a été obligé d'en construire une autre dans le bourg.

Une route partant de Murat conduit à Chastel.

Altitude 1193 mètres.

GÉOLOGIE

Chastel, La Brujale'ne, le Lapsou, Recouder, Brugeyroux, sont sur basalte des plateaux. Les villages de Laumur et la Déynthériau sont sur cinerite. Le village du Roc est sur andésite supérieure et celui de la Chavade sur andésite inférieure.

FLORE

On trouve dans cette commune la gentiana campestris. symphytum officinale, Rumex scutatus, centaurea maculasa, veronica triphyllos, Hieracium cymosum.

COMMUNE DE CHAVAGNAC

Distance d'Aurillac : 60 kilomètres.
Distance de Murat : 7 kilomètres.
Population : 364 habitants.
Hôtels : Pichot, Sol.
Postes : Desservi par le bureau de Murat.

6

Chavagnac est un petit bourg, situé à la naissance d'un coteau. Le château, monument du XV° siècle, est composé d'un corps de logis auquel est adossé une grosse tour carré, les quatre angles sont flanqués de quatre tours. C'est un des plus beaux châteaux des environs de Murat. A voir aussi dans cette commune les ruines de plusieurs anciens châteaux.

Une route qui part de Murat passe par Chavagnac.

Altitude : 1095 mètres.

GÉOLOGIE

Cette commune est entièrement sur basalte des plateaux. On trouve près de Foulezy, une carrière de tuf. On trouve des alluvions modernes au moulin de Foulezy.

FLORE

On trouve dans cette commune l'helleborus occidentalis, veronica triphyllos, gentiana cruciata, centaura maculosa.

COMMUNE DE CHEYLADE

Distance d'Aurillac : 81 kilomètres.
Distance de Murat : 18 kilomètres.
Population : 1469 habitants.
Hôtels : Begon, Chaumeil, Roche, Doly. Maronne.
Postes : Possède un bureau de poste.

Cheylade est un gros bourg, situé près de la rivière la Rhue et à la base du plateau basaltique du Limon. Son église, qui remonte au XIII° siècle, est de style gothique et riche d'ornementations. Le porche, d'une architecture grandiose, offre une voûte élevée et richement taillée.

On trouve dans cette commune plusieurs châteaux qui sont : Les châteaux du Caire, de Curières. d'Escorolles. A Soustro il y a une tour ronde et à à Pradines-Soustro un château restauré à la moderne. A Sartre, près du village de Cezins, on remarque les vestiges d'une tombe, dite tombe de l'Anglais, la chronique place dans cette tombe les cendres d'un général anglais, tué en combat singulier par un général d'Estaing.

La vallée de la Rhue est admirable et digne d'être visitée. Altitude : 988 mètres.

COURRIERS ET CORRESPONDANCES

Un courrier fait le service de Bort à Cheylade. Départ de Bort à 5 heures 40 du matin. Prix : 5 francs. Durée du trajet ; 6 h. 30.

GÉOLOGIE

Presque toute la commune se trouve sur basalte des plateaux. Le village du Chambon est sur brèche andésitique. Celui de Pierre Besse est sur gneiss et micaschistes. On trouve de la cinérite au château du Caire.

FLORE

On trouve dans cette commune la mentha viridis, lactuæ viminea, veronica triphylos.

COMMUNE DE LA CHAPELLE-D'ALLAGNON

Distance d'Aurillac : 52 kilomètres.
Distance de Murat : 2 kilomètres.
Population : 3?0 habitants.
Hôtels :
Postes : Desservi par le bureau de Murat.

La Chapelle est un bourg situé dans la vallée d'Allagnon. Ses maisons sont disséminées et entourées d'arbres et de vergers, ce qui lui donne un aspect assez gai. L'église d'architecture romane est petite et bien entretenue. Elle possède un reliquaire d'un travail précieux, il a la forme d'un petit coffret en bois, entièrement couvert par une lame d'argent, il a la forme d'une arche. Son couvercle ressemble à un toit au sommet duquel devait être une croix qui a été brisée. Ce reliquaire est supporté par quatre anges aux ailes déployées. Le château de Jarrousset est le seul existant aujourd'hui, il se compose d'une grosse tour carrée entourée d'un couronnement de machicoulis et de deux autres tours rondes. La position élevée de ce château lui donne une vue très étendue. Il est bien conservé, le salon et les chambres du premier étage sont garnies de tapisseries de haute lice, analogues à sa construction.

La Chapelle-d'Allagnon se trouve traversée par la route de Murat à Neussargues.

Altitude 976 mètres.

GÉOLOGIE

Le bourg ainsi que les villages de Gaspard, de la Borie sont sur alluvions glaciaires. Ceux de St-Loup, Meymargues et Les Vallettes sont sur basalte des plateaux, on trouve la cinérite sur les deux côteaux de droite et de gauche de la vallée.

FLORE

On trouve dans cette commune l'artemisia absinthium, carduus personata, cirsium rivulare, hierasium amplexicaule, symphitum officinale, heliotropium europeum, plantago arenaria.

COMMUNE DU CLAUX

Distance d'Aurillac : 74 kilomètres.
Distance de Murat : 24 kilomètres.
Population : 862 habitants.
Hôtels : Véchambre, Maurice.
Postes : Desservi par le bureau de Cheylade.

Le Claux est un gros bourg adossé au massif des montagnes. On y remarque de jolies habitations. On voit encore des gonds scellés dans les ouvertures des grottes du Puy de la Tourte.

Une route partant de Murat et passant par Dienne traverse le Claux.

Altitude 1090 mètres.

GÉOLOGIE

Toute la commune se trouve sur brèche andésitique. On trouve près du chef-lieu une bande d'alluvions anciennes et presque parallèle avec un large filon de cinérite.

FLORE

On trouve dans cette commune l'hiéracium cymosum, le plantago arenaria.

COMMUNE DE DIENNE

Distance d'Aurillac : 60 kilomètres.
Distance de Murat : 10 kilomètres.
Population : 1061 habitants.
Hôtels : Delpirou, Joûve, Lozé, Pichot, Raoux.
Postes : Desservi par le bureau de Murat.

Dienne est un joli bourg bien bâti, admirablement situé dans un vallon profond qui prend naissance au Col-de-Cabre et au Puy-Mary. L'église de style roman est du XIIIᵉ siècle, deux rangées de piliers forment les bas côtés, leurs chapitaux sont sculptés et chargés de figures d'hommes et d'animaux. Des figures bizares sont modelées sur la corniche. Cette église est très bien entretenue.

On remarque près le village de Sauvages, dans la montagne de la Feuillade, un certain nombre de monticules qui doivent être des tombes gauloises.

Une route partant de Murat traverse Dienne.

Altitude 1053 mètres.

GÉOLOGIE

Le bourg de Dienne ainsi que les villages de Bouderche, Marchesdiol, Renouziers sont sur alluvions glaciaires. Les villages de Laqueuille, Le Chaumeil et Colanges sont sur basalte des plateaux. Le village de Laqueuille-Soubrano est sur brèche andésitique supérieure.

On trouve de l'argile calcaire près de Dienne et de le Peuch, et de la cinérite à Nozières.

FLORE

On trouve dans cette commune les plantes qui suivent :
Mentha viridis, atriplex hostata.

COMMUNE DE LAVEYSSENET

Distance d'Aurillac : 56 kilomètres.
Distance de Murat : 6 kilomètres.
Population : 403 habitants.
Hôtels : Cibiel, Duchamp.
Postes : Desservi par le bureau de Murat.

Laveyssenet est un bourg situé au pied des premières montagnes du Cantal. L'église, construite sur un mamelon qui domine le bourg, a une architecture ogivale et paraît appartenir au xiv° siècle. Elle est bien voûtée et le rétable du maître-autel est orné d'un tableau très estimé des connaisseurs.

Au village de Cheylane on voit les ruines d'un vieux château.

Une route partant de Murat et allant à Paulhac passe par Laveyssenet.

Altitude 1128 mètres.

GÉOLOGIE

Toute cette commune se trouve sur basalte des plateaux.

Cheylanes se trouve au pied de la brèche andisitique supérieure.

COMMUNE DE LAVEYSSIÈRE

Distance d'Aurillac : 44 kilomètres.
Distance de Murat : 6 kilomètres.
Population : 946 habitants.
Hôtels :
Postes : Desservi par le bureau de Murat.

Laveissière est un joli bourg. admirablement situé dans la vallée d'Allagnon. Il est traversé par la ligne ferrée d'Aurillac à Arvant et par la route nationale d'Aurillac à Clermont-Ferrand. Au village de Combrelles on peut y voir les ruines d'un ancien château fort, il se trouvait sur un monticule qui dominait à la fois la vallée d'Allagnon et une gorge étroite et boisée.

On trouve à Fraysse-Haut une grotte à trois étages reliés entre eux par des escaliers intérieurs et comprenant à chaque étage plusieurs compartiments taillés au ciseau. Cette grotte fut un ermitage habité, dit la chronique, par saint Calupan, l'un des premiers apôtres de l'Auvergne.

Altitude 929 mètres.

On admire dans les environs un grand nombre de cascades dont la plus belle est celle de Pierretaille. De cette cascade, qui est sur le bord de la route qui va à Aurillac, le touriste ne peut se lasser de contempler le magnifique panorama qui se déroule sous ses yeux. La vallée qui se resserre de plus en plus ne consiste guère qu'en ravins profonds. aux sommets desquels se dressent de gigantesques sapins, jusqu'à ce qu'elle débouche dans un vaste cirque où la rivière, l'Allagnon, prend sa source. C'est là que se trouve le Lioran.

Le Lioran, ce mot est magique pour moi, et j'avoue en toute sincérité qu'il a l'attirance de l'aimant. Où peut-on trouver, en effet, un plus riche tableau! Des sites plus merveilleux ! Il est à croire que la nature se soit pluc à doter ce petit coin de notre belle France d'un des plus beaux paysages que l'imagination puisse rêver. Hautes montagnes, rochers escarpés, torrents impétueux, frais vallons, forêts de sapins plus que séculaires, splendides cascades et fontaines à l'eau du cristal le plus pur. Ce qui manquait jusqu'à présent pour que le Lioran puisse rivaliser avec les sites de la Suisse, c'était un hôtel qui donnât tout le confortable que le touriste aime à trouver. Cette lacune est comblée. Un joli hôtel tenu par Mmes Vanel et Ninard donne au voyageur tout ce qu'il peut désirer, chambres très proprement meublées. table excellente et surtout bon accueil. Aussi, pendant l'été, cet hôtel ne peut suffire à contenir tous les touristes qui viennent de tous les points de la France et de l'étranger pour admirer nos belles montagnes. Là, en effet, se donnent rendez-vous tous ceux qui sont en quête de beaux paysages, les botanistes qui désirent enrichir leur herbier de nos plus belles fleurs alpestres et les géologues qui veulent étudier la nature et tâcher de résoudre les phénomènes volcaniques de notre pays.

La compagnie d'Orléans va faire construire au Lioran un hôtel-chalet splendide.

Outre les beautés naturelles, le Lioran possède encore des travaux d'art qui méritent d'être cités. La montagne Le Lioran, qui a donné son nom à cette station, est traversée par un tunnel de la route de Murat à Aurillac. Cette superbe œuvre d'art porte le nom de Percée du Lioran. C'est le premier tunnel qui ait été fait en France. La compagnie d'Orléans en a fait construire un second au-dessous de celui de la route, il a 1800 mètres et celui de la route a près de 1500 mètres de longueur, 8 mètres de largeur et 7 mètres de hauteur.

Les excursionnistes qui veu'ent faire les ascensions du Plomb du Cantal (1858ᵐ), du Puy-Mary (1787ᵐ) et du Puy de Griou (1494ᵐ. ou v siter les ravins et les cascades trouveront à l'hôtel des guides pour les accompagner. Ceux au contraire qui voudront faire ces excursions sans guides, trouveront sur leur route des poteaux indicateurs placés par les soins du Club alpin français, section du Cantal.

COURRIERS ET CORRESPONDANCES

Le Lioran, ce centre d'excursions, possède une station de chemin de fer, un grand nombre de trains peuvent transporter les voyageurs à Aurillac en moins de 2 heures, à Vic en 45 minutes et à Murat en 30 minutes.

GÉOLOGIE

Le bourg de Laveyssière et les villages de Fraisse-bas Fraisse-haut, sont sur alluvions anciennes. Les villages des Gouttes, Grand-Champ, Malpertuis, sont sur andésite à amphibole et à labrador. On trouve du calcaire à Laveyssière et près du village de Fraisse-haut on extrait du lignite dont on chauffe les fours à chaux. La brèche andésitique se voit au Plomb ainsi que le basalte des plateaux. Le Lioran est sur brèche andésitique. Le Puy Griou est un pic phonolitique. Sur la vieille route avant d'arriver à la Font de Cère on trouve de la domite ; au ravin des Gardes et au ravin de Veyrières on trouve de l'obsidienne verte très belle.

Flore

Plantes que le botaniste pourra trouver sur les pentes et sommets de nos hautes montagnes :

En mai et juin : Le crocus vernus, maianthemum bifolium, gentiana verna, petasites officinalis et albus.

Juin et juillet : Le comarum palustre, asarum europeum (on ne trouve l'asarum europeum que dans le bois du Lioran, sur le bord du ruisseau un peu avant d'arriver au col de Saignes) on trouve (au ravin de la Croix l'arabis alpina, sisymbrium pinnatifidum, silene saxifraga) geum montanum, potentilla fagineicola, rubus saxatilis et glandulosus, circea alpina, jempervivum arvense et arachnoideum, saxifraga aizoon et rotondifolia, lonicera alpigena, gnaphalium norvegicum, carlina nebrodensis, mulgedium plumieri et alpinum, pirola secunda, pinguicula vulgaris et grandiflora, aira montana, androsace carnea, streptopus amplexifolius, orchis globosa et chlorantha, luncus alpinus, festuca sylvatica, arbutus uva ursi, gentiana lutea, veratrum album.

On trouve sur les hautes pelouses les plantes suivantes: Arnica montana, agrostis rupestris, aira montana, avena versicolor, nardus stricta, phleuma alpinum, festuca spadicea, poa alpina et compressa, avena montana et amethystina, poa sudetica, festuca rhœtica, cardamine resedifolia, thlaspi alpestre, trifolium alpinum, geum rivale et montanum alchemilla, alpina, épilobium alpinum et origanifolium, orchis albida senecio doronicum, sedum alpestre, pédicularis comosa et foliosa, thesium alpinum, narcissus pseudo narcissus.

Après 1700 mètres d'altitude on trouve l'anemone alpina, silene ciliata, genista prostrata anemone vernalis et apufolia, ranunculus auricomus et spretus, caltha palustris minor, biscutella arvensis, silene ciliata, dianthus sylvaticus, sagina muscosa, cerastium alpinum et lanatum,

genista. prostrata et delarbrei, trifolium arvenensis
alehemilla hybrida, épilobium alpinum, saxifraga bryöïdes
et exarata, origeron alpinus, salix lapponum, allium
fallax, orchis nigra, eriophorum alpinum, festuca nigres-
cens et alpina, bothryehium lunaria, et le vaccinium
myrtillus.

On trouve dans les bois le polystichum spinulosum.

On trouve au ravin des Gardes, mecopsis cambrica,
dentaria pinnata, lunaria rediviva, thlaspi vulcanorum,
stellaria nemorum. circea intermedia, lonicera nigra,
acer pseudo platanus et acer platanoïdes, impatiens
noli - me - tangere, amelanchier vulgaris, pirola secunda,
rumex alpinus et arifolius, ulmus montana, convallaria
verticillata. ncottia ovata.

Au ravin de la Croix, carlina nebrodensis (pentes près
du plomb, hieracium aurantiacum), sommet du ravin de
la Croix, hieracium lividūm, (dans les bois du Lioran,
pinus abies), (le festuca longifolia se trouve au raviu de la
Gaulière, près la station du Lioran).

COMMUNE DE LAVIGERIE

Distance d'Aurillac : 65 kilomètres.
Distance de Murat : 14 kilomètres.
Population : 464 habitants.
Hôtels :
Postes : Desservi par le bureau de Murat.

Lavigerie est un bourg situé dans le vallon de la Santoire. Il est au pied des montagnes. L'église est petite et
isolée du bourg. On trouve à Lavigerie un monument
celtique que l'on nomme lo Taulo del curat ou le trou des
moines. Ce monument est assez curieux et intéressant à
voir. Altitude 1132 mètres.

Géologie

Lavigerie, Espinasse et la Bastide, sont sur cinérite.
On trouve près de ces villages de l'andésite supérieure.
Les villages de Claviers, Chanelle, Buges, Dreilles, sont
sur alluvions glaciaires.

FLORE

On trouve dans cette commune le trifolium hybridum, mentha hybridis, atriplex hastat , atriplex macrocarpa, callitriche minima.

COMMUNE DE NEUSSARGUES

Distance d'Aurillac : 61 kilomètres.
Distance de Murat : 11 kilomètres.
Population : 790 habitants.
Hôtels : Buffet de la gare. Rodier, Celier, Pichot. Hugon.
Loueurs de voitures : Lafon, Pastre.
Postes : Possède un bureau de postes et télégraphes.

Neussargues est un bourg qui se trouve être le lieu de bifurcation de la ligne de Neussargues à Marvejols, Saint-Flour, Garabit, ligne du Midi et de la ligne d'Aurillac à Arvant. Ligne P. O.

On voit près de Neussargues, au rocher du Cuze, des abris sous roche de l'époque quaternaire.

On remarque les châteaux du Cheylat et de Moissac.

COURRIERS ET CORRESPONDANCES

Neussargues possède une gare pour les deux lignes du Midi et d'Orléans. Outre cette station. on y trouve des voitures publiques pour Chaudesaigues, Pierrefort. Lacalm, Laguiole, Allanche, Marcenat, Condat. St-Flour est aujourd'hui desservi par la ligne du Midi.

Altitude : 800 mètres.

GÉOLOGIE

Toute cette commune est sur alluvions glaciaires.

FLORE

On trouve dans cette commune le silene viscaria, saponaria acymoïdes(dans les bois de Ste-Anastasie, Rhamnus alpina, trifolium rubens, potentilla rupestris), (au rocher de Cuze le polemonium cœruleum), veronica protrata, melissa officinalis, salvia sclarea, rumex scutatus, rumex hyppolopathum, artemisia absinthum, carduus personata. Lactuca vininea, veronica triphyllos, plantago arvensis (xérauthemum cylindraceum, dans les ruines du château de Merdogne), (Rocher de Cuze carlina acanthifolia).

COMMUNE DE VIRARGUES

Distance d'Aurillac : 56 kilomètres.
Distance de Murat : 6 kilomètres.
Population : 373 habitants.
Hôtels :
Postes : Desservi par le bureau de Murat.

Le bourg de Virargues est situé sur un plateau qui domine la vallée d'Allagnon. L'église est ancienne.
Au village de Faufouilloux existe une vieille chapelle. On trouve aussi au village d'Auxillac, un château.
Une route partant de Murat conduit à Virargues.
Altitude : 1065 mètres.

GÉOLOGIE

Cette commune est sur basalte des plateaux et presque entourée par des filons de cinerite.

FLORE

On trouve dans cette commune la veronica prostrata, la salvia sclarea.

CANTON D'ALLANĆHE

Le canton d'Allanche fait partie de l'arrondissement de Murat, il est formé par les communes d'Allanche, Sainte-Anastasie, Chanet, Charmensac, Joursac, Landeyrat, Peyrusse, Pradiers, St-Saturnin, Ségur, Vernols et Vèzé. Il est arrosé par les rivières d'Allanche, d'Allagnon, la Santoire et par de nombreux ruisseaux.

COMMUNE D'ALLANCHE

Distance d'Aurillac : 68 kilomètres.
Distance de Murat : 18 kilomètres.
Population : 1885 habitants.
Hôtels : Corgnes, Magne, Faucillon.
Loueurs de voitures : Combes, Mazin.
Postes : Possède un bureau de postes et télégraphes.

Allanche est une petite ville située au pied des monts Cezaliers, sur le versant oriental d'un joli vallon arrosé par la rivière d'Allanche, qui passe au faubourg et vient baigner les anciens murs de la ville.

Ce chef-lieu est traversé par les routes de Murat à Ardes et de St-Flour à Besse. On a conservé les portes de la ville qui se trouvent au milieu d'une rue. Il y a une place publique, une halle aux blés et une fontaine très abondante. On y remarque le château de Cheyladez. L'église est très ancienne et bien décorée ; la chaire est en pierre bien travaillée. On voit à Maillargues, renommé par ses foires importantes, un château assez bien conservé.

Altitude : 1041 mètres.

COURRIERS ET CORRESPONDANCES

Une voiture partant de Neussargues pour Bort passe par Allanche. Durée du trajet : 1 h. 1/2.

GÉOLOGIE

Toute la commune est sur basalte des p'ateaux.

COMMUNE DE SAINTE-ANASTASIE

Distance d'Aurillac : 68 kilomètres.
Distance d'Allanche : 8 kilomètres.
Population : 589 habitants.
Hôtels : Soulier, Delcusy.
Postes : Desservi par le bureau de Neussargues.

Ste-Anastasie est un petit bourg situé dans le vallon de la rivière d'Allanche et sur la route de St-Flour à Bort.

L'église est fort ancienne.

Au sud-ouest du bourg on voit le château de la famille de Dienne.

Près du village du Bousquet le voyageur doit aller admirer l'une des curiosités les plus singulières de notre département. Presque au bord de la rivière d'Allanche se dresse un rocher grandiose dit Roc de Cuze. Les parois supérieures de ce rocher s'allongent et surplombent comme une gigantesque muraille, tandis que la partie inférieure offre une rampe très roide et garnie de broussailles, de débris de mousses, de saxifrages et de verdure, sur la droite bruit une cascade d'un très bel effet. Elle est formée par un ruisseau qui s'ouvre une brèche profonde au travers des crêtes du roc et s'élance d'une grande hauteur dans le vallon. En gravissant par un sentier les premiers gradins de ce bloc basaltique, on arrive vers le milieu de son élévation, au bord d'une grotte naturelle assez vaste ; mais ce qui étonne le plus c'est l'aspect d'une construction très ancienne qui se trouve à l'ouverture de la grotte. Cette construction se compose d'un mur et d'une tourelle ou petite redoute qui flanquait ce mur. Cette habitation bizarre n'avait d'autre toit que le rocher.

Altitude : 1023 mètres.

COURRIERS ET CORRESPONDANCES

La voiture qui part de Neussargues pour Bort passe par Ste-Anastasie. Durée du trajet : 1 heure.

GÉOLOGIE

Toute cette commune est sur basalte des plateaux. Le bourg se trouve sur brèche andésitique supérieure. On voit dans cette commune un filon de cinerite qui se dirige sur Moissac.

FLORE

On trouve dans cette commune la saponaria ocymoïdes, l'Epipactis rubra.

COMMUNE DE CHANET

Distance d'Aurillac : 67 kilomètres.
Distance d'Allanche : 7 kilomètres.
Population : 217 habitants.
Hôtels : Cazot.
Postes : Desservi par le bureau d'Allanche.

Cette commune est improprement dénommée Chanet, puisque depuis longtemps il n'existe plus de village portant ce nom. Le ch.f-lieu civil est à Chastre. L'église se trouve au village du Feydit.

Au village de Conche on y trouve des eaux minérales très estimées.

Une route partant d'Allanche passe ou chef-lieu de cette commune.

Altitude 1060 mètres.

GÉOLOGIE

Cette commune est sur gneiss et micaschistes, excepté le village de Chastres qui est sur basalte des plateaux.

COMMUNE DE CHARMENSAC

Distance d'Aurillac : 80 kilomètres.
Distance d'Allanche : 16 kilomètres.
Population : 465 habitants.
Hôtels :
Postes : Desservi par le bureau de Molompize.

Charmensac est un petit bourg qui s'élève aux extrémités des pen'es qui descendent à la rivière d'Allagnon. L'église est très ancienne.

Le château n'offre plus que des ruines. Au village Le Bru, on voit une chapelle fondée en 1389, par Jacques de Mercœur, en action de grâces d'avoir, sur ces mêmes lieux, battu les Anglais.

Au Pironnet. on voit les ruines du château de Léotoing.
Au Poujol, on trouve un château en ruines.
Charmensac se trouve près de la station de Molompize ;
une route va de cette station au chef-lieu.
Altitude 901 mètres.

GÉOLOGIE

Charmensac, Le Richard, Le Pironnet sont sur gneiss
et micaschistes.
Les autres villages sont sur basalte des plateaux. Non
loin de Charmensac la route et l'Allagnon coupent des
filons de granulite et d'amphibolite.

FLORE

On trouve dans cette commune la saponaria ocynoïdes,
melissa officinalis, lactuca viminea.

COMMUNE DE JOURSAC

Distance d'Aurillac : 64 kilomètres.
Distance d'Allanche : 13 kilomètres.
Population : 781 habitants.
Hôtels :
Postes : Desservi par le bureau de Neussargues.

Joursac est un petit bourg situé dans une large vallée
arrosée par l'Allagnon. L'église renferme une pierre tumulaire curieuse Elle représente un seigneur couché, les
mains jointes, vêtu de sa cotte de maille et l'épée ceinte
aux reins. Sa tête est ornée de la couronne comtale avec
cette inscription : (Loïs de Foix, seigneur de Merdogne).
Au village de Merdogne on voit les ruines d'un ancien
château, qui était une des forteresses les plus importantes
de ces contrées. Il était situé sur un plateau élevé d'où on
a une vue très étendue.
On trouve à Montservier un château.
Joursac est très peu éloigné de la gare de Neussargues.
Altitude : 900 mètres.

une pierre tumulaire et quelques statues grossièrement sculptées. Près de l'église, coule une fontaine dite de Ste-Teigne dont les eaux sont réputées posséder une vertu miraculeuse dans les maladies de ce nom.

Il y a dans la forêt de la Feuillade, une chapelle en partie détruite et nommée chapelle de St-Antoine. On remarque autour de la chapelle les ruines d'un château. On voit un peu plus loin, sur la montagne, des tombelles éparses, dont quelques-unes sont alignées.

On va à Vernols par la route de Ségur à Allanche avec changement de route près le village de Landeyrat.

GÉOLOGIE

Cette commune est toute sur basalte des plateaux.

COMMUNE DE VÈZE

Distance d'Aurillac : 76 kilomètres.
Distance d'Allanche : 8 kilomètres.
Population : 589 habitants.
Hôtels : Boyer, Charvasse.
Postes : Desservi par le bureau d'Allanche.

Vèze est un bourg assez important situé entre deux petits vallons. On y remarque quelques jolies habitations. Le château a appartenu au XIII° siècle à la maison de Rochefort. Altitude 1132 mètres.

Une route partant d'Allanche passe par Vèze.

GÉOLOGIE

Aubeveaux, Mondet, le Lac, sont sur gneiss et micas-chistes avec filons de granulite. Les autres villages sont sur basalte des plateaux.

FLORE

On trouve dans cette commune le Paris quadrifolia, digitalis purpurea, symphytum tuberosum, solanum dulcamara.

CANTON DE MARCENAT

Le canton de Marcenat est formé par les communes de Marcenat, St-Amandin, St-Bonnet, Chanterelle, Condat, Lugarde, Marchastel, Montboudif et Montgreleix.

COMMUNE DE MARCENAT

Distance d'Aurillac : 82 kilomètres.
Distance de Murat : 32 kilomètres.
Population : 2616 habitants.
Hôtels : Bafoil, Girard.
Postes : Possède un bureau de poste et télégraphe.

Marcenat est une petite ville agréablement située sur un plateau élevé (1014^m), au pied du mont Flac, dernier mamelon du Cézalier. Cette ville offre pendant quelques mois de l'été un séjour des plus agréables et est des plus fréquentés.

L'église est à trois nefs terminées par un autel et un rétable. Ce rétable est à colonnes torses, parsemé de pampre, de grappes de raisin et d'oiseaux. Les statues qui occupent les niches, ou surmontent les corniches, sont d'une exécution parfaite. Les cinq piliers sont un peu massifs mais très ornés. La porte quoique un peu basse est bien décorée et sa forme en est gracieuse.

Au village d'Aubijoux on remarque le magnifique château de ce nom appartenant au marquis de Castellane. Il y a au Saillant une magnifique cascade. Du sommet d'une roche très élevée tombe avec fracas une nappe d'eau qui couvre comme d'un voile argenté, un bassin creusé par les eaux au pied du rocher.

Altitude 1014 mètres.

COURRIERS ET CORRESPONDANCES

On va à Marcenat des gares de Bort et de Neussargues. Une voiture fait le service ; départ de Bort à 5 heures du matin et 9 h. du soir, prix 5 fr. 30 ; durée du trajet, 6 h.

GÉOLOGIE

Marcenat ainsi que les villages de Ribeyres, de Batifoil, Marlat, Serres, Lacoste, sont sur gneiss et micaschistes. Ceux de Maltraveix, Credor, Lacoste, Rocheveyre, Aybanar, Grange, Clèdes, sont sur basalte des plateaux. A Maucher on trouve un filon d'amphibolite.

FLORE

On trouve dans cette commune le mecopsis cambrica, hesperis matronalis, cirsium rivulare.

COMMUNE DE St-AMANDIN

Distance d'Aurillac : 92 kilomètres.
Distance de Marcenat : 15 kilomètres.
Population : 1046 habitants.
Hôtels : Pissavy. Sujet.
Postes : Desservi par le bureau de Condat.

St-Amandin est un petit bourg situé sur un ruisseau qui porte son nom. L'église est curieuse à voir. Des colonnes ont été placées à l'entrée de la nef. Les portes sont d'un travail remarquable ; on y voit, sculptées, les armoiries des maisons d'Estaing et de Chavagnac.

On remarque au-dessus du village de Laqueyrie, une chaîne de rochers dans lesquels se trouvent, au niveau du sol, de profondes crevasses qui rappellent d'anciens cratères et méritent l'attention des géologues. Au bas se trouve une source qui s'échappe par une ouverture de 35 centimètres de diamètre.

Près du village de Coinde, sur une montagne assez élevée se trouve un petit lac qui ne tarit jamais.

On va à St-Amandin par la route de Condat à Riom.

Altitude 975 mètres.

GÉOLOGIE

Toute cette commune est sur gneiss et micaschistes, excepté Montagnat, Tège, Joladis et le Verzolet, qui sont sur basalte des plateaux. On trouve de l'amphibolite aux villages de St-Amandin, Jointy et Coinde.

COMMUNE DE St-BONNET

Distance d'Aurillac : 75 kilomètres.
Distance de Marcenat : 7 kilomètres.
Population : 689 habitants.
Hôtels : Faucon, Malbet, Meyniel.
Postes : Desservi par le bureau de Marcenat.

Le bourg de St-Bonnet est situé dans la vallée de la Santoire et abrité au nord par une masse de rochers basaltiques, ce qui rend la température douce pendant l'hiver. L'église est ancienne. Près du petit château de Freyssinet on a trouvé des médail'es gauloises.

St-Bonnet se trouve sur la route de Murat à Condat.
Altitude 990 mètres.

GÉOLOGIE

Presque toute cette commune se trouve sur gneiss et micaschistes. Excepté les villages de Champal, Chaussonnet, Lagrange, Linguirade, qui se trouvent sur le basalte des plateaux (qui contient du peridot). On trouve de l'amphibolite à Reygeat, et près de St-Bonnet on trouve de la granulite à filons et de la cinérite.

COMMUNE DE CHANTERELLE

Distance d'Aurillac : 93 kilomètres.
Distance de Marcenat : 17 kilomètres.
Population : 904 habitants.
Hôtel : Monier.
Postes : Desservi par le bureau de Condat.

Le petit bourg de Chanterelle est bâti sur le sommet d'un monticule, près de la limite du Puy-de-Dôme. Son église, dont l'architecture est convenable, a été construite depuis peu sur les ruines de l'ancienne.

On va à Chanterelle par la route de Condat à Espinchal.
Altitude 967 mètres.

GÉOLOGIE

Cette commune est en partie sur basalte des plateaux
et en partie sur gneiss et micaschistes.

COMMUNE DE CONDAT

Distance d'Aurillac : 85 kilomètres.
Distance de Marcenat : 9 kilomètres.
Population : 2579 habitants.
Hôtels : Germinet, Valentin.
Loueurs de voitures : Charbonel, Robert.
Postes : Possède un bureau de poste et télégraphe.

La petite ville de Condat est située au fond d'un vallon,
près du confluent de la Rhue et de la Santoire, avec
le ruisseau de Condat qui vient s'y réunir.

L'église, nouvellement construite, est un bel édifice.

On rencontre dans les environs quelques curiosités
naturelles. A l'est, sur la rive droite de la rivière, au lieu
appelé Saouto-Bedel (saut du veau), à la base d'un grand
escarpement, coulent trois sources d'eaux minérales
froides dont les bassins ont été creusés dans le rocher.

Près de Condat, dans le lit même de la rivière la Rhue,
s'élève une pyramide basaltique curieuse, connue sous le
nom de Roche Pointue.

A La Capelle du pont des Taules on voit une ancienne
chapelle où les pèlerins viennent en grand nombre pour
obtenir la guérison de leurs maux.

Dans le bois de Gaule il y a une fontaine pétrifiante.

Altitude : 691 mètres.

COURRIERS ET CORRESPONDANCES

Un courrier faisant le service de Bort à Neussargues
passe par Condat Départ : 5 h. matin, 9 h. soir. Durée
du trajet : 4 heures. Prix : 3 fr. 10.

GÉOLOGIE

Cette commune est presque en en entier sur gneiss et
micaschistes. Près de Condat on trouve le basalte des

plateaux. Les villages de Feniers, Vedrine et le Moulin sont sur alluvions glaciaires. Près de La Chapelle et de Chàreyre, on trouve un filon d'amphibolite coupé par deux filons de granulite. Dans le bois des Gaules on trouve de l'aragonite.

FLORE

On trouve dans cette commune les plantes suivantes : Hesperis matronalis, cirsium rivulare, senecio Jacobea, arenaria trinervia.

COMMUNE DE MARCHASTEL

Distance d'Aurillac : 83 kilomètres.
Distance de Marcenat : 15 kilomètres.
Population : 1052 habitants.
Hôtels : Blanchet, Serre.
Postes : Desservi par le bureau de Pierre-Besse.

Le bourg de Marchastel est situé sur la rivière de Graule qui prend sa source dans la montagne de ce nom. L'église est très ancienne, mais n'offre aucun caractère distinctif d'architecture.

A Bazilet village sur le ruisseau de Ronzain, on voit une vieille tour bâtie sur un rocher.

· Il y a aussi une jolie cascade au village de de Maziniargues. A Soubrevèze se trouve un château très ancien. On voit à Teyrou un petit château avec tour ronde et à Pouzols un château en ruines.

Une route partant de Marcenat, passant par Lugarde, traverse Marchastel. Altitude : 960 mètres.

GÉOLOGIE

Toute la commune est sur gneiss et micaschistes, excepté les villages de Pouzols et Lagarde qui sont sur basalte des plateaux.

COMMUNE DE MONTBOUDIF

Distance d'Aurillac : 90 kilomètres.
Distance de Marcenat : 14 kilomètres.
Population : 675 habitants.
Hôtels : à Cournilloux, Marcombe.
Postes : Desservi par le bureau de Condat.

Montboudif a été depuis peu érigé en commune, il faisait partie avant de la commune de Condat dont il a été détaché.

Son église e t une ancienne chapelle qui existait déjà en 1686.

Entre Montboudif et Trémouille, se trouve le village du Cournilloux traversé par la route de Condat à Bort. Il est situé dans la splendide vallée de la Rhue une des plus belles de notre département.

On y trouve un très bon hôtel tenu par M. Marcombes.

Je ne saurais trop engager les touristes à aller voir cette gorge si pittoresque resserrée entre de gigantesques montagnes, sur les pentes à peine inclinées desquelles on admire de majestueuses forêts d'où émergent d'énormes rochers aux formes les plus variées. Au Cournilloux même la rivière la Rhue s'avance torrentueuse sur un lit de roches dont les bords étalent de grands arbres qui balancent sur elle leur ombrage. Puis, soudain, entrant dans une fureur inexprimable, elle se brise sur les rocs, écume et rejaillit pour retomber en bouillons impétueux qui se heurtent, se mêlent et se précipitent en grondant et forment trois cascades magnifiques. distantes à peine, de quelques mètres les unes des autres. Là ses flots sont brisés dans un abîme épouvantable, et à travers les arbres, les plantes et les mousses qui pendent de leurs fronts en festons, on aperçoit ces flots furieux qui tombent sur des pointes de rochers, où ils se brisent encore, sautent de l'un à l'autre, se combattent, se plongent, et disparaissent enfin dans un autre abîme.

Ces flots, cette hauteur, cet abîme, ce fracas, ces rocs pendant en précipice, les uns noircis par les siècles, d'autres verdis par de longues mousses, ceux là hérissés de ronces et de plantes sauvages ; ces rayons égarés du soleil qui se jouent sur les rocs, dans les flots, parmi les fleurs, ces oiseaux que le bruit et le vent des ondes effraie, repousse et empêche d'entendre l eurs voix ; tout cela vous émeut, vous trouble et vous enchante.

Non loin de là on trouve la fameuse grotte des faux-monnayeurs.

Altitude 941 mètres.

COURRIERS ET CORRESPONDANCES

Un courrier partant de la gare de Bort et allant à Condat passe par le Cournilloux.

GÉOLOGIE

Toute cette commune est sur gneiss. On trouve de nombreux filons d'amphibolites dont un au Cournilloux.

COMMUNE DE LUGARDE

Distance d'Aurillac : 78 kilomètres.
Distance de Marcenat : 10 kilomètres.
Population : 738 habitants.
Hôtel : Rodde.
Postes : Desservi par le bureau de Pierre-Besse.

Lugarde est un petit bourg situé au penchant d'un coteau et à la source d'un ruisseau. Près du bourg, sur un rocher d'un accès difficile et dominant le profond ravin de la Santoire, on voit les ruines imposantes du château de Lugarde.

Une route partant de Marcenat traverse le bourg.

Altitude 1013 mètres.

GÉOLOGIE

Cette commune est en partie sur basalte des plateaux et en partie sur gneiss et micaschistes. On voit un grand filon d'amphibolite près du village de Laceppe.

COMMUNE DE MONTGRELEIX

Distance d'Aurillae : 89 kilomètres.
Distauce de Marcenat : 7 kilomètres.
Population : 503 habitants.
Hôtels : Boucheron, Sautoire.
Postes : Desservi par le bureau de Marcenat.

Montgreleix est le chef-lieu d'une commune qui a été détachée du Puy-de-Dôme et fait partie maintenant du canton de Marcenat. C'est un gros bourg, le plus élevé du département (1237^m). Près du chef-lieu se trouve un monticule escarpé connu sous le nom de Pic de Chamouroux, le bas de cette petite montagne est toujours couverte de verdure, tand's que le sommet, d'un accès très difficile, reste aride. On n'y a jamais vu croître ni herbe ni broussailles et la neige disparaît presque aussitôt quelle y est tombée, dans le pays on attribue ces phénomènes a des causes surnaturelles, aussi on lui a donné le nom de Jardin des Fées (l'hort de los Fados).

Une route partant de Marcenat va à Montgreleix.

Altitude : 1237 mètres

GÉOLOGIE

Toute la commune est sur basalte des plateaux. On trouve à Montgreleix des tourbières qui sont exploitees.

FLORE

On trouve dans cette commune la flore des plateaux élevés.

ARRONDISSEMENT DE SAINT-FLOUR

L'arrondissement de St-Flour est divisé en six cantons, qui sont : St-Flour (nord), St-Flour (sud), Chaudesaigues, Massiac, Pierrefort et Ruines.

CANTON DE SAINT-FLOUR (Nord)

Le canton nord de St-Flour est formé par quatorze communes, qui sont : Andelat, Anglards, Coltines, Coren, Lastic, Menthières. Montchamps, Roffiac, St-Georges, Talizat, Tiviers, Vabres et Vieillespesse.

COMMUNE DE SAINT-FLOUR

Distance d'Aurillac : 73 kilomètres.
Population : 5208 habitants
Hôtels : Auriac, Courtiol, Sudre, Hugon, Imbert.
Loueurs de voitures : Boulard, Brassac, Gautharel, Felgère et Roche.
Postes : Possède un bureau de poste et télégraphe.

La ville de St-Flour est, par son importance et sa population, la seconde ville du département. Elle est le siège de la cour d'assise et de l'évêché. Assise sur le sommet d'une montagne basaltique, elle domine, à pic, le faubourg aujourd'hui aussi peuplé que la ville même.

L'évêché est construit près de la cathédrale, avec laquelle il communique par une chapelle de la nef, c'es' un monument un peu lourd, les bâtiments sont vastes, bien distribués et la chapelle ornée de belles mosaïques.

On jouit, de la terrasse du jardin, d'une vue qui s'étend très loin.

La Cathédrale est un monument qui, dans sa simplicité, n'est pas dépourvu d'élégance. Ses voûtes tapissées de nervures qui retombent sur de légers piliers, sans chapiteaux, produisent un effet imposant. Ses deux tours ont 40 mètres de haut et sont vues de fort loin.

Le grand et le petit séminaire sont deux établissements vastes, réguliers et parfaitement appropriés à leur destination. Le Collège et l'Hôtel-de-Ville n'offrent rien de remarquable. Le Tribunal est un monument dont la façade est sévère, mais qui ne manque pas d'une certaine élégance. L'Hôpital est un bel édifice régulièrement construit et entouré d'un superbe enclos ; dans la chapelle de cet établissement se trouve un tableau du Dominicain. Dans l'espace compris entre l'hospice, le petit séminaire et la prison, on remarque une vaste place avec de belles promenades plantées d'arbres. Le milieu de cette place sert de champ de foire. A citer encore l'église de la paroisse, la sous-préfecture, les anciennes fortifications, une vieille porte de la ville. La maison d'Agnès Sorel, la maison du poète du Belloy, et les couvents ; on trouve dans celui de la Visitation un tableau original de François Lombard. Cette toile contient douze personnages portant le costume des paysans cantaliens au XVIIe siècle. La chapelle de Frédières célèbre par ses miracles.

Pour descendre de la ville au faubourg on a pratiqué une route autour d'un rocher basaltique dont les colonnes produisent un bel effet. Altitude 883 mètres.

COURRIERS ET CORRESPONDANCES

St-Flour se trouve sur le réseau du Midi. Il possède une gare qui correspond avec Neussargues, ligne P. O.

GÉOLOGIE

La ville de St-Flour est sur basalte. On trouve près de la ville des conglomérats et de l'argile eocène. Les villages de Freyssinet, Volzac, Lescure, Meyrinhac, Lachaumette et le Colombier, sont sur gneiss et micaschiste. Près de la Chaumette, de Meyrinhac et de Volzac, on trouve des filons de granulite. La Beysserette se trouve sur basalte des plateaux.

FLORE

On trouve dans cette commune les plantes qui suivent : Vicia lathyroïdes, hyocyamus niger, anthemis collina, inula helenium, carduus tenuiflorus ,carline acanthifolia, asperugo procumbens, veronica spicata, gagea bohemica, caren erixtorum, ophioglossum vulgare, dianthus graniticus (bord du Lander, près de St-Flour, trifolium montanum, trifolium alpestre, gentiana cruciata, vicia varia, circium palustre), (bords du ruisseau d'Aloeze, polemonium cœruleum, veronica prostrata.

COMMUNE D'ANGLARDS

Distance d'Aurillac : 85 kilomètres.
Distance de St-Flour : 12 kilomètres.
Population : 342 habitants.
Hôtels : Froment, Jouve, Tixier.
Postes : Desservi par le bureau de Saint-Flour.

Anglards est un bourg considérable. situé au centre d'un plateau dominant la Truyère. On y remarque de très belles habitations.

Au village de la Gazelle on voit dans les champs des débris de briques romaines et de la poterie. On a trouvé les traces d'une voie romaine. Non loin de là, sur la Truyère, se trouve le pont de Garabit.

On va à Anglards par la route de St-Flour à St-Chaly.

Altitude : 879 mètres.

GÉOLOGIE

Le bourg ainsi que les villages du Pit, des Barraques hautes, Salroux, sont sur conglomerats et argiles éocènes.

Les autres villages sont sur gneiss et micaschistes.

On trouve de l'amphibolite près d'Orceiroles et des Barraques hautes.

FLORE

On trouve dans cette commune, carduus tenuiflorus, ophioglossum vulgare, digitalis purpurea.

COMMUNE D'ANDELAT

Distance d'Aurillac : 77 kilomètres.
Distance de Saint-Flour : 5 kilomètres.
Population : 604 habitants.
Hôtels :
Postes : Desservi par le bureau de Saint-Flour.

Andelat est un bourg situé sur un coteau, sur le penchant duquel se trouvent quelques habitations élégantes. L'église remonte à une grande ancienneté, elle existait en 1229. Au village du Sailhant, entre deux ruisseaux torrentueux, s'élève un énorme rocher taillé en falaise de 40 mètres de hauteur, sur la plate-forme duquel se trouve le château du Sailhant aujourd'hui restauré. Au pied de ce château se trouve une superbe cascade formée par le ruisseau de Basborie, lequel prend son essor entre les blocs de la falaise et se précipite de 40 mètres dans un gouffre ayant 15 mètres de diamètre environ. On peut voir ce château et cette cascade en allant de Neussargues à St-Flour par le chemin de fer du midi.

Au village du Viallard on remarque les vestiges d'une chapelle taillée dans le rocher. Au Rochain se trouve un château de construction moderne.

Altitude 900 mètres.

COURRIERS ET CORRESPONDANCES

Andelat possède une station de la compagnie du Midi.

GÉOLOGIE

Andelat se trouve sur conglomérats et argiles éocènes. Barret, Besses-hautes, Colzac, le Sailhant, Lutgros et Vendèze, sont sur basalte des plateaux ; Fonteix, Laborie, Freval, Sebuejal et le Vialard sont sur cinérite ; Besses-basses et le Rochain, sont sur gneiss et micaschistes.

Gaynoud est en partie sur alluvions anciennes et en partie sur conglomérats et argiles éocènes.

On trouve près d'Andelat au lieu dit Gouffre d'enfer, des empreintes de feuilles sur grès psammite.

FLORE

On trouve dans cette commune (à la cascade du Sailhant l'allium schœrocephalum, et l'allum fallax).

COMMUNE DE COLTINES

Distance d'Aurillac : 67 kilomètres.
Distance de Saint-Flour : 12 kilomètres.
Population . 654 habitants.
Hôtels : Goudillon, Pagès, Trazit.
Postes : Desservi par le bureau de Talizat.

Coltines est un gros bourg situé dans la plaine de la Planèze. Son église est fort ancienne, elle est du XIII* siècle. On remarque près du village de Bardon, près la route de Coltines à Talizat, un dolmen parfaitement conservé, la pierre de dessus qui repose sur trois autres plus petites, a 2^m70 de longueur et 0^m67 de largeur.

Près de Touls on voit également un autre dolmen moins bien conservé.

Une route partant de Saint-Flour traverse Coltines.

Altitude 934 mètres.

GÉOLOGIE

Toute cette commune se trouve sur basalte des plateaux.

COMMUNE DE COREN

Distance d'Aurillac : 77 kilomètres.
Distance de Saint-Flour : 7 kilomètres.
Population : 475 habitants.
Hôtels :
Postes : Desservi par le bureau de Saint-Flour.

Coren est un bourg considérable situé sur un monticule basaltique et non loin de la route de St-Flour à Massiac. On trouve près du bourg une source d'eau minérale gazeuse très agréable.

Une route partant de Saint-Flour va à Coren.

Altitude 930 mètres.

GÉOLOGIE

Coren se trouve sur basalte des plateaux. La Tuilerie est sur conglomerats et argiles eocènes. Labrousse, Les Chazes hautes, Les Chazes basses, Chadelat-Anglard, Lespinasse et Salecrus, sont sur gneiss et micaschistes.

Une bande d'alluvions modernes qui part de Copiac et se dirige sur St-Flour, coupe en deux parties une assez grande étendue de conglomerats et d'argiles eocènes.

On voit près de Coren une carrière de marbre.

FLORE

On trouve dans cette commune l'ophioglossum vulgare, origanum vulgare, salvia pratensis.

COMMUNE DE LASTIC

Distance d'Aurillac : 88 kilomètres.
Distance de Saint-Flour : 21 kilomètres.
Population : 327 habitants.
Hôtels :
Postes : Desservi par le bureau de Massiac.

Lastic est un petit bourg surmonté d'un rocher sur lequel sont les ruines d'un château et d'une église. Il a donné son nom à Bompar de Lastic, grand maître de l'ordre de St-Jean de Jérusalem, et à Louis de Lastic, un des principaux chefs catholiques de Charles IX.

Une route partant de Vieillespesse passe dans ce bourg.
Altitude 1106 mètres.

GÉOLOGIE

Lastic et Montredon sont sur basalte des plateaux. On trouve près de Leyris et de Lastiguette deux petites bandes d'alluvions modernes ; le reste de la commune est sur gneiss et micaschistes.

COMMUNE DE MENTIÈRES

Distance d'Aurillac : 80 kilomètres.
Distance de Saint-Flour : 7 kilomètres.
Population : 228 habitants.
Hôtels :
Postes : Desservi par le bureau de Saint-Flour.

Mentières est un bourg ayant d'assez belles constructions. Son église est un ancien prieuré.

La route qui conduit à Mentières s'embranche à Vendèze avec la route de St-Flour à Massiac. Altitude 872 m.

GÉOLOGIE

Le village le Bouchet est sur basalte des plateaux ; à Fayet et à Montagnaguet on trouve des filons d'amphibolite. On trouve un petit monticule de basalte des plateaux entre le Bouchet et Fayet.

A le Bouchet on trouve une carrière de marbre. Le reste de la commune est sur gneiss et micaschistes. On trouve près d'Aubac, du basalte des plateaux et tuffs.

COMMUNE DE MONTCHAMP

Distance d'Aurillac : 88 kilomètres
Distance de Saint-Flour : 14 kilomètres.
Population : 320 habitants.
Hôtels :
Postes : Desservi par le bureau de Saint-Flour.

Montchamp est un bourg qui doit son existence à une commanderie de l'ordre des Templiers dont la chapelle sert aujourd'hui d'église.

Entre Montchamp et Vabres, sur le plateau, et traversant la Margeride, on trouve les vestiges d'une voie romaine. On a trouvé près de Cistrières une hache celtique en bronze.

Altitude 1096 mètres.

GÉOLOGIE

Les villages de la Charnette, Laudine et le moulin du Vent, sont sur basalte des plateaux ; le reste de la commune est sur gneiss et micaschistes.

COMMUNE DE REZENTIÈRES

Distance d'Aurillac : 78 kilomètres.
Distance de Saint-Flour : 15 kilomètres.
Population : 387 habitants.
Hôtels : Delosthal, Tallandier.
Postes : Desservi par le bureau de Saint-Flour.

Rezentières est un bourg situé près de Fournols, sur le ruisseau de ce nom.
Au village de Nubieux, on trouve les ruines d'un château. A La Roussière on voit un château agréablement situé et bien entretenu.
Rezentières se trouve sur la route de Saint-Flour à Molompize. Altitude 1094 mètres.

GÉOLOGIE

Rezentières quoique placé au pied du basalte des plateaux, se trouve ainsi que tous les villages sur gneiss et micaschistes.

COMMUNE DE ROFFIAC

Distance d'Aurillac : 68 kilomètres.
Distance de Saint-Flour : 5 kilomètres.
Population : 682 habitants.
Hôtels :
Postes : Desservi par le bureau de Saint-Flour.

Roffiac est un gros et joli bourg, bâti sur la route de St-Flour à Murat. Son église est très ancienne elle porte le type du style roman pur marqué par son clocher à peigne. A l'entrée de ce bourg on voit une belle croix gothique sur laquelle on a sculpté au pied l'image de saint Gal, patron de la paroisse.

Roffiac est traversé par la route de Saint-Flour à Murat. Altitude 860 mètres.

GÉOLOGIE

Roffiac et le Blaud sont sur alluvions anciennes, Mazerat et Allauzin sont sur gneiss et micaschistes ; Mons, Rivet, Liozargues et Vedernat, sont sur basalte des plateaux. On trouve de la cinérite à Pren-le-garde, et un filon de quartz près de Mons.

FLORE

On trouve dans cette commune le trifolium rubens, le silaus virescens.

COMMUNE DE SAINT-GEORGES

Distance d'Aurillac : 78 kilomètres.
Distance dé St-Flour : 5 kilomètres.
Population : 967 habitants.
Hôtels :
Postes : Desservi par le bureau de St-Flour.

St-Georges est un joli bourg caché dans un petit bassin. L'église est fort ancienne. On voit à la Chassagne un château avec une grosse tour carrée. A Varillettes on trouve un vieux manoir du XVe siècle avec une grosse tour, il était flanqué de quatre tourelles en cul de lampe, il n'en reste plus qu'une seule aujourd'hui. On a trouvé à Mons divers objets gallo-romains.

Saint-Georges est près de Saint-Flour ; une route y conduit directement. Altitude 768 mètres.

GÉOLOGIE

Le village du Vernet se trouve sur conglomérats et argiles eocènes. Grizols se trouve en partie sur ce terrain et sur gneiss et micaschites; on voit près de ce village un monticule de basalte des plateaux. Saint-Georges se trouve sur gneiss et micaschiste et amphibolite; les autres villages sont sur gneiss et micaschiste. On trouve un filon de granulite à la Valette.

COMMUNE DE TALIZAT

Distance d'Aurillac : 69 kilomètres.
Distance de St-Flour : 12 kilomètres.
Population : 1334 habitants.
Hôtels : Barthomeuf, Bayol, Bonnet, Chareyre, Froment, Monier.
Postes : Possède un bureau de poste.

Talizat est un gros bourg situé dans une plaine très fréquentée, sur la route de Saint-Flour à Neussargues. On voit au village d'Aulhac les ruines d'un ancien château. On trouve à Vernières un château.

COURRIERS ET CORRESPONDANCES

Talizat possède une station de chemin de fer de Saint-Flour à Neussargues.
Altitude 996 mètres.

GÉOLOGIE

Talizat, Alloux, Balzac, Liniargues, Lissargues, Mallet sont sur basalte des plateaux; le reste des villages est sur gneiss et micaschistes. On trouve un filon de granulite près de Talizat et des tuffs près d'Alloux.

FLORE

On trouve dans cette commune l'utricularia vulgaris, l'alisma natans.

COMMUNE DE TIVIERS

Distance d'Aurillac : 80 kilomètres.
Distance de St-Flour : 8 kilomètres.
Population : 267 habitants.
Hôtels :
Postes : Desservi par le bureau de St-Flour.

Tiviers est un petit bourg situé sur le ruisseau de Chabrilloc. L'église est du xıᵉ siècle et est remarquable. On trouve à Belvezes un château ainsi qu'à la Plantade.
La route qui va de St-Flour à Chastel passe à Tiviers.
Altitude 890 mètres.

GÉOLOGIE

Toute cette commune se trouve sur gneiss et micaschistes.

COMMUNE DE VABRES

Distance d'Aurillac : 84 kilomètres.
Distance de St-Flour : 11 kilomètres.
Population : 470 habitants.
Hôtels :
Postes : Desservi par le bureau de St-Flour.

Vabres est un bourg composé d'assez jolies maisons, il est situé sur un coteau. L'église est placée sur un rocher d'où l'on jouit d'une belle perspective.
On voit à Bégus un joli château restauré à la moderne. On trouve à Vabres des vestiges d'habitations romaines, des médailles et des fragments de poterie.
Altitude 934 mètres.

GÉOLOGIE

Le Vialard se trouve sur conglomérats et argiles éocènes, tous les autres villages sont sur gneiss et micaschistes.

COMMUNE DE VIEILLESPESSE

Distance d'Aurillac : 83 kilomètres.
Distance de St-Flour : 15 kilomètres.
Population : 646 habitants.
Hôtels :
Postes : Desservi par le bureau de St-Flour.

Vieillespesse est un bourg situé près d'un ruisseau et traversé par la route de Saint-Flour à Massiac. L'église est bien tenue mais n'offre rien de remarquable.
Vieillespesse se trouve sur la route de Saint-Flour à Massiac.
Altitude 911 mètres.

GÉOLOGIE

Toute cette commune se trouve sur gneiss et micaschistes. Au village de la Fageole, qui est au pied d'un coteau basaltique, on trouve de grosses masses de serpentine.

CANTON SUD DE SAINT-FLOUR

Le canton sud de St-Flour se compose des communes d'Alleuze, Cussac, Lavastrie, Neuvéglise, Paulhac, Seriers, Tanavelle, Les Ternes, Ussel, Valuéjols et Villedieu.

COMMUNE D'ALLEUZE

Distance d'Aurillac : 86 kilomètres.
Distance de St-Flour : 13 kilomètres.
Population : 528 habitants.
Hôtels :
Postes : Desservi par le bureau de St-Flour.

Le bourg d'Alleuze est protégé par un roc sur lequel se dressait un château-fort flanqué, à chaque angle, d'une tour massive. On avait entouré le château d'en:eintes percées de canonnières. De toute cette forteresse il ne reste que des ruines. Altitude : 856 mètres.

La route qui va de St-Flour à Chaudesaigues passe près d'Alleuze.

GÉOLOGIE

Alleuze se trouve au pied d'une montagne basaltique et sur un filon d'amphibolite. Le village de Lestournel se trouve sur basalte des plateaux. On trouve à Barry deux filons de granulite. Le reste de la commune se trouve sur gneiss et micaschistes. Près de Languérou on voit un monticule de basalte.

COMMUNE DE CUSSAC

Distance d'Aurillac : 77 kilomètres.
Distance de St Flour : 18 kilomètres.
Population : 446 habitants.
Hôtels :
Postes : Desservi par le bureau de Paulhac.

Cussac est un gros bourg dominant une plaine. L'église remonte à une haute antiquité. On trouve au village de Lascols un marais connu dans le pays sous le nom de Narse, On en retire beaucoup de tourbe.

Une route allant de St-Flour à Pierrefort passe par Cussac. Altitude : 1070 mètres.

GÉOLOGIE

Toute cette commune se trouve sur basalte des plateaux. On trouve un large filon d'andésite à amphibole et à Labrador près des villages de Lasfargues et le moulin d'Auliac. Ce filon part du village le Chambon, près Paulhac et se dirige sur Oradour.

COMMUNE DE LAVASTRIE

Distance d'Aurillac : 87 kilomètres.
Distance de St-Flour : 18 kilomètres.
Population : 588 habitants.
Hôtels :
Postes : Desservi par le bureau de Neuvéglise.

Lavastrie est un bourg qui n'offre rien de remarquable. On voit à Cussol les ruines d'un vieux château. On remarque à Robis un dolmen situé sur un petit p'ateau. Il consiste en une grande pierre posée sur deux autres, on le nomme dans le pays la Caverne du Diable.

Non loin de là, au village de Chamaillères, se trouve un peulven. Un autre monument celtique s'élève encore sur le ruisseau de Béguet, près de Lavastrie. Sur le Puy de Montbrun qui domine le bourg on aperçoit les ruines du château de Montbrun.

Une route, allant de St-Flour à Neuvéglise, traverse le bourg de Lavastrie.

Altitude : 972 mètres.

GEOLOGIE

Toute la commune se trouve sur gneiss et micaschistes, sauf le village de Trarieux, qui est sur basalte des plateaux que l'on retrouve au puy de Montbrun. Lavastrie se trouve au pied d'une montagne de basalte des plateaux.

COMMUNE DE NEUVÉGLISE

Distance d'Aurillac : 82 kilomètres.
Distance de St-Flour : 21 kilomètres.
Population : 1867 habitants.
Hôtel : Brioude.
Loueurs de voitures : Brousse, Franiat
Postes : Possède un bureau de poste et télégraphe.

Le bourg de Neuvéglise est considérable et paraît être d'origine romaine. Il domine le vallon de Vernuéjols. On peut visiter les ruines du château de Rochegonde qui se trouvent au village de ce nom.

Le village de la Nau est remarquable par sa côte dite de La Nau.

La route de Chaudesaigues cotoie le fond de ravins et de précipices effroyables. Au milieu de cette côte se trouve un rocher qui préssnte l'aspect d'une énorme tête de monstre ; aussi les habitants l'ont-ils nommé le Saut du Loup.

COURRIERS ET CORRESPONDANCES

Un courrier faisant le service de Saint-Flour à Chaudesaigues passe par Cordesse qui est près de Neuvéglise.
Altitude 892 mètres.

GÉOLOGIE

Les villages de Casteyra, Cordesse, Vernuéjols, Monteix, Orcières sont sur basalte des plateaux, les autres sont sur gneiss et micaschistes. Su trouve de la tourmaline au village de la Nau.

COMMUNE DE PAULHAC

Distance d'Aurillac : 71 kilomètres
Distance de St-Flour : 17 kilomètres.
Population : 1275 habitants.
Hôtels :
Postes : Possède un bureau de poste et télégraphe.

Paulhac est un joli bourg sitné dans une plaine et adossé à une montagne nommée Puy de Marcou. L'église est très ancienne, elle est voûtée ainsi que les quatre chapelles qui s'y trouvent.

On trouve à Belinay un château du xivᵉ siècle. au Chambon un château sur un monticule Au Jarry, un château ayant une tour très élevée. Au village de Prat-de-Bouc on re rouve les traces d'une voie romaine et près de là est un amas de pierres sur lequel existe une croix. On désigne cet endroit sous le nom de la Tombe du Père.

COURRIERS ET CORRESPONDANCES

Un courrier fait le service de Saint-Flour à Paulhac, départ de Saint-Flour 9 h. 45 matin, arrivée à Paulhac 11 h. 45 matin.

Altitude 1020 mètres.

GÉOLOGIE

Cette commune est sur basalte des plateaux, excepté un filon d'andésite à amphibole et à labrador qui passe entre Paulhac et Cezens et se dirige sur Oradour.

FLORE

On trouve dans cette commune le senecio adonidifolius, gentiana cruciata, gentiana ciliata.

COMMUNE DE SÉRIERS

Distance d'Aurillac: 85 kilomètres.
Distance de St-Flour : 12 kilometres.
Population : 404 habitan s.
Hôtel : Chanson.
Postes : Desservi par le bureau de St-Flour.

Sériers est un gros bourg assez bien bâti, il domine un joli vallon. On trouve à Peyrelade, à droite de la route qui va de Neuvéglise aux Ternes, trois monuments celtiques : 1° un dolmen, assez bien conservé, ayant 3ᵐ40 de longueur sur 2ᵐ50 de largeur, porté à 1 mètre du sol sur deux pierres placées parallèlement l'une à l'autre ; 2° une autre pierre à peu près semblable à la première et 3° une pierre plantée perpendiculairement au sol.

Au village de Relac on voit une belle cascade qui tombe de 15 mètres de haut et sur la même rivière se trouve le gouffre de Gourgalut.

Sériers se trouve sur la route de St-Flour à Rodez.

Altitude 1000 mètres.

GÉOLOGIE

Iroude, Sériers et Peyrelade sont sur basalte des plateaux, le moulin de Capoulet, le moulin de Molinier, Relac et Bro sont sur gneiss et micaschistes.

COMMUNE DE TANAVELLE

Distance d'Aurillac : 71 kilomètres.
Distance de St-Flour : 9 kilomètres.
Population : 423 habitants,
Hôtels :
Postes : Desservi par le bureau de St-Flour.

Tanavelle est un bourg assez important situé sur une montagne ronde et assez élevée (1092 mètres). L'église était connue au IXe siècle.
Dans les marais de Latgua on y extrait de la tourbe.
Ce bourg se trouve sur la route de Saint-Flour avec embranchement à Ribeyrevieille.
Altitude 1092 mètres.

GÉOLOGIE

Toute cette commune est sur basalte des plateaux, excepté Tanavelle qui se trouve sur une montagne de Dolérite.

COMMUNE DES TERNES

Distance d'Aurillac : 83 kilomètres,
Distance de St-Flour : 10 kilomètres.
Population : 471 habitants.
Hôtels : Bouniol, Bullier, Caucal, David, Raynaldy.
Postes : Desservi par le bureau de St-Flour.

Le bourg des Ternes est assez important, bien bâti, ses maisons s'étagent autour d'un vieux manoir du xve siècle. Sa forme est carrée, il est fort élevé, des créneaux dessinés en trèfles couronnent tout le château à l'exception de deux tours renversées pendant la Révolution. L'église est isolée du bourg, elle est fort ancienne et assez remarquable.

Au-dessus du bois des Ternes, sur un coteau, se trouve une chapelle et non loin de là on voit un autel druidique nommé dans le pays la Table du Loup. La longueur est de 3^m.0 et sa largeur 2^{m}10.

Altitude 924 mètres.

COURRIERS ET CORRESPONDANCES

Le courrier de St-Flour à Chaudesaigues passe par les Ternes. Départ de St-Flour 11 h. matin et 3 h. du soir.

GÉOLOGIE

Toute cette commune se trouve sur basalte des plateaux. Près des Ternes on trouve de la cinérite et un peu de gneiss et de micaschistes.

FLORE

On trouve dans cette commune le buplevrum longifolium, gentiana cruciata, polemonium cœruleum.

COMMUNE D'USSEL.

Distance d'Aurillac : 59 kilomètres.
Distance de St-Flour : 16 kilomètres.
Population : 493 habitants.
Hôtels : Niocel, Pagès, Rodier, Teyssèdre.
Postes : Desservi par le bureau de Murat.

Ussel est un bourg assez important, situé sur la route de Murat à St-Flour.

L'église est ancienne et remarquable par son beau porche et sa porte ornée d'un grand nombre de petites colonnes. Près du bourg se trouve un oratoire très ancien que l'on nomme Notre-Dame-des-Voyageurs. Il est l'objet d'une grande vénération.

Non loin de là on voit des colonnes basaltiques rangées

avec symétrie et que l'on nomme Pavé des Géants. On trouve un petit château à Œillet.

Altitude 1028 mètres.

COURRIERS ET CORRESPONDANCES

Un courrier qui part de Murat pour Pierrefort passe par Ussel. Départ de Murat, 8 h. 45 matin.

GÉOLOGIE

Toute cette commune est sur basalte des plateaux.

COMMUNE DE VALUÉJOLS.

Distance d'Aurillac : 63 kilomètres.
Distance de St-Flour : 15 kilomètres.
Population : 1390 habitants.
Hôtels : Begon, Alric, Chastang, Combes et Coumoul.
Postes : possède un bureau de poste.

Valuéjols est un bourg important, situé sur un plateau élevé, son église est remarquable elle appartient au style ogival ancien.

L'abside et la chaire sont très belle . Les stalles du chœur ont des panneaux qui forment le dossier et sur lesquels on voit des sculptures sur bois de chêne avec encadrement sculpté portant la date de 1617. Valuéjols possédait un château dont on voit encore les restes.

Le village de Lescure situé sur les premières pentes du Cantal est célèbre par le pélerinage que l'on fait chaque année à une chapelle que l'on y a construite et qui renferme une statue miraculeuse de la vierge.

COURRIERS ET CORRESPONDANCES

Le courrier de Murat à Pierrefort passe par Valuéjols. Départ de Murat à 8 h. 45 matin.

GÉOLOGIE

Toute cette commune est sur basalte des plateaux.

COMMUNE DE VILLEDIEU.

Distance d'Aurillac : 80 kilomètres.
Distance de St-Flour : 7 kilomètres.
Population : 604 habitants.
Hôtels :
Postes : Desservi par le bureau de St-Flour.

Villedieu est un bourg abrité du vent du nord par une montagne. Il n'a de remarquable que son église qui fait partie des monuments historiques. C'est un très bel édifice qui porte le caractère de deux époques différentes, la partie inférieure du clocher est du style roman et la nef est du xıve siècle. L'ornementation du portail principal se compose de fleurs et d'animaux taillés en grand relief, les stalles sont habilement ciselées.

Une route partant de St-Flour va directement à Ville-dieu.

Altitude 958 mètres.

GÉOLOGIE

Toute la commune est sur gneiss et micaschistes. Sauf près de Montaigne, Pignergue et Pouzatel où on trouve des pitons basaltiques et Bouzentès où on trouve de belle dolérite.

CANTON DE CHAUDESAIGUES

Le canton de Chaudesaigues est formé par douze communes qui sont: Chaudesaigues, Anterrieux, Deux-Verges, Espinasse, Jabrun, La Trinitat, Lieutadès, Meurines, St-Martial, St-Remy, St-Urcize et Sarrus.

COMMUNE DE CHAUDESAIGUES

Distance d'Aurillac : 94 kilomètres.
Distance de Saint-Flour : 30 kilomètres.
Population : 1674 habitants.
Hôtels : Ginesty, Abrial, Ruom, Bourdial.
Loueurs de voitures : Boig, Mirbel, Ruom, Remise.
Postes : Possède un bureau de poste et télégraphe.

Chaudesaigues est une ville fort ancienne, remarquable par ses eaux minérales dont la vogue est loin d'atteindre le mérite. Ces eaux étaient connues des romains sous le nom de Calentes Baiæ, elles atteignent 86 degrés de chaleur. Chaudesaigues est traversé par le petit ruisseau du Remontalou, qui s'est creusé entre les montagnes une vallée profonde, et va se jeter dans la Truyère à 6 kilomètres environ.

Cette ville est assez bien bâtie. L'établissement thermal est aujourd'hui admirablement administré et très bien tenu, il présente tout le confort que l'on peut désirer.

Les eaux jaillissent au pied d'une montagne par douze sources différentes, mais la plus considérable est celle du Par qui donne 4,500 hectolitres par jour, elle a 82 degrés. Les habitants ont utilisé ces eaux pour le chauffage de leurs maisons pendant l'hiver. On leur accorde un peu de cette eau qui, conduite par des canaux, est distribuée par des embranchements dans les rez-de-chaussées recouverts de dalles.

Son église a deux styles d'architecture bien différents. Le rétable du maître-autel est riche en dorures et chargé d'ornementations en relief faites avec habileté. Une tour forme le clocher ; elle se termine par une flèche.

Chaudesaigues possède un bureau de poste et télégraphe. Un service de diligence le met en communication avec Saint-Flour.

SERVICE DES DILIGENCES

St-Flour (départ), 1 heure du matin, 3 heures du soir.
Chaudesaigues (arrivée), 2 h. 14 du soir, 6h. 1/2 du soir.

Retour

Chaudesaigues (départ), 5 h. du matin, 11 h. du matin.
St-Flour (arrivée), 9 h. du matin, 4 h du soir.

Service de St-Flour a Paris (548 k.)

Départ de Paris à 7 h. 55 du soir.
Arrivée à Saint-Flour à 8 h. 49 du matin.

Prix des places

Premières, 61 f. 45; Secondes, 41 f. 55; Troisièmes, 27 f. 10.

Voitures particulières

Courtiol à St-Flour. Prix : voitures à 2 places, 15 francs.
landau à 2 chevaux, 18 francs.

Thermes de Chaudesaigues, le Carlsbad fran ais.

L'établissement Thermal de Chaudesaigues ouvre ses portes le 1er juin aux rhumatisants, aux goutteux, aux cardiaques et aux malades atteints de la sciatique chronique, et rebelle à tous les traitements. A cette date, les malades arrivent, et les demandes d'admission sont nombreuses pour cette station bénie où les patients, après une cure de trois à quatre semaines, brûlent leurs béquilles en ex-veto de reconnaissance.

Les eaux de Chaudesaigues étaient connues dès la plus haute antiquité et très appréciées par les Romains, qui les employaient dans toutes les malad es

De tout temps, les habitants du pays ayant à leur portée des sources versa t à flot une eau limpide et savoureuse (à 82° centigrades) les ont employées à tous les usages domestiques. Cette grande quantité d'eau chaude (la source du Par fournit à elle seule 4,5 0 hectolitres par jour) sert à chauffer les maisons pendant l'hiver et à préparer les aliments. Il existe dans l'établissement une autre source dite source du moulin Duban (à 67° centigrades) fournissant 44 litres à la minute. Ces eaux hypothermales par excellence, les plus chaudes de l'Europe, à composition chimique bien déterminée, ainsi qu'on peut le voir par l'analyse que nous donnons, étaient bien, et seront toujours celles qui conviennent au traitement des maladies réclamant ces principes.

Analyse chimique de l'eau du Par, fuite par le professeur Blondeau.

Carbonate de soude....	0471	Chlorure de sodium....	0063
— de chaux...	0050	— de magnésium	0007
— de magnésie	0010	Bromure de sodium...	0020
— Oxyde de fer	0001	Iodure de sodium......	0018
Sulfate de chaux......	0014	Silicate de soude......	0032
— de soude......	0045	Acide sélicique........	0013
— de magnésie...	0006	Alumine..............	0001
Sulfure d'arsenic... } traces		Matières organiques...	0010
— de fer...... }			

Gaz dégagé par l'ébullition d'un litre d'eau......... {
Acide carbonique.. 77 parties
Oxygène........... 4 parties
Azote............. 19 parties

« Nous devons ajouter, dit M. Nivet que les carbonates étant à l'état de bi-sels et l'oxyde de fer à l'état de bi-carbonatus, on doit admettre que chaque kilogramme d'eau du Par contient en réalité : bi-carbonate de soude, 0,8476 ; bi-carbonate de magnésie, 0,121 ; bi-carbonate de fer, 0,0132 ; bi-carbonate de chaux, 0,0651 ; ce qui porte la quantité des matières contenues dans un litre à 1 gr. 220 milligrammes. »

Les eaux hypothermales de Chaudesaigues sont administrées en bains, en douches, en étuves, en boisson et en inhalations.

A Chaudesaigues on guérit vite les rhumatismes musculaires et les rhumatismes viscéraux. Quand, à la suite d'une attaque de rhumatisme articulaire aigu, les articulations restent gouflées et douloureuses, les bains, les douches et les étuves agissent de la façon la plus heureuse.

Les entorses, les luxations, les fractures, les plaies par arme à feu, laissent souvent derrière elles des douleurs très vives et très persistantes ; là encore, les bains, les douches et les étuves donnent les meilleurs résultats.

C'est surtout dans la sciatique résultant d'un froid vif et prolongé, du séjour dans une habitation humide, que Chaudesaigues fait merveille. On a tout employé sans succès ; vèsicatoire, liniments en frictions, pointes de feu, injections sous-cutanées, la sciatique n'est pas guérie. Le malade désespéré vient faire une saison à Chaudesaigues, en moins de vingt jours il a recouvré la santé.

Ces excellentes eaux calment la surexcitation, l'excitabilité des malades, elles diminuent et affaiblissent les pulsations du cœur et des artéres ; grâce à elles, M le docteur Dufresse de Chassaigne a obtenu de grands succès dans le traitement de certaines affections du cœur, particuliérement dans celles consécutives à des rhumatismes

Le célébre médecin Alibert leur attribue des propriétés remarquables : « Chaudesaigues, disait-il, sera un jour le Carlsbad de la France, et un refuge salutaire pour une multitude de maladies chroniques ».

Venez donc à Chaudesaigues, pauvres victimes de ces cruelles maladies, vous y serez soignés et vous pourrez dire en nous quittant : Il existe dans une des parties les plus pittoresques de l'Auvergne, une petite station qui nous a rendu la santé et la force que nous avions vainement demandées à nombre de stations plus connues.

Médecins consultants à Chaudesaigues : MM. Dejean et Bremont.

L'établissement peut assurer le logement et le traitement à environ 80 baigneurs, sans compter les baigneurs logeant en ville.

PRIX DU SÉJOUR

Comprenant logement, nourriture et traitement.

Ave: chambre de luxe.................... 10 fr. par jour.
1re classe ... . 8 fr. par jour.
2e classe........................... 5.50 par jour.

Il y a aussi à Chaudesaigues l'hôtel Ginesty et d'autres auberges dont les prix varient de 5 à 6 fr. par jour.

TARIF DE L'ÉTABLISSEMENT

Bain simple............	0.90	Garniture complète, un	
Bain et douche........	1.50	peignoir, 2 serviettes,	
Bain, douche et étuves.	1.75	1 fond................	0.75
Etuve.................	0.80	Chaises à porteur.....	1
Douche................	0.90	Lit de repos..........	1.50
Douche ascendante....	0.75	Chambre..............	2
Peignoirs, éponges.....	0.30	Frictions sèches.......	0.50
Ordinaire.............	0.25	Inhalations, séance de	
Serviette.............	0.10	15 minutes à.........	0.80
Fond de bain.........	0.30	Abonnem< pour 20 jours	10
		— au linge.....	1.25

Promenades et excursions

On recommande les excursions qui suivent : Notre-Dame-de-Pitié, la Porte d'Enfer, le Rocher de Gibraltar, le Saut de la Chèvre, la Cascade du Gourguetut, la Pradel, les Châteaux du Couffour et du Montvellat, la vallée de la Truyère et le viaduc de Garabit.

Altitude 915 mètres.

GÉOLOGIE

Cette commune est en grande partie sur gneiss et micaschistes, les villages de Freidieu et de Boissières sont sur basalte des plateaux. On trouve dans cette commune de nombreux filons de microgranulite.

FLORE

On trouve dans cette commune le crépis agrestis, wahlembergia hederacea, anagallis tenella, près de la fontaine le tordylium maximum.

COMMUNE D'ANTERRIEUX.

Distance d'Aurillac : 101 kilomètres.
Distance de Chaudesaigues : 7 kilomètres.
Population : 228 habitants.
Hôtels :
Postes : Desservi par le bureau de Chaudesaigues.

Anterrieux est un petit bourg situé entre deux ruisseaux. De là, sans doute, lui vient son nom. L'église est
petite mais bien tenue. A peu de distance du bourg se
trouve L'Ie de saint Juéry. On y voyait autrefois deux
châteaux, la route de Chaudesaigues à Saint-Juéry passe
près d'Anterrieux, embranchement à Le Chazal.
Altitude 960 mètres.

GÉOLOGIE

Anterrieux est sur un monticule basaltique, Valliette est
moitié sur granit et moitié sur basalte des plateaux, Le
Baumes et Recoules sont sur gneiss et micaschistes,
Lacombe, Noviale, Oyez, Lavergnole sont sur granite, à
Noviale et à Pradels on trouve des filons de quartz.

COMMUNE DES DEUX-VERGES.

Distance d'Aurillac : 103 kilomètres.
Distance de Chaudesaigues : 7 kilomètres.
Population : 153 habitants.
Hôtels :
Postes : Desservi par le bureau de Chaudesaigues.

Deux-Verges est un petit bourg situé près du ruisseau
de Remontalou, lequel forme à cet endroit, une double
branche dont la jonction pourrait être l'origine du nom
de cette commune. L'église est un ancien prieuré.
La route qui va de Chaudesaigues à Nasbinals passe
près de ce bourg, embranchement à La Graule.
Altitude 1020 mètres.

GÉOLOGIE

Cette commune se trouve sur granite et granulite à
filons.

COMMUNE D'ESPINASSE.

Distance d'Aurillac : 103 kilomètres.
Distance de Chaudesaigues : 9 kilomètres.
Population : 357 habitants.
Hôtels : Viallefont.
Postes : Desservi par 'e bureau de Chaudesaigues.

Espinasse est un joli bourg, situé à mi-coteau. L'église est un ancien prieuré. Au village de Viallard on trouve les ruines du château de Miremont.

Une route partant de Chaudesaigues va directement à Espinasse.

GÉOLOGIE

Espinasse et le Mas sont sur basalte des plateaux. Entre le Viallard et le Mas on trouve un monticule de basalte des plateaux, le reste de la commune est sur gneiss et micaschistes.

COMMUNE DE JABRUN.

Distance d'Aurillac : 103 kilomètres.
Distance de Chaudesaigues : 9 kilomètres.
Population : 409 habitants.
Hôtels :
Postes : Desservi par le bureau de Chaudesaigues.

Jabrun est un petit bourg situé dans la plaine. L'église est un ancien prieuré de templiers. A Requistat sur la montagne, on trouve les ruines d'un ancien château siège d'une commanderie de templiers. A deux kilomètres de ce village on voit une grotte formée par trois pierres de trois mètres environ posées sur le sol On lui a donné le nom de Caverne de St-Pierre. C'est sans doute un dolmen.

La route de Chaudesaigues à Laguiole passe près de Jabrun. Embranchement après le Pont Rouge.

Altitude 1005 mètres.

GÉOLOGIE

Toute cette commune se trouve sur gneiss et micaschistes, sauf Lacombe et Saganade qui sont sur granite.

Le bourg de St-Martial est situé sur un plateau assez élevé, il est isolé.

Altitude 904 mètres.

La route de Chaudesaigues à Ruines passe près de cette localité.

GÉOLOGIE

Cette commune est toute sur gneiss et micaschistes.

COMMUNE DE St-RÉMY.

Distance d'Aurillac : 107 kilomètres.
Distance de Chaudesaigues . 13 kilomètres.
Population : 371 kilomètres.
Hôtels : Laporte.
Postes : Desservi par le bureau de Chaudesaigues.

Le bourg de St-Rémy est situé dans le vallon de la rivière du Bex. L'église se fait remarquer par son ancienneté. On a découvert dans un champ. près du bourg, des tombes qui contiennent des squelettes parfaitement conservés. A côté de chaque squelette se trouve un bâton qui tombe en poussière dès qu'on le touche.

La route de Chaudesaigues à St-Urcize passe par St-Rémy.

Altitude 1095.

GÉOLOGIE

Cette commune est toute sur granite.

COMMUNE DE SARRUS.

Distance d'Aurillac : 107 kilomètres.
Distance de Chaudesaigues : 14 kilomètres.
Population : 452 habitants.
Hôtels :
Postes : Desservi par le bureau de Chaudesaigues.

Le village de Frèdefond est le chef-lieu de cette commune.

L'église est nouvellement construite. Près de Magnac on voit les ruines de Châteauvieux.

La route de Chaudesaigues à Faverolles passe près de Fredefond.

Altitude 921 mètres.

GÉOLOGIE

Cette commune est toute sur gneiss et micaschistes.

COMMUNE DE St-URCIZE

Distance d'Aurillac : 116 kilomètres.
Distance de Chaudesaigues : 22 kilomètres.
Population : 1207 habitants.
Hôtels : Gaillard, Picoul, Vaissière.
Postes : Possède un bureau de poste et télégraphe.

St-Urcize est une petite ville très bien située et presque à la limite de 3 départements : le Cantal, la Lozère et l'Aveyron. L'église est du XIIᵉ siècle et est très remarquable. Sur un rocher très élevé que surmontent encore les ruines d'un ancien château fort, on remarque un frène très beau, qui a été planté en 1792 : c'est l'arbre de la liberté de la première république.

On voit aux environs de St-Urcize deux belles cascades.

Un courrier faisant le service de la gare d'Aumont à Nasbinals (Lozère), passe par St-Urcize. Altitude 1064.

GÉOLOGIE

Cette commune est toute sur granite avec des filons de granulite.

FLORE

Ou trouve dans cette commune les plantes suivantes : le thalictrum aquiligifolia, dentaria digitata (sur les vieilles murailles, erysimum virgatum, orobus vernus), le selinum carvifolia, westi perrennais, fritillaria meleagris.

CANTON DE MASSIAC

Le canton de Massiac est formé par douze communes qui sont : Massiac, Auriac, Bonnac, La Chapelle-Laurent, Lauric, Leyvaux, Molèdes, Molompize, St-Mary-le-Cros, St-Mary-le-Plain, St-Poncy et Valjouze.

Ce canton est pour les géologues le plus intéressant des cantons du département.

COMMUNE DE MASSIAC

Distance d'Aurillac : 86 kilomètres.
Distance de Saint-Flour : 31 kilomètres.
Population : 2069 habitants.
Hôtels : Gilbert, Monnier.
Loueurs de voitures : Joanel, Monnier.
Postes : Possède un bureau de poste et télégraphe.

Massiac est une jolie petite ville assise en amphithéâtre sur le penchant d'un coteau ; elle existait en 869 et l'on y voit encore les traces d'une enceinte fortifiée. On y pénétrait par trois portes. Un château féodal complétait cet ensemble de défense, il se nommait le Montel et était situé sur une éminence qui dominait la ville, il n'en reste plus que quelques vestiges.

L'église remonte à une haute antiquité.

On trouve sur le rocher de St-Victor quelques traces de constructions gallo-romaines.

Près du village de Challet, sur un rocher, on voit une chapelle dite de Ste-Madeleine.

Altitude 540 mètres.

COURRIERS ET CORRESPONDANCES

Massiac possède une station de chemin de fer, ligne de Capdenac à Arvant.

GÉOLOGIE

Massiac et le moulin du Pont se trouvent sur a'luvions modernes entourées des deux côtés par du tuf pliocène supérieur. Challet, Chabannes, Bussac, sont sur basalte des plateaux. Le Fayet est s r argile et calcaire miocène, et conglomérat et argiles eocènes.

On trouve près de ce village de l'antimoine. Les autres villages sont sur gneiss et micaschistes.

Près de Choinoresse on trouve des arkoses triasiques, et près de Bussac du Mispickel, conglomérats et argiles eocènes. Près de Chabannes on trouve des bombes volcaniques, et près d'Ouches, de l'antimoine.

FLORE

On tro ve dans cette commune les plantes suivantes : sur le plateau de Chalet, sisymbrium asperum, (le long de la voie ferrée, sinapis incana). Helianthemum pulverulentum. reseda lutea, buffonia macrospermum, geranium pusillum. sorbus terminalis, trinia dioica, artemisia absinthium, carduus personata, hieracium cymosum, symphytum tuberosum, veronica triphyllos, rumex sculatus, plantago arvensis, circium rivulare, xéranthemum cylindraceum.

COMMUNE D'AURIAC

Distance d'Aurillac : 99 kilomètres.
Distance de Massiac : 11 kilomètres.
Population : 770 habitants.
Hôtels : Dignement, Méric.
Postes : Desservi par le bureau de Massiac.

Auriac est un petit bourg situé dans un riant vallon. L'église possède un clocher pyramidal et huit figures grotesques sont attachées à la corniche extérieure. On remarque dans le vallon d'Auriac plusieurs jolis sites.

Auriac se trouve sur la route de Massiac à Vèze.
Altitude 845 mètres.

GÉOLOGIE

Les villages de Labastide, Freycinet et Laboussebœuf sont sur basalte des plateaux. Le Bouchet se trouve au pied du basalte et sur amphibolite. Auriac est sur gneiss et micaschistes. On y remarque deux filons de granulite et un filon d'amphibolite. Larochettes est sur argiles et calcaires miocènes ; les autres villages sont sur gneiss et micaschistes.

COMMUNE DE BONNAC

Distance d'Aurillac : 92 kilomètres.
Distance de Massiac : 6 kilomètres.
Population : 601 habitants.
Hôtels :
Postes : Desservi par le bureau de Massiac.

Bonnac est un joli bourg, lequel avec ses vergers, ses jardins et son château fort, forme un tableau riant. L'église est romane et très remarquable. On voit dans les environs des grottes taillées dans le roc, ces grottes demeures triglodytiques furent habitées par les Celtes.

Une petite route partant de Massiac va à Bonnac.

Altitude 580 mètres.

GÉOLOGIE

Les villages de Chalagnac, Chazeloux, Grèzes sont sur basalte des plateaux. Les autres villages sont sur gneiss et micaschistes avec des filons de granulites. On trouve à Combes de l'antimoine. Près du village de Vedrines se trouve le Suc de Védrines, ancien volcan. On y voit des la Pouzzolane et des bombes volcaniques ainsi que de beaux cristaux de Pyroxène. La Bastide est sur conglomerats et argiles éocènes. On y trouve du mispickel. Au moulin de Clay, près Chaze'ou, on trouve de l'actinote verte et du micaschiste remarquable à deux faces.

FLORE

On trouve au suc de Védrines le carlina acanthifolia.

COMMUNE DE LA CHAPELLE-LAURENT

Distance d'Aurillac : 100 kilomètres.
Distance de Massiac : 13 kilomètres.
Population : 685 habitants.
Hôtels : Orceyre, Seguy.
Postes : Desservi par le bureau de Massiac.

La Chapelle-Laurent est un bourg assez important assis dans une plaine près la montagne de Fageole. L'église est du xvᵉ siècle. On voit à Loubasset les ruines d'un vieux château. On trouve au Fayet un château bien conservé.

A parcourir aussi la vallée de Vertesserre arrosée par un frais ruisseau. On y rencontre les ruines du château de Chaliac et plusieurs beaux sites.

Une route allant de Massiac à Saint-Poncy passe par La Chapelle-Laurent.

Altitude 973 mètres.

GÉOLOGIE

Loubaret se trouve sur basalte des plateaux. On trouve sur cette montagne des bombes volcaniques. La Chapelle-Laurent se trouve aussi au pied d'un piton basaltique ; les autres villages sont sur gneiss et micaschistes.

COMMUNE DE LAURIE

Distance d'Aurillac : 101 kilomètres.
Distance de Massiac : 15 kilomètres.
Population ; 508 habitants.
Hôtel : Ferrandier.
Postes : Desservi par le bureau de Massiac.

Le bourg de Laurie est agréablement situé dans un vallon, à la source du ruisseau de ce nom. L'église est fort ancienne. On y voit des bas-reliefs et des figures grimaçantes. Le clocher est dans une tour carrée.

On trouve à Aubesserre un château composé de deux tours avec créneaux et meurtrières. Sur le chemin du bourg à Coharde-Basse, on trouve des briques romaines et autres objets antiques.

On va à Laurie par la route de Massiac à Vèze. Embranchement à Jureuse.

Altitude : 927 mètres.

GÉOLOGIE

Auliac, la Coharde basse et la Coharde haute, les Lavastres, Loir, Lussard, et Voggues sont sur basalte des plateaux.

On trouve près des Lavastres et de Foulière, des bombes volcaniques. Laurie se trouve sur conglomerat et argile éocène avec calcaire miocène.

Les autres villages sont sur gneiss et micaschistes.

COMMUNE DE LEYVAUX

Distance d'Aurillac : 106 kilomètres.
Distance de Massiac : 49 kilomètres.
Population : 237 habitants.
Hôtels :
Postes : Desservi par le bureau de Blesle (Hte-Loire).

Leyvaux est un petit bourg situé près d'un ruisseau. On y rencontre des mines d'antimoine exploitées au Vénut et à Anza. L'église est petite et n'offre rien de remarquable.
Altitude : 970 mètres.

GÉOLOGIE

Toute cette commune est sur gneiss et micaschistes avec quelques filons de granulite. On trouve près de le Breuil et Four des mines d'antimoine.

COMMUNE DE MOLÈDES.

Distance d'Aurillac : 109 kilomètres.
Distance de Massiac : 28 kilomètres.
Population : 692 habitants.
Hôtels : Jouve, Gilbert, Lavergne, Lescure.
Postes : Desservi par le bureau de Massiac.

Le bourg de Molèdes est situé dans une plaine. L'église est ancienne, quatre colonnes cylindriques soutiennent sa voûte. On remarque dans le bourg les ruines d'une ancienne tour. On trouve à Colombine un château. On signale à Conches des eaux minérales très estmées.

Une route partant de Massiac passe par Molèdes.

Altitude du Rocher signalé 1308 mètres.

GÉOLOGIE

Fontcevialles est sur basalte des plateaux on y trouve de l'hématite. Tous les autres villages sont sur gneiss et micaschistes avec filons de microgranu'ite et d'amphibolite. On trouve à Colombine un filon de microgranulite et à Bressolles de l'alunite.

COMMUNE DE MOLOMPIZE

Distance d'Aurillac : 80 kilomètres.

Distance de Massiac : 7 kilomètres.

Population 884 habitants.

Hôtels : Delrieu, Rodier.

Postes : Possède un bureau de poste.

Molompize est un bourg assez important, situé dans la vallée d'Allagnon et sur la route d'Aurillac à Clermont-Ferrand. L'église est de deux dates différentes. Le chevet est de style roman, le reste semble appartenir au XVIe siècle.

On trouve les ruines d'anciens châteaux à Aurouze, à Bégoui et à Vauclair ; dans ce dernier village, on pourra visiter aussi l'intéressante chapelle de Veuclair portant sur sa façade un blason seigneurial.

Altitude 591 mètres.

COURRIERS ET CORRESPONDANCES

Molompize possède une station de chemin de fer.

GÉOLOGIE

Molompize se trouve en partie sur alluvions modernes et sur gneiss. Mazelaire se trouve sur basalte des plateaux.

Aurouze, Peyroncyre, Begoule et la station, sont sur alluvions modernes. La Bastide se trouve sur conglomerats et argiles éocènes ; le reste des villages est sur gneiss et micaschistes ; on trouve dans cette commune de nombreux filons de granulite et d'amphibolite et horneblende, et amphibole et actinote verte. Près de Molompize on trouve de la tourmaline près de l'arkose tria-ique On trouve aussi sur la route qui va au Suc de Vedranes, une grande quantité de grenats (beaucoup sont décomposés).

Flore

On trouve dans cette commune, artemisia absinthium, cirsium rivulare, heliotropium europeum, tanacetum vulgare, hieracium vulgare, hieracium cymosum, hypericum montanum (dans les fossés myriophyllum alterniflorum).

COMMUNE DE St-MARY-LE-CROS

Distance d'Aurillac : 71 kilomètres.
Distance de Massiac : 15 kilomètres.
Population : 1052 habitants.
Hôtels :
Postes : Desservi par le bureau de Ferrières.

St-Mary est un bourg situé dans un vallon dominé par le Mont-Journal. On montre près du bourg la chaire de St-Mary, c'est un rocher taillé grossièrement.
On a bâti une petite église à Ferrières qui se trouve avoir une station de chemin de fer d'Aurillac à Arvant.
Altitude 920 mètres.

Géologie

Les villages de Montrousteroux, Labraut, Seignelade et Lachamp, sont sur basalte des plateaux, les autres villages sont sur gneiss et micaschistes excepté Ferrières qui est sur alluvions modernes.
On trouve dans cette commune plusieurs filons de granulite et d'amphibolite.

FLORE

On trouve dans cette commune le silene armeria, silene saxifraga. A Ferrières on trouve la centaurea maculosa, cirsium rivulare, le rumex hyppolapathum, le symphitum officinale et le tanacetum vulgare.

COMMUNE DE St-MARY-LE-PLAIN

Distance d'Aurillac : 97 kilomètres.
Distance de Massiac : 11 kilomètres.
Population : 583 habitants.
Hôtels : Apcher, Delmas.
Postes : Desservi par le bureau de Massiac.

St-Mary-le-Plain est un bourg ayant quelques maisons assez remarquables. L'église est fort ancienne, c'est un ancien prieuré. Lorsqu'on la visite il faut demander à voir son beau reliquaire.

A Anval on voit un château.

La route de Massiac à St-Flour passe près de St-Mary-le-Plain. Altitude 864 mètres.

GÉOLOGIE

Cette commune est toute sur gneiss et micaschistes. On trouve quatre gisements de serpentine près de Jammaniargues et d'Auzoles. A Luzer on trouve une mine d'antimoine. Non loin de là on voit un monticule basaltique sur lequel on trouve des bombes volcaniques. On trouve près de la barraque de Reselie un filon de granulite avec tourmaline.

COMMUNE DE St-PONCY

Distance d'Aurillac : 98 kilomètres.
Distance de Massiac : 12 kilomètres.
Population : 950 habitants.
Hôtels : Cadestin, Batifoulier, Roueyre.
Postes : Desservi par le bureau de Massiac.

St-Poncy est un bourg assez important, encaissé par des collines escarpées qui le dominent. L'église est très ancienne.

A Aveneaux on remarque les ruines d'un ancien château. A Combes on a trouvé quelques restes de constructions romaines.

St-Poncy se trouve sur la route qui va à Brioude.

Altitude 834 mètres.

GÉOLOGIE

Toute cette commune est sur gneiss et micaschistes, sauf trois monticules basaltiques, et sur le plus important des trois on trouve le village de Chausse. On trouve dans cette commune des mines d'antimoine. A Avenaux, Boucharat et Lachaud, on trouve de la baryte et de l'antimoine; près de St-Poncy et à Albert on rencontre aussi trois filons de serpentine et de nombreux filons de baryte et galènes.

COMMUNE DE VALJOUZE

Distance d'Aurillac : 74 kilomètres.
Distance de Massiac : 18 kilomètres.
Population : 174 habitants.
Hôtels :
Postes : Desservi par le bureau de Ferrières.

Valjouze est un bourg situé dans un vallon étroit mais pittoresque et profond, abrité au sud par un pic élevé.

Valjouze se trouve sur la route qui va de Talizat à Ferrières. Altitude 1052 mètres.

GÉOLOGIE

Cette commune est en partie sur gneiss et micaschistes et en partie sur basalte. Valjouze est sur gneiss et micaschistes. Non loin du chef-lieu on trouve des bombes volcaniques.

CANTON DE PIERREFORT

Ce canton est formé par onze communes, qui sont : Pierrefort, Brezons, Cezens, Gourdièges, Lacapelle Barrez, Malbo, Narnhac, Oradour, Paulhenc, Sainte-Marie et St-Martin-sous Vigouroux.

COMMUNE DE PIERREFORT

Distance d'Aurillac : 65 kilomètres.
Distance de St-Flour : 31 kilomètres.
Population : 1231 habitants.
Hôtels : Riom, Baduel, Rouchès, Fournier.
Loueurs de voitures : Baduel, Riom.
Postes : Possède un bureau de poste et télégraphe.

La petite ville de Pierrefort s'étend en amphithéâtre au pied d'un rocher que couronnait le château. L'église, moitié temple, moitié citadelle, pouvait être défendue. Elle se liait aux fortifications extérieures. Sa construction marque deux styles différents. La nef se rapproche du byzantin et le chœur est gothique. Cette ville est traversée par la route de St-Flour au Mur-de-Barrez.

On voit des châteaux à Fontio et au Meynial. A Souliard on trouve un château moderne.

Pierrefort est la patrie du célèbre agronome Richard du Cantal, ancien représentant du peuple en 1848.

Altitude : 940 mètres.

Courriers et Correspondances

Un courrier fait le service de Murat à Pierrefort. Départ de Murat à 8 h. 45 du matin, arrivée à Pierrefort à 1 h. 30 du soir. Un autre courrier part à 9 h. du matin de St-Flour, durée du trajet, 3 heures Prix 3 fr.

GÉOLOGIE

Cette commune est en grande partie sur basalte des plateaux, excepté Pierrefort, Richemont et là Fontio qui sont sur brèche andésitique.

FLORE

On trouve dans cette commune la spergularia segetalis, Peucedanum carvifolium, chrisanthemum, corymbosum, carex paradoxa, galeopsis intermedia.

COMMUNE DE BREZONS

Distance d'Aurillac : 54 kilomètres.
Distance de Pierrefort : 8 kilomètres.
Population : 920 habitants.
Hôtels : Ajalbert, Bory, Brouet, Malbo, Salat et Urgon.
Postes : Possède un bureau de poste et télégraphe.

Brezons est un bourg important, situé dans un vallon, sur un petit monticule qui domine de très peu la rivière.

L'église est très ancienne. On remarque dans la commune plusieurs cascades, la principale est connue sous le nom de Saut de la Truite, elle est formée par le ruisseau de Granval. Une autre cascade, située entre La Borie et Mézennassière, présente trois chutes successives à 5 m. de distance l'une de l'autre, son élévation est de 20 mètres. On trouve à la Bayle les ruines d'un vieux château.

Le courrier de Raulhac à Pierrefort passe par Brezons.
Altitude : 820 mètres.

GÉOLOGIE

Brezons e t sur un monticule de brèche andésitique supérieure, entouré d'un filon de cinérite très étendu. Les villages de Levergnette, La Praderie, Chantal, sont aussi sur brèche andésitique supérieure, elle vient du Plomb du Cantal et s'étend jusque près de Paulhenc, sur une longueur de près de 18 kilomètres. Les autres villages sont sur basalte des plateaux.

On trouve sous le rocher de Laboual, le silaus virescens, dans les bois de Brezons, à la percée de Grand Val, le corydalis claviculata.

COMMUNE DE CEZENS

Distance d'Aurillac : 64 kilomètres.
Distance de Pierrefort : 9 kilomètres.
Population : 726 habitants.
Hôtels :
Postes : Desservi par le bureau de Pierrefort.

Cezens est un bourg assez bien construit, il est entouré d'arbres, ce qui lui donne un aspect riant. L'église est de style roman. A Neyrebrousse on voit encore les vestiges d'un château. On trouve à Paperat un château moderne. La commune de Cezens joint le Plomb du Cantal par une montée non interrompue. C'est une promenade très agréable à faire.

Une route partant de Pierrefort passe par Cezens.
Altitude : 1097 mètres.

GÉOLOGIE

Toute cette commune est sur basalte des plateaux.

COMMUNE DE GOURDIÈGES

Distance d'Aurillac : 70 kilomètres.
Distance de Pierrefort : 5 kilomètres.
Population : 165 habitants.
Hôtels :
Postes : Desservi par le bureau de Pierrefort.

Gourdièges est un bourg situé sur un plateau dominant la route de Pierrefort. On y voit le vieux château de Gourdièges. L'église n'offre rien de remarquable.

Gourdièges est en communications directes avec Pierrefort. Altitude 1096 mètres.

GÉOLOGIE

Toute cette commune est sur basalte des plateaux.

COMMUNE DE LACAPELLE-BARREZ

Distance d'Aurillac : 40 kilomètres.
Distance de Pierrefort : 23 kilomètres.
Population : 218 habitants.
Hôtels : Bois, Boyer, Rouchès.
Postes : Desservi par le bureau de Pierrefort.

Lacapelle-Barrez est un joli bourg, agréablement situé dans un joli vallon qu'arrose le ruisseau de Pleau et coupé par la route d'Aurillac à St-Etienne. On remarque aux environs quelques sites agrestes. A citer celui de Couffrouge. Altitude : 996 mètres.

GÉOLOGIE

Toute cette commune est sur basalte des plateaux, avec de faibles ramifications de brèche andésitique supérieure.

FLORE

On trouve dans cette commune l'asarum europeum, l'alisma natans.

COMMUNE DE MALBO

Distance d'Aurillac : 45 kilomètres.
Distance de Pierrefort : 18 kilomètres.
Population : 660 habitants.
Hôtels : Peschaud.
Postes : Desservi par le bureau de Pierrefort.

Malbo est un petit bourg assez bien bâti. C'est un des points habités les plus élevés du département. Son église, jadis prieuré, remonte à la fin du XIVe siècle. On trouve dans cette commune quelques croix en pierre dont les bas-reliefs méritent l'attention. Altitude : 1197 mètres.

GÉOLOGIE

Toute cette commune est sur basalte des plateaux.

FLORE

On trouve dans cette commune le carex limosa.

COMMUNE DE NARNHAC

Distance d'Aurillac : 49 kilomètres.
Distance de Pierrefort : 21 kilomètres.
Population : 404 habitants.
Hôtels : Besombes.
Postes : Desservi par le bureau de Pierrefort.

Narnhac est un bourg très important, bien bâti et situé sur la déclivité orientale d'un plateau. L'église appartient à l'époque Romano-Bysantine. A Moissalou, à la source d'un ruisseau, on voit un château moderne bien situé. On trouve à la Serre une cascade assez curieuse.

La route qui va du Mur-de-Barrez à Pierrefort passe près de Narnhac. Embranchement à Moissalou.

GÉOLOGIE

Canteloube est sur brèche andésitique supérieure, les autres villages sont sur basalte des plateaux.

COMMUNE D'ORADOUR

Distance d'Aurillac : 74 kilomètres.
Distance de Pierrefort : 9 kilomètres.
Population : 890 habitants.
Hôtels : Cuminal, Pignol.
Postes : Desservi par le bureau de Pierrefort

Oradour est un bourg considérable qui s'élève entre deux ruisseaux, qui font tourner chacun un moulin. L'église est du Xe et XIe siècle, elle reproduit les styles Roman et ogival.

On recommande les ruines du château de Malbec, situé sur un rocher et près desquelles le ruisseau de Pierrefiche forme une gracieuse cascade. A voir aussi le château de Rochebrune (XVe siècle) et les blocs basaltiques du village de Bonestrade. On peut voir aussi à Serres et à Benès les ruines d'un vieux château.

Un courrier, allant de Pierrefort à Cordesse, passe par Oradour. Altitude : 940 mètres.

GÉOLOGIE

Bonestrade est sur brèche andésitique supérieure, les autres villages sont sur gneiss et micaschistes.

COMMUNE DE PAULHENC

Distance d'Aurillac : 63 kilomètres.
Distance de Pierrefort : 6 kilomètres.
Population : 956 habitants.
Hôtels : Reynaldi.
Postes : Desservi par le bureau de Pierrefort.

Paulhenc est un joli bourg, situé sur la pente d'une plaine qui se termine par des ravins encaissés, au milieu desquels la Truyère roule ses eaux tumultueuses. L'église est très ancienne et bien entretenue.

Près du village de Turlande, existe l'emplacement du vieux château-fort de ce nom. A Chantal on voit un petit château. A Fontanes, sourdent des eaux minérales très estimées

Une route, partant de Pierrefort passe à Paulhenc.
Altitude : 956 mètres.

GÉOLOGIE

Les villages de la Battut, Colcoussou, la Gorde et une partie de Paulhenc sont sur basalte des plateaux, l'autre partie de Paulhenc est sur brèche andésitique supérieure. Tous les autres villages sont sur gneiss et micaschites.

On trouve dans la commune le dianthus barbatus, dianthus superbus, hypéricum hirsutum, et agrimonia odorata.

COMMUNE DE SAINTE-MARIE

Distance d'Aurillac : 79 kilomètres.
Distance de Pierrefort : 14 kilomètres.
Population : 448 habitants.
Hôtels : Guérin, Calvet.
Postes : Desservi par le bureau de Pierrefort.

Le bourg de Sainte-Marie est bien bâti, situé dans une jolie plaine où la Truyère roule ses flots, tantôt au milieu des rochers, tantôt au fond des abîmes. L'église est très ancienne.

La fontaine minérale prend sa source dans une gorge profonde et boisée. Elle jaillit d'un rocher et se divise en deux filets. A Travaux on voit un pont sur la Truyère qui est remarquable.

Ste-Marie est sur la route de Pierrefort à Chaudesaigues.
Altitude 869 mètres.

GÉOLOGIE

Cette commune est toute sur gneiss et micaschiste.

FLORE

On trouve dans cette commune le dianthus graniculus.

COMMUNE DE St-MARTIN-SOUS-VIGOUROUX

Distance d'Aurillac : 57 kilomètres.
Distance de Pierrefort : 8 kilomètres.
Population : 646 habitants.
Hôtel : Boissier et à Vigouroux, Artis.
Postes : Desservi par le bureau de Pierrefort.

St-Martin est un joli bourg entouré d'arbres. Il est situé dans une gorge assez profonde et traversé par la route de St-Flour au Mur-de-Barrez.

L'église est ancienne mais sans architecture caractérisée. On voit à Lescure un château bien situé, il date du xv⁰ siècle. A la Volpilière on trouve les ruines du château de ce nom.

Une route partant de Pierrefort conduit à St-Martin. Altitude 785 mètres.

Géologie

St-Martin se trouve sur alluvions glaciaires, Buzers, Méjansac sont situés sur basalte des plateaux, les autres villages sont sur gneiss et micaschistes.

CANTON DE RUINES

Le canton de Ruines est formé par 14 communes qui sont : Ruines, Bournoncles, Celoux. Chaliers, Chazelles, Clavières, Faverolles. Lorcières, Loubaresse, Rageade, St-Just, St-Marc, Soulages et Vear.nes-St-Loup.

COMMUNE DE RUINES.

Distance d'Aurillac : 87 kilomètres.
Distance de St-Flour : 14 kilomètres.
Population : 1027 habitants.
Hôtels : Meyre, Duverny, Terrisse.
Loueurs de voitures : Duverny
Postes : Possède un bureau de poste et télégraphe.

La petite ville de Ruines tire son nom de la destruction d'une ville, dont les traces sont restées longtemps apparentes. On a trouvé une grande quantité d'objets archéologiques, et notamment des meules à bras, des tuiles, des poteries et des monnaes romaines. L'existence même d'une voie romaine se dirigeant vers le Plomb du Cantal ajoute encore à la certitude d'une cité détruite.

Ce chef-lieu est aujourd'hui une localité située dans une plaine. La rue unique est traversée par la route de Saint-Flour. On remarque les restes du vieux château. L'église est de construction moderne. A peu de distance de Ruines on rencontre le château de Ligonès; à Beauregard, on trouve des monticules que l'on croit être des monuments celtiques. A visiter aussi les bords de la Truyère bordés de précipices.

Altitude 920 mètres.

Courriers et Correspondances

Ruines possède une station de la ligne du Midi; comme la gare est éloignée de la localité, un omnibus fait le service entre la station et Ruines, départ de la station 9 h.50 matin, 4 h. 30 soir, durée du trajet 30 minutes.

Géologie

Toute la commune est sur gneis et micaschistes. On trouve près de Ruines un filon de granulite et de l'amphibolite près de Crozet. On trouve aussi le long du ruisseau qui va de Ruines à la Truyère, quelques petits gisements d'alluvions modernes.

Flore

On trouve dans cette commune la vicia varia.

GARABIT.

Quoique Garabit ne soit pas de la commune de Ruines, il doit trouver sa place ici comme étant le centre le plus rapproché de cette merveille d'art.

A quelque distance de Ruines le train s'arrête devant une toute petite station, une halte plutôt, où le voyageur entend résonner à son oreille un nom à consonnance étrange : Garabit. Tout d'abord ce terme dénominatif n'éveille rien en ses souvenirs, mais après quelques secondes d'hésitation, il lui revient brusquement à la mémoire une image de grandiose construction métallique, de pont audacieusement jeté sur un gouffre profond.

Garabit possède, en effet, l'une des plus belles œuvres de ce siècle qui a vu le triomphe du fer.

Entre deux collines distantes d'environ 600 mètres, coule à une profondeur de 122 mètres une rivière torrentueuse dévalant de la Margeride : la Truyère.

Pour franchir cet obstacle naturel, la ligne ferrée de Neussargues à Marvejols et Béziers emprunte le secours d'un gigantesque tablier métallique d'une seule tenue et que supporte une arche unique dont l'ouverture a 165 m. Ce prodigieux arc de cercle ne repose que sur deux piles placées au flanc de cette colline et construites avec un granit porphyroïde d'une extrême dureté. Les deux entrées du pont sont soutenues par quatre piles dont le soubassement est en pierre et la partie supérieure en fer.

Cette merveille de la mécanique moderne a été édifiée par la maison Eiffel sur plans d'un jeune ingénieur de talent, M. Boyer, mort à Panama peu de temps après l'achèvement de son œuvre. Grâce à lui le Cantal possède à Garabit le plus haut pont du monde, le plus hardi en un site pittoresque où la nature fait valoir le résultat du génie humain.

Près de Garabit, au sommet du Puy Barry, se trouve une station préhistorique, et en remontant le ruisseau l'Arcoing on voit la pierre branlante de St-Marc.

COMMUNE DE BOURNONCLES

Distance d'Aurillac : 93 kilomètres.
Distance de Ruines : 18 kilomètres.
Population : 171 habitants.
Hôtel : Jouvente.
Postes : Desservi par le bureau de Lou'aresse.

Bournoncles est un bourg important situé sur un plateau que traverse la route de St-Flour à Nîmes. Il est très ancien et était connu dès le Xe siècle.

L'église n'offre rien de remarquable.

Bournoncles est relié à Ruines par une route.

Altitude 914 mètres.

GÉOLOGIE

Cette commune est toute sur gneiss et micaschistes. On trouve deux montagnes basaltiques l'une près de Rochegude et l'autre à la Baraque de Prat.

COMMUNE DE CELOUX

Distance d'Aurillac : 102 kilomètres.
Distance de Ruines : 22 kilomètres.
Population : 204 habitants.
Hôtels : Cussac.
Postes : Desservi par le bureau de Vedrines-St-L.

Le bourg de Celoux est situé au bas d'un monticule. Son église est fort ancienne et d'architecture ogivale, le clocher est carré. On remarque encore les traces d'un vieux château. Altitude : 9.2 mètres.

GÉOLOGIE

Cette commune est en partie sur gneiss et micaschistes et en grande partie sur basalte des plateaux. Les villages de Celoux, Les Lourdières et Lagarde, sont sur basalte des plateaux. A Lagarde on trouve des bombes volcaniques.

COMMUNE DE CHALIERS

Distance d'Aurillac : 92 kilomètres.
Distance de Ruines : 10 kilomètres.
Population : 546 habitants.
Hôtels : Bony.
Postes : Desservi par le bureau de Ruines.

Chaliers est un gros bourg dont la position escarpée domine la Truyère, profonde à cet endroit. Le château de Chaliers était une des places les plus fortes du pays, il fut assiégé par messire Bertrand Duguesclin. On distingue les restes d'anciens donjons, à la Besseyre, au Meynial, à

Corbières et au village de Valadour. A Pompignac, on voit une large tour carrée à machicoulis et meurtrières du XIIIᵉ siècle, elle occupe un site très pittoresque.

Une route partant de Ruines passe par Chaliers.

Altitude : 835 mètres.

GÉOLOGIE

On trouve près de Chaliers et du Moulin le Plumet des alluvions modernes; tout le reste de la commune est sur gneiss et micaschistes.

FLORE

On trouve dans cette commune le Lepidium ruderale.

COMMUNE DE CHAZELLES

Distance d'Aurillac : 100 kilomètres.
Distance de Ruines : 23 kilomètres.
Population : 141 habitants.
Hôtels :
Postes : Desservi par le bureau de Vedrines-St-L.

Chazelles est un petit bourg dont la commune est presque enveloppée par le département de la Haute-Loire.

L'église n'a rien de remarquable.

Une route, partant de Ruines, passe à Chazelles.

Altitude : 920 mètres.

GÉOLOGIE

Toute la commune est sur gneiss et micaschistes. Orceyroles se trouve près d'un filon d'amphibolite et près d'un monticule basaltique.

COMMUNE DE CLAVIÈRES

Distance d'Aurillac : 94 kilomètres.
Distance de Ruines : 7 kilomètres.
Population : 706 habitants.
Hôtels : Delorme, Joanny, Lebre,
Postes : Desservi par le bureau de Ruines.

Clavières est un bourg qui doit son nom (clavis), à la forte position de son château, étant jadis une seigneurie. Il est situé sur la route de St-Flour allant dans la Haute-Loire, aux pieds des monts Margeride. Son église renferme trois chapelles. A Las Costes on trouve les ruines d'une forteresse.

Altitude 1062 mètres.

GÉOLOGIE

Toute cette commune est sur gneiss et micaschistes. On trouve près de Chirol un filon d'amphibolite.

COMMUNE DE FAVEROLLES.

Distance d'Aurillac : 92 kilomètres.
Distance de Ruines ; 14 kilomètres.
Population : 885 habitants.
Hôtels : Chassang, Durand, Fraisse, Albisson.
Postes : Possède un bureau de poste et télégraphe.

Faverolles est un assez joli bourg. L'église est fort ancienne et conserve des reliques vénérées. On voit sur un rocher les ruines du château de Faverolles. On remarque au sud, vers les limites de la Lozère, les ruines de Montchanson, près desquelles sortent des eaux minérales très estimées. On voit à Chassan un château de construction moderne.

Un courrier partant de la halte de Garabit fait le service de Faverolles.

Altitude 947 mètres.

GÉOLOGIE

Toute cette commune est sur gneiss et micaschistes.

COMMUNE DE LORCIÈRES.

Distance d'Aurillac : 95 kilomètres.
Distance de Ruines : 12 kilomètres.
Population : 605 habitants.
Hôtels : Raspat, Besse.
Postes : Desservi par le bureau de Ruines.

Le bourg de Lorcières est situé dans un vallon au confluent de deux ruisseaux. L'église est très ancienne.

C'est cette commune qui a été le théâtre des ravages occasionnés par la fameuse bête du Gévaudan qui fut tuée le 10 septembre 1765.

La route qui va de Ruines à Malzieu passe par Lorcières. Altitude 930 mètres.

GÉOLOGIE

Toute cette commune est sur gneiss et micaschistes, on y rencontre quelques filons d'amphibolite.

COMMUNE DE LOUBARESSE.

Distance d'Aurillac : 93 kilomètres
Distance de Ruines : 14 kilomètres.
Population : 841 habitants.
Postes : Possède un bureau de poste.

Loubaresse est un bourg situé sur la route de St-Flour à la Lozère et sur la voie ferrée de la ligne du Midi. Altitude 930 mètres.

COURRIERS ET CORRESPONDANCES

Loubaresse possède une station de la ligne du Midi.

GÉOLOGIE

Loubaresse se trouve sur gneiss et micaschistes, au pied d'une montagne basaltique; il se trouve aussi au commencement de ce grand épanchement granitique qui commence à Clavières d'Outre et se dirige sur la Lozère.

COMMUNE DE RAGEADE

Distance d'Aurillac : 96 kilomètres.
Distance de Ruines : 16 kilomètres.
Population : 271 habitants.
Hôtels :
Postes : Desservi par le bureau de Vedrines-St-L.

Le bourg de Rageade est situé sur une colline qu'en-tourent deux ravins. Son église n'offre rien de remar--quable. Altitude 920 mètres.

GÉOLOGIE

Rageade est sur gneiss et micaschistes, ainsi qu'un grand nombre de villages. Les Loubières sont une mon-tagne basaltique assez étendue.

COMMUNE DE St-JUST

Distance d'Aurillac : 99 kilomètres.
Distance de Ruines : 22 kilomètres.
Population : 564 habitants.
Postes : Desservi par le bureau de Loubaresse.

Le bourg de St-Just est situé sur les bords et à l'embou--chure d'un petit ruisseau. L'église est fort ancienne.
On trouve à Recouse les ruines d'un ancien château.
La route de St-Flour à St-Chély passe près de St-Just.
Altitude 974 mètres.

GÉOLOGIE

Cette commune est toute sur granite avec filons de granulite.

COMMUNE DE St-MARC

Distance d'Aurillac : 98 kilomètres.
Distance de Ruines : 18 kilomètres.
Population : 260 kilomètres.
Postes : Desservi par le bureau de Loubaresse.

Le petit bourg de St-Marc n'offre rien de remarquable.
L'église est du XIIIe siècle. On voit au village de la Roche
un monument druidique. C'est une pierre branlante
composée de deux pierres superposées et qui ont 18 m.
de circonférence. La force d'un homme suffit pour les
mettre en mouvement.

La route de St-Flour à St-Chély passe près de St-Marc.
Altitude 990 mètres.

GÉOLOGIE

Toute cette commune est sur granite avec quelques
filons de granulite.

COMMUNE DE SOULAGES

Distance d'Aurillac : 96 kilomètres.
Distance de Ruines : 15 kilomètres.
Population : 302 kabitants.
Hôtels : Biscarat, Seguy.
Postes : Desservi par le bureau de Vedrines.

Soulages est un petit bourg sans intérêt. Mais en
revanche on trouve près de cette localité trois tumuli,
une crypte gauloise à Montmeyrol et divers fragments de
voie romaine, visibles au Mas et dans le bois de Coudins.

On remarque à Montsuc les ruines d'un vieux château.
Altitude 1001 mètres.

GÉOLOGIE

Cette commune est toute sur gneiss et micaschistes avec
des filons de granulite et quelques monticules basaltiques.

COMMUNE DE VEDRINES-St-LOUP

Distance d'Aurillac : 96 kilomètres.
Distance de Ruines : 15 kilomètres.
Population : 481 habitants.
Hôtels : Broussard, Robert, Vaissier.
Postes : Possède un bureau de poste et télégraphe.

Vedrines est un bourg très important, situé sur les flancs d'un côteau et traversé par la route de St-Flour. L'église contient une nef et quatre chapelles. Le clocher est une tour pyramidale. On voit au village de Margeride un château d'où la vue s'étend sur les montagnes de la Chaize-Dieu.
Altitude : 1044 mètres.

COURRIERS ET CORRESPONDANCES

Un courrier partant de St-Flour à 1 h. 20 du soir, fait le service de Vedrines-St-Loup, où il arrive à 4 h. 10.

GÉOLOGIE

Toute cette commune est sur gneiss et micaschistes avec quelques filons de granulite.

30 JOURS DANS LE CANTAL

INTRODUCTION

Le mouvement de tourisme qui se dessine si nettement depuis quelques années, intéresse d'une façon toute particulière la Haute-Auvergne.

Excursionnistes et voyageurs affluent plus nombreux à chaque saison dans nos charmantes localités balnéaires et autres où les attirent la magique beauté de nos montagnes et le charme profond de nos vallées si pittoresques.

Mais le plaisir des yeux, ne va pas sans une vive curiosité de l'esprit chez ceux à qui les loisirs de la vie permettent de se récréer en promenades instructives et en voyages.

La nécessité s'impose pour eux d'avoir un guide, un indicateur d'un usage pratique et facile, leur offrant sans fatigante recherche, tous les renseignements qu'ils peuvent désirer.

Apprendre au touriste le nom et l'histoire du pays qu'il traverse, les origines du sol et des habitants, lui signaler les merveilles de toute nature qu'il renferme et les moyens les plus simples de les visiter, constitue le dessein de cet ouvrage et en donne l'unique explication.

Aussi bien, le début d'un pareil volume ne peut-il être consacré qu'à l'esquisse des excursions que le visiteur peut faire et qui varient suivant la durée de son séjour dans le Cantal.

Les divisions sont aisées à tracer : en un mois, quinze jours ou une semaine, suivant son désir,

Le voyageur parcourra les divers arrondissements en y examinant au passage les curiosités de tout genre.

Le programme de ces excursions comprend l'indication

des moyens de transport et de communications — voies ferrées, correspondances, voitures, bureaux de postes et télégraphes, des notices complètes sur chacune des communes, sa situation géologique, sa flore, sa faune, ses monuments, ses origines et son histoire. Mais pour éviter de fastidieuses ou monotones redites, l'esquisse de ces promenades à travers le Cantal ne fera que signaler au lecteur les diverses étapes de sa route. Pour les détails qui le concernent il n'aura qu'à se reporter, suivant l'indication des pages, aux notes relatives à chacun des points désignés.

Il semble bien que ce soit la meilleure méthode, la plus rapide et la plus sûre pour apprendre aux étrangers combien notre département renferme d'innombrables merveilles.

Il est bon et utile de renseigner les touristes sur les prix des hôtels et des voitures. Ils pourront de cette manière savoir à peu de chose près ce qu'ils auront à dépenser dans leurs excursions.

Dans les villes le prix des hôtels est en général de 7 fr. par jour avec chambre, dans les localités de moindre importance on donne 6 fr. par jour coucher compris.

Le prix des voitures est à peu près le même dans tout le département.

Il faut dix francs pour avoir une voiture à un cheval et 15 francs pour deux chevaux (faire son prix avant).

TRENTE JOURS DANS LE CANTAL

1er Jour.

Aurillac et les environs.

Voir Aurillac, page 8.

2e Jour

D'Aurillac à Mandailles. Coucher.

Départ en voiture à 7 heures du matin. On voit avant d'arriver à St-Simon le château de Fabrègues, plus loin sur

la droite à mi-coteau, le joli château de Mazic et enfin un
peu plus loin, sur la route, la belle habitation du Martinet.

A St-Simon deux choses à voir, l'église et un superbe
Sully. Après le bourg, sur la gauche, on remarque le
château de Lalaubie, quelques minutes, et on traverse le
village de Belliac, patrie de l'illustre Gerbert, premier
pape français, sous le nom de Sylvestre II. A peu de
distance et sur la gauche le vieux château d'Oyer; en
face, le charmant village de Rouffiac, puis les villages de
Lestrade et de Clavières. Mousset-Fracor avec son
rocher et sa grotte du huguenot, d'où l'on aperçoit le joli
bourg de Velzic où on ne tarde pas à arriver. On traverse
ensuite les villages de Bouygues et de Jaulhac et l'on
arrive à Lascelles qui possède une église byzantine
remarquable.

Avant d'arriver à St-Cirgues, situé dans un admirable
paysage, on voit un pont construit sur un précipice, plus
loin que St-Cirgues, au 18e kil. 600, se trouve le Saut de
la Menette et au 21 kil. on peut voir les cascades du
Chaumeil, ensuite on parvient à St-Julien. Un peu avant
le bourg, on trouve deux sources d'eaux minérales très
agréables. Enfin, on touche au but et on arrive à Mandailles. Il y a deux bons hôtels : Dolly et Hervieux.

Après déjeuner, il faudra visiter l'église qui est très
belle et plusieurs cascades surtout celle de Liadouze.

3e Jour

Ascension du Puy-Mary, retour et coucher à Aurillac

Partir entre 4 et 5 heures du matin, trois heures suffisent, en général, pour arriver au sommet. Vue magnifique,
panorama indescriptible, sept vallées rayonnent du pied
de cette montagne. Il faut deux heures pour descendre à
Mandailles, dîner à midi, départ à 4 heures, retour à
Aurillac à 6 heures du soir.

Cette excursion est l'une des plus belles que l'on puisse
faire en partant d'Aurillac.

4e Jour

D'Aurillac à Raulhac, Carlat. Retour et coucher à Aurillac

Départ d'Aurillac en voiture à 6 h. du matin. De la
route, en face La Ponétie, on voit, sur la gauche, la gra-

cieuse petite vallée de Mamou, où se trouvent les châteaux de Vayrac et de Vaurs. Le premier chef-lieu de commune que l'on rencontre est Arpajon, joli bourg admirablement situé. Son église, de style Lombard, a été restaurée depuis peu ; après l'avoir visitée, 2 kil. plus loin, on aperçoit, sur la gauche, le château de Carbonat. Après avoir abandonné la route qui va au superbe château de Caillac, on trouve les villages de Louradou et de Cavaillon et on arrive à Vézac, bourg charmant, adossé à une montagne, église très ancienne. Puis on arrive au château de Cabanes, d'où l'on distingue le rocher de Carlat. La descente est assez rapide et la côte assez raide pour parvenir à Carlat que l'on traverse. On ne tarde pas à atteindre le village de Montal après lequel on traverse le village de Loubejac et après un grand circuit on trouve le village de Galbospeyres, on passe près de Lagarde et de Goal et on arrive enfin à Raulhac, bourg important. Son église remonte à une haute antiquité, le clocher est formé par une tour carrée. On trouve dans cette église une précieuse adoration des Mages.

La principale attraction de cette excursion est le château de Cropière qui a appartenu à la célèbre duchesse de Fontanges ; à voir la chapelle et les appartements de la célèbre courtisane dont l'ameublement a été conservé.

Hôtel : Rouchez.

On voit à Messillac un château situé sur un rocher escarpé.

Après avoir contemplé ce qu'il y a de curieux à voir à Raulhac et aux environs, le touriste pourra déjeuner et partir ensuite pour visiter Carlat et son rocher.

L'église de Carlat a été construite par les soins d'Anne de France, vicomtesse de Carlat, au commencement du XVIᵉ siècle. On y remarque les armes de cette princesse qui y sont sculptées à la clef de voûte. Il s'y trouve également une inscription relatant l'ordre donné par Sully de faire raser le château de Carlat. Visite au rocher, superbe table basaltique sur laquelle se dressait le formidable château dont il ne reste que quelques traces, et un superbe Sully sous lequel on pourra se reposer et admirer un magnifique panorama.

Hôtel : Semeteys.

L'heure propice du départ est 4 heures, si l'on veut être de retour à Aurillac à 6 heures pour le dîner.

5e JOUR

Excursion d'Aurillac à St-Cernin, Tournemire, St-Projet. Coucher à La Bastide.

On part en voiture à 5 heures du matin. On trouve successivement Lascanaux et les Quatre-Chemins ; au 5e kilomètre, sur la droite, la belle habitation de Monthéli près le bourg de Naucelles, où subsiste une vieille tour carrée.

Après l'avoir dépassée on distingue, sur la droite, le bourg de Reilhac, arrêt à Jussac, bourg d'aspect agréable, possédant une église ancienne, et une chapelle dite d'Hauterive. En contournant sur la droite au 12e kilomètre on remarque les châteaux de Limagne et de Nozières, le hameau de Cauthrunes, les villages d'Apcher et de Fonbulin, plateau sur lequel on parvient, on y voit se dessiner très nettement le vieux château de Tournemire. La route traverse la petite ville de St-Cernin ; belle église byzantine qui renferme des stalles d'un travail remarquable. On part de St-Cernin et après avoir contemplé la tour de Marze on prend la route de Tournemire par St-Martin-de-Valois, sur laquelle on rencontre le village de Cros et le château de Fossanges. L'on aperçoit à nouveau, sur un rocher à pic, les quatre tours du château de Tournemire. A voir le château renfermant les portraits de famille, des peintures murales et de belles tapisseries. L'église est assez remarquable et vaut qu'on la visite.

Départ de Tournemire, la montée se continue jusqu'au village de Vieillespères Après avoir dépassé le Bousquet et près du village de Frigiviale, on voit deux énormes rochers qui rognés par la base ressemblent à deux gigantesques champignons. A quelque distance de là se trouve situé un bois très ombragé sillonné de petits cours d'eau, formant de miniscules cascatelles, jaillissant entre des rochers tapissés de mousse, un vrai décor d'églogue antique. Après quelques instants de marche on entre à St-Projet, bourg admirablement situé dans la superbe vallée de la Bertrande. Son église est ancienne et remarquable.

En quittant St-Projet, on gravit la côte jusqu'au village de St-Georges où la rivière est très encaissée et forme une gorge effroyable à voir. On suit la route à gauche jusqu'à ce qu'au sommet on rencontre une croix placée à l'embranchement de deux chemins, celui de droite conduit à la Bastide et celui de gauche à Fontanges.

De cet embranchement on aperçoit dans le fond de la vallée le village du Rouffet et à mi-coteau le bourg du Fau. Quelques instants après on arrive à la Bastide, dont le meilleur hôtel est celui tenu par M. Coubladou.

6e JOUR.

La Bastide, le Bois noir, le Faux, coucher à Fontanges.

La Bastide est un village admirablement situé, on peut le considérer comme un centre d'excursions très intéressantes. Fontaine minérale intermittente, cascade du Pissat del Coin, belles grottes à Peyre del Cros. rivière très encaissée formant des abîmes qui, regardés du haut des falaises donnent le vertige. Forêt du Bois noir avec des sites superbes. Retour à la Bastide pour déjeuner, départ vers 4 heures pour Fontanges.

7e JOUR.

Fontanges, St-Paul-de-Salers, coucher à Salers.

Départ de la Bastide à 4 heures, on rencontre d'abord le bourg du Fau étagé de l'autre côté de la montagne, puis on traverse le village du Rouffet et on descend cette magnifique vallée de Fontanges. Tout d'abord Scilhol, la cascade de Cuzol-Haut et curiosité à voir Cuzol-Bas, village enseveli sous des rochers énormes, quelques maisons sont adossées à ces rochers, d'autres, ne laissent entrevoir que les cheminées qui émergent. Il s'y trouve aussi

des rochers bizarres, dont quelques-uns de vrais monolithes, ont l'air de surgir de terre, d'autres ressemblent à
des obélisques.

Peu à peu la vallée devient moins sauvage, et s'élargit
laissant l'Aspre couler paisiblement.

On parvient à Fontanges qui est presque petite ville et
qui possède un château ayant appartenu à la famille de
Marie-Angélique de Scorailles Duchesse, de Fontanges.
L'église renferme un superbe maître-autel et une chaire en
belle serpentine, et enfin on trouve un superbe rocher isolé
sur lequel on a placé une vierge qu'on voit de fort loin. Puis
le château de Palmont qui dresse ses tours à quelques
minutes de l'embranchement de la route de Salers. A mi-
coteau le château de la Pierre et sur la droite St-Paul-de-
Salers. On peut admirer près du bourg une magnifique
cascade formée par un ruisseau venant du Puy Violent.
A Couderc, la Maronne se précipite d'une hauteur de
35 mètres et forme une des plus merveilleuses chutes
d'eau du Cantal. Près de là, à Chaumeil, se trouve une
source d'eaux minérales. St-Paul est un petit bourg à
4 kilomètres de Salers, l'église est romane. Puis on monte
à Salers.

Hôtels : Faure, Espinasse.

8ᵉ JOUR

*Visite de Salers. — Excursion à la cascade de Salins. —
Coucher à Mauriac.*

Salers est une véritable ville moyen-âge admirablement
conservée. La place avec maisons à tourelles en donne une
illusion parfaite. A voir la promenade de Barrouze, la
maison de Bargue, l'église édifice ogival du xiiiᵉ siècle ;
elle renferme un saint Sépulcre très beau ainsi qu'un
tableau l'adoration des mages que l'on attribue au peintre
espagnol Ribera.

Après déjeuner, départ pour Salins en voiture.

Loueurs de voitures : Chabeaud, Juillard.

Lorsqu'on a dépassé l'embranchement de la route d'Anglards, à 1 kilomètre sur la gauche, on trouve la tour de

Leybros, jadis donjon féodal, et l'on arrive à St-Bonnet. C'est un bourg situé sur les plateaux à 5 kilomètres de Salers ; son église est du xiii° siècle et a été réparée depuis peu. On voit encore de beaux villages. Non loin de Saint-Bonnet se trouve le château de Roche où est né Tissandier d'Escoux qui a créé et fait connaître la race bovine de Salers.

Sur la route de Drugeac, joli bourg, station de la ligne de Mauriac à Aurillac. Eglise gothique très belle. Dans le cimetière à remarquer une croix superbe et un Sully. Ce bourg est à 9 kilomètres de Mauriac.

Hôtels : Chanut, Taxé.

On se dirige toujours en voiture sur Salins qui n'est pas très éloigné. La cascade, une des plus belles du pays, est au bord même de la route, tout à côté une fontaine très curieuse, on la nomme la Fontaine des Druides. Le bourg est à 1 kilomètre assis sur la pente d'une vallée. Son église est petite mais bien ornée.

Hôtel : Pallat.

Une demi-heure après avoir visité la cascade qui est à 6 kilomètres de Mauriac, on arrive dans le chef-lieu d'arrondissement.

Hôtel : Aussandon.

9e JOUR

Mauriac, les environs. — Excursion aux bords de la Dordogne. — Coucher à Mauriac.

Parmi les monuments les plus remarquables à visiter on cite d'abord Notre-Dame-des-Miracles classée parmi les monuments historiques, le Tribunal, la Sous-Préfecture, l'Hospice le Collège, l'obélisque qui orne le cours Monthyon. On remarquera plusieurs maisons particulières qui sont construites avec beaucoup de goût.

Après déjeuner prendre une voiture.

Loueurs de voitures : Bancharel, Decelle.

Pour aller voir les bords de la Dordogne qui sont très
curieux. On aperçoit en passant un cone basaltique sur
lequel se trouve les ruines encore imposantes et très
curieuses du château-fort de Mirémont qui commandait
la vallée de la Dordogne. A visiter le village de Cheix qui
domine les bords escarpés de la Dordogne. Retour à Mauriac, 4 heures suffisent pour faire cette promenade. Coucher à Mauriac.

10e JOUR.

Excursion de Mauriac à Pleaux par Escorailles, Ally.
Retour et coucher à Mauriac.

On part en voiture à 6 heures du matin, à voir au pont
d'Auze, les sites magnifiques des gorges de la rivière
d'Auze : près du Pont une fontaine minérale ferrugineuse.
On arrive à Escorailles où l'on peut visiter le château, le
tombeau du consul Scaurius, un camp romain. On aperçoit derrière l'église, les ruines d'un château fort. Un peu
plus loin on trouve le bourg d'Ally. On remarque dans
l'église une belle chasse du xiiie siècle, la corniche de
l'église est ornée extérieurement de figures d'hommes et
d'animaux. A signaler le château de la Vigne, composé
d'un corps de logis flanqué de deux tourelles rondes, il a
été construit en 1550. Ally est à 10 kilomètres de Mauriac
et à 9 kilomètres de Pleaux.

On suit toujours la même route et on passe près du
bourg de Barriac, puis au village de Bouvals et l'on arrive
à Pleaux qui est une petite ville très commerçante, située
dans une plaine fertile.

Hôtel : Bastide.

On pourra y visiter l'église, le petit séminaire construit
par les Carmes et l'hôtel-de-ville qui est assez beau. Aux
environs le village d'Enchanet où l'on conserve une statue
de la vierge, objet de nombreux pèlerinages, et Pleaux
Soubeyre où il existe des souterrains. Une heure 1/2 suffisent pour le retour à Mauriac.

11e Jour.
De Mauriac à Trizac, Riom-ès-Montagnes.
Coucher à Bort.

Départ en voiture de Mauriac à 6 heures du matin. Un quart d'heure après on arrête au gracieux bourg du Vigean, dont l'église byzantine à nef ogivale est remarquable. Dans les environs, on trouve les traces de ruines gallo-romaines. Pour aller du Vigean à Moussages, la distance est courte.

Le chef-lieu se voit bientôt sur le revers d'une montagne. Son église est ancienne et doit remonter au xiie siècle. A une petite distance du bourg, sur la route, près du village de Bessonies, se trouve le hameau de Valans, qui possède un château féodal encore debout, mais inhabité depuis longtemps. On parvient à Trizac, bourg très important, distant de 23 kilomètres de Mauriac. Son église, de style roman est très belle. A voir tout près, sur la hauteur, une source qui ne coule qu'à de longs intervalles et que l'on nomme Font-Boudoire.

Aux villages de Chayrouse, de Licuchy, de Laurichesse, et de Fontrouge, subsistent encore les traces d'antiques manoirs. Près de Ternat au haut d'un monticule, se trouve la tour carrée de Peyrol. Enfin, dans les bois de Marlhou, les traces d'une cité gauloise nommée Cotteughe.

Hôtel Bouchy.

Après avoir parcouru cet immense plateau de Trizac, on descend dans une belle plaine où se trouve Menet et son lac. On passe près du château de St-Angeau et on arrive à Riom-ès-Montagnes pour y déjeuner:

Hôtels : Roche, Serre, Laumond.

Riom est une charmante localité, admirablement située dans une belle et fertile vallée. Son église est un édifice fort remarquable, le corps de cette église est d'architecture romane, le clocher est couronné par des créneaux. La ville a été autrefois ceinte de murs et de fossés.

On part de Riom, par le courrier, pour Bort à 3 h. 20 du soir où l'on arrive à 3 h. 50.

Hôtel : Amblard.

12e Jour

Bort, Saignes, Ydes, Champagnac. Coucher à Bort

Bort est une ville déjà importante, très heureusement placée sur les bords de la Dordogne et au pied de cette belle montagne phonolitique que l'on nomme les orgues de Bort. Pour faire cette agréable excursion, on peut partir par les trains de 5 h. 34 du matin pour Champagnac, à voir son église de style romano-bysantin, les mines de houille. Aux villages de Beringer et Moulergues. on a trouvé des médailles romaines. Après déjeuner prendre le train de 3 h. 27 et à 3 h. 46 on est à Ydes un petit bourg. Son église est une des plus curieuses du Cantal, elle est classée parmi les monuments historiques, elle date du XIIe siècle, les Templiers la gardèrent jusqu'à 1313.

Il y a aux environs d'Ydes plusieurs tumuli, le plus remarquable est celui du Suc des Demoiselles qui se trouve à 2 kil. du bourg. On remarque aussi la tour du Chatelet, construite en 1448. On trouve encore au village de Lagarde une pierre isolée, dite Pierre de la Justice, de nombreuses histoires et légendes ont été écrites au sujet de ce monument.

On pourra ensuite aller visiter le chef-lieu du canton, Saignes, qui se trouve à 2 kil. Saignes est un bourg bien bâti. Son église est fort ancienne, une partie est romane et l'autre ogivale. On trouve aux villages de Chécurières, la Guillaumette, Rampeneg e et Vialle, des restes d'habitations et des vestiges gallo-romains. A Peyre, le château du comte de Sartiges.

On revient à Ydes pour prendre le train à 7 h 55 et à 8 h. 12 on est de retour à Bort.

13e Jour

Bort et les environs. — Madic. — Cascade du Saut de la Saule. — Coucher à Champs.

Après avoir visité cette jolie petite ville de Bort, on devra aller examiner de plus près les orgues de Bort. On prendra ensuite une voiture pour se rendre à Madic et y admirer un joli lac qui a une étendue de 15 hectares et

les ruines du château-fort de Madic, qui était en 1455 la
résidence de l'illustre famille de Chabannes. L'église est
du XVe siècle.

De Madic on se dirige vers la cascade du Saut de la
Saule qui est admirable, puis on rentre à Bort et après
diner on prend le courrier à 9 h. du soir pour aller
coucher à Champs.

Hôtels : Estève et Tissandier.

14e JOUR

Champs, le Lac de la Crégut, le Cournilloux.
Coucher à Condat.

Champs est un bourg bien bâti, assis dans une plaine
gracieuse, son seul monument remarquable est l'église,
du style gothique, elle est surmontée d'un clocher
hexagonal.

Après l'avoir visitée on doit partir en voiture en empor-
tant ses provisions si l'on veut déjeuner sur les bords du
lac. Dans le cas contraire on quitte Champs vers 6 heures
du matin pour se rendre au superbe lac de la Crégut qui
a 4000 mètres de tour et 35 mètres de profondeur ; de là
on gagne le Cournilloux pour y déjeuner. On verra en
traversant le bourg de Trémouille une belle église, gracieux
édifice du style ogival.

Après déjeuner on peut admirer plusieurs cascades et
les bords de la Rhue qui sont ravissants ; car rien de plus
enchanteur, plus séduisant que cette vallée du Cournilloux !
Après diner on prend le courrier de Bort à Neussargues,
qui, à 11 heures du soir, traverse Condat où l'on arrive à
1 heure du matin. Voir page 187.

Hôtels : Gaminet, Valentin.

15e JOUR

Condat, Marcenat, Allanche. — Coucher à Allanche.

Le lendemain matin il faut visiter Condat et les environs.
Condat est un gros bourg que l'on pourrait appeler une
petite ville, il est situé au confluent de la Rhue et de la
Santoire. L'église, construite depuis peu, est un bel édifice.

On trouve aux environs de Condat quelques curiosités naturelles, entr'autres le lieu appelé Saoto-Bedel, puis une pyramide basaltique très originale connue sous le nom de Roche pointue.

A La Chapelle du pont des Taules se trouve une ancienne chapelle vénérée par de nombreux pèlerins, et enfin dans le bois de Gaule existe une fontaine pétrifiante.

Voir en passant à Feniers un ancien monastère.

L'excursion se continue en prenant une voiture (loueurs de voitures, Couderc et Gernudet) pour se faire conduire à Marcenat qui n'est qu'à 9 kilomètres où l'on déjeunera.

Hôtels : Bafoil, Girard.

Marcenat est une petite ville agréablement située sur un plateau élevé (1014 mètres) qui se trouve au pied du mont Flac. L'église à trois nefs est remarquable.

Au village d'Aubijoux on voit un superbe château qui a donné son nom au village et qui appartient au marquis de Castellane.

Au Saillant, le touriste peut voir une magnifique cascade.

Prendre ensuite une voiture et aller dîner à Allanche.

Hôtels : Corgnes, Magne.

Allanche est une ancienne ville fortifiée ainsi qu'en attestent les anciens murs que la rivière vient baigner. A examiner les portes de la ville, le château de Cheyladez, ainsi que l'église qui est très ancienne, la chaire est en pierre artistement travaillée. On prend ensuite le courrier qui passe à Allanche vers 4 heures du matin et arrive à Neus-argues à 6 heures pour y prendre le train qui part à 7 h. 5 et entre en gare de Massiac à 7 h. 49.

16e Jour

Massiac, Neussargues. — Coucher à St-Flour.

Massiac est une charmante petite ville autrefois fortifiée. Trois portes y donnaient accès et chacune d'elle était flanquée d'une tour.

Hôtels : Gilbert, Monnier.

L'église remonte à une haute antiquité.

On devra aller visiter la chapelle Ste-Madeleine, placée

sur un sommet basaltique, et en face sur un rocher de même composition géologique, l'oratoire St-Victor. Dans ces rochers sont creusées plusieurs grottes et une belle caverne qui ont motivé certaines légendes telles que celles de St-Victor et de Ste-Madeleine. Sur le rocher de St-Victor subsistent quelques traces de constructions gallo-romaines. A Ouches, on a découvert des mines d'antimoine, actuellement exploitées. Après avoir visité Massiac et les curiosités des environs, on prend le train de 4 heures 5 du soir et l'on revient à Neussargues à 5 h. 1. Neussargues est une gare qui dessert la compagnie d'Orléans et la compagnie du Midi. On y trouve un bon buffet et de bons hôtels : Rodier, Celier, Pichot, Hugon. Près de la station de Neussargues on remarque des abris sous roche qui datent de l'époque quaternaire. Aux environs les châteaux du Cheylat et de Moissac. Le train de 9 heures 55 du soir vous conduit à St-Flour, ou l'on parvient à 10 h. 37 du soir : hôtels Courtiol, Auriac, Hugon, Oudoul, Sudre; loueurs de voitures : Boulard, Brassac, Felgères, Goutharel et Roche.

17e Jour.

St-Flour, cascade et château du Sailhans.

St-Flour, la ville noire, est une ville qui, par son importance et sa population est la seconde du département, elle est le siège de la cour d'assises et de l'évêché. Les monuments à voir sont : la cathédrale, l'évêché, le palais-de-justice, l'hôpital, le grand séminaire, le petit séminaire, l'église de la paroisse où l'on remarque un tableau du Dominiquin, la sous-préfecture, la maison d'Agnès Sorel, la fameuse favorite de Charles VII et celle du poète du Belloy ; le couvent de la Visitation où l'on voit un tableau représentant la nativité de Notre-Seigneur, de Lombard deux autres tableaux peints par Philippe de Champaigne. On cite encore la chapelle de Frédières, célèbre par ses miracles.

St-Flour. possède en outre, une promenade splendide et la petite place près de la cathédrale qui domine, à pic, le faubourg.

Dans les environs, on devra visiter le château de Chaumette, et près de Freyssinet un menhir gaulois. Au Sailhans on pourra voir la cascade et le château restauré par le financier Mary-Reynaud.

18e Jour.

Ruines, Garabit. — Retour à St-Flour.

Départ pour Ruines par le train de 9 h. 27, arrivée à 9 heures 45. Ruines est un chef-lieu de canton situé dans une plaine assez étendue. Son église est d'architecture moderne. On trouve à Beauregard des monticules que l'on croit être des monuments celtiques. On voit aux environs deux châteaux, l'un à Laprade et l'autre à Ligonet. Hôtels : Duverny et Meyre; loueur de voitures Duverny. On peut aller ensuite à Garabit soit en voiture, soit à pied (distance 4 kilomètres). Garabit est célèbre par le fameux viaduc sur lequel passe la ligne ferrée de Neussargues à Béziers. C'est le pont le plus haut du monde (122 mètres), la longueur est de 554 mètres. La partie la plus originale de cette colossale construction métallique est l'arche unique qui soutient le tablier du pont et ne mesure pas moins de 125 mètres d'écartement. Les travaux ont été exécutés par la maison Eiffel sur les plans d'un jeune ingénieur de beaucoup de talent, M. Boyer, mort malheureusement quelque temps après à Panama. Voir page 238.

On trouve à Garabit l'hôtel Mascombas où l'on prépare fort bien les excellentes truites de la Truyère.

Non loin de Garabit, sur le sommet du Puy Barry, on trouve une station préhistorique et en remontant le ruisseau de l'Arcoing on voit la pierre branlante dite de saint Marc. On rentre à Saint-Flour soit par le train de 4 h. soit par celui de 7 h. 50. (Durée du trajet 29 minutes.)

19e Jour

De St-Flour à Chaudesaigues. — Coucher.

Départ de Saint-Flour à 11 heures du matin pour arriver à Chaudesaigues à 2 h. 1/2 du soir. Voir en passant Les Ternes dont les maisons s'étagent autour d'un vieux manoir du xve siècle.

Chaudesaigues est une ville curieuse qui occupe une

vallée étroite très encaissée, ayant la forme d'un entonnoir, Ses sources d'eaux chaudes étaient connues des Romains qui y avaient établi des Thermes.

En hiver, les habitants chauffent leurs habitations avec cette eau qu'ils dirigent au moyen de canaux.

L'église a deux styles d'architecture différents. V. page 210

Hôtels : Ginesty, Abrial.

Loueurs de voitures : Mirabal, Ruom, Courtial.

Prix des voitures : 2 places. 15 fr ; landau, 2 chevaux, 18 fr.

A voir aux environs Notre-Dame de la Pitié, la porte d'Enfer, le rocher de Gibraltar, le Saut de la Chèvre, la cascade de Gourguetut, le Pradel, les châteaux du Caufour et du Montvallat et la vallée de la Truyère.

20ᵉ Jour

Cote de La Nau, Cordesse, Neuvéglise. — Coucher à Pierrefort.

Prendre à Chaudesaigues une voiture qui devra partir à 1 heure du soir, s'arrêter à la côte de la Nau et le Saut du Loup, pour contempler des précipices au fond desquels gronde un torrent. On arrive à Cordesse où l'on quitte la route de St-Flour pour prendre celle de Neuvéglise qui va à Tagenac rejoindre la route de Saint-Flour à Pierrefort. Neuvéglise est tout près de Cordesse. C'est un gros bourg, son église est très ancienne. On voit à Rochegonde les ruines d'un vieux château, on passe à Tagenac où se trouve une église, puis on se dirige sur Gourdièges qui est un petit bourg n'ayant rien de remarquable, si ce n'est les ruines du vieux château de Gourdièges. Pierrefort n'est distant de là que de 5 kilomètres.

Hôtels : Riom, Baduel, Rouchez et Fournier.

Loueurs de voitures : Baduel, Riom.

21ᵉ Jour

Pierrefort, Paulhac, Valuéjols. — Coucher à Murat.

Pierrefort est une petite ville en amphithéâtre et s'étendant dans la vallée. L'église qui se rapprochait de l'enceinte de l'ancien château est hors de la ville et la domine en entier. Le style de la nef avoisine le bysantin et le chœur appartient au gothique.

On trouve un château à Fontès et un autre au Meynial. A Souillard existe un château d'architecture toute moderne. C'est la patrie du célèbre agronome Richard du Cantal.

On doit déjeuner à 11 heures et prendre le courrier de Pierrefort à Murat, qui part à 11 h. 1/2 et arrive à Murat à 4 heures. On passe par Paulhac, un bourg assez important, situé dans la plaine et adossé à la montagne nommée Puy de Marcou. Son église est très ancienne. On trouve à Belinay un château du XIVe siècle. Au Chambon un autre château construit sur un monticule et au Jarry un autre ayant une tour très élevée On se dirige sur Valuéjols qui est un bourg situé sur un plateau élevé. Son église est remarquable, on voit les restes d'un vieux château. A Lescure, on remarque une chapelle, célèbre par les pélerinages que l'on y fait chaque année. On quitte Valuéjols et en moins de 1 h. 1/2 on est arrivé à Murat.

Hôtels : Doly et Gauvin.

Loueurs de voitures : Duchamp, Gauvin, Lestang et Parra.

22e Jour

Murat. — Ascension du Puy-Mary par Dienne
et Lavigerie en voiture.

Cette ascension du Puy-Mary, ne présentant aucune difficulté, je l'indique ici pour les touristes que les longues marches pourraient fatiguer et surtout pour les dames. Les fervents alpinistes pourront faire cette ascension soit par le Lioran, soit par Mandailles.

Murat est une petite ville, chef-lieu d'arrondissement, assise au pied du massif central, presque sur les bords de l'Allagnon, elle est ceinturée de deux montagnes basaltiques, sur l'une desquelles se dresse, à 150 mètres au-dessus de la ville, une belle statue de la Vierge. Sur l'autre, moins élevée, se trouve la belle et curieuse église de Bredons. Mais le lendemain de son arrivée, le touriste aura tout le temps voulu pour visiter Murat et ses environs. Les premières heures doivent être consacrées à l'ascension du Puy-Mary.

Après s'être muni des provisions nécessaires pour déjeuner au pied du puy Mary, on part à 7 heures et l'on monte le vallon de la Chevade jusqu'à la rencontre du plateau qui sépare l'Allagnon de la Santoire. On ne tarde pas à apercevoir la riante vallée de la Santoire au fond de laquelle se masse le joli bourg de Dienne, exactement au pied des puys du Limon.

A quelque distance se dresse le rocher de Queille (1264ᵐ) d'un effet très imposant, sur lequel existait jadis un temple consacré à Diane. On ne tarde pas à arriver à Dienne qui est un bourg admirablement situé. Son église est byzantine et remonte au XIIᵉ siècle. On quitte Dienne, la route court au flanc de la montagne. A droite les ruines du château de Dienne. On rencontre d'innombrables ruisseaux et parfois sur les tons noirs des rochers, se détache nettement le ruban argenté de capricieuses cascades. On parvient au bourg de Lavigerie qui occupe les mamelons supérieurs du Puy-Mary et se trouve blotti dans un étroit vallon que baigne la Santoire. Son église est petite et isolée du bourg.

On arrive enfin à la cabane du cantonnier et l'on suit la route qui semble faire un suprême effort pour grimper au col de Peyrol (1582ᵐ). Des arêtes de la montagne qui descend en droite ligne au pas de Peyrol, le touriste sera en 30 minutes au Puy-Mary.

Le sommet de cette montagne offre le plus splendide panorama qui puisse se dérouler aux yeux du spectateur, on ne voit que pics aigus, cimes déchiquetées, arêtes vives, aiguilles élancées, se découpant en lignes étranges sur l'opale des cieux, teintés de couleurs vermeilles, grises, bleuâtres, avec des effets d'ombre et de lumière à ravir un peintre.

A des profondeurs vertigineuses, de vastes cirques et des vallées s'ouvrent ayant pour assises les contreforts de la montagne, et l'œil ébloui compte, éparpillées dans la verdure, les maisons de Mardailles dont le clocher dessine la silhouette de sa flèche aiguë. Le joli bourg de Dienne apparait aussi comme une oasis au milieu du désert.

De toute part on contemple des points fauves faisant tàche sur les montagnes. Ce sont les innombrables troupeaux de vaches qui viennent paître pendant 4 mois de l'année les herbes odoriférantes et dont le tintement des clochettes vient encore donner sa note à ce splendide spectacle.

Après le déjeuner fait soit au pas de Peyrol, soit sur le puy Mary, on pourra rentrer à Murat pour y dîner.

23ᵉ JOUR

Murat, Bredons, Laveissière. — Coucher au Lioran.

Après avoir visité l'église, la mairie, la sous-préfecture, la meilleure promenade à entreprendre est de tenter l'ascension du rocher de Bonnevie, du haut duquel on voit se dérouler un magnifique panorama. On remarquera les jolies colonnes basaltiques de ce rocher. On peut visiter ensuite la vieille et superbe chapelle de Bredons classée parmi les monuments historiques. Voir page 158.

Après le déjeuner se rendre au Lioran en voiture (en passant on remarque le château d'Anteroche), plus loin le bourg de Laveissière qui se trouve heureusement placé dans la vallée de l'Allagnon Sur un monticule peu éloigné du bourg se trouvent les ruines du château de Combrelles. L'église est de construction récente.

A Fraysse-Haut existe des galeries d'où l'on retire du lignite Il faut aller voir aussi une grotte formée de 3 étages reliés par des escaliers intérieurs et comprenant à chaque étage plusieurs compartiments taillés au ciseau.

Cette grotte fut, dit-on, l'ermitage habité par saint Calupan, l'un des premiers apôtres de l'Auvergne. On trouve un peu plus loin la cascade de Roche-Taillade et on arrive à cet autre Chamonix que l'on nomme le Lioran, où l'on trouve un hôtel confortable tenu par Mme Ninard. Voir page 167.

24e JOUR

Ascension du Plomb du Cantal. — Promenades dans les environs. — Coucher au Lioran.

Pour faire cette ascension il faut partir du Lioran à 7 heures du matin. On verra en passant le magnifique tunnel sous lequel s'engage la route et connu sous le nom de Percée du Lioran. Il est le premier tunnel qui ait été fait en France. Après l'avoir contourné sur la droite, le touriste se trouve en pleine forêt, au milieu de sites réellement beaux. On doit suivre le chemin de gauche qui conduit au col des Saignes, longer cette clairière et au bout, toujours à gauche, entrer sous bois en suivant le chemin qui va de lacets en lacets jusqu'aux burons de Ramberter. On suit le sentier, le sentier conduit à la montagne au sommet de laquelle s'érige le Plomb du Cantal. (La section du Club alpin français a fait planter des poteaux indicateurs). Le Plomb du Cantal ressemble à une énorme brioche qui aurait 1858 mètres ; du sommet le panorama est superbe et l'horizon immense, limité à l'est par les monts de la Margeride, au sud par les Pyrénées et au nord par le Mont-Dore et le Puy-de-Dôme.

Si l'on veut bien profiter de cette ascension il faut être sur le Plomb, le soir, un peu avant le coucher du soleil, où les monts frémissants de lumière semblent se pâmer dans une extase de rayons flamboyants, où le soleil dans une transparence d'or pâle descend derrière les rochers soudainement assombris. C'est alors que l'horizon aux transparences de mourantes couleurs donne au spectateur un coup d'œil vraiment grandiose par la vue des monts Dore, du Puy-de-Dôme et des capricieuses dentelures des Pyrénées. C'est certainement un des plus beaux phénomènes du mystère des c'artés.

Après avoir longuement contemplé ce panorama grandiose, on reprendra le chemin du Lioran. Une heure suffit pour en accomplir la descente.

Dans la journée on pourra aller se promener dans les bois et y chercher les fraises et les framboises qui y sont délicieuses, puis aller voir quelques ravins, surtout celui de la Croix qui est très beau.

25ᵉ Jour.

Ascension du Griou où du Puy-Mary.

Pour faire l'ascension du Puy-Mary, si le touriste ne l'a déjà tentée en partant de Murat, on devra partir à 4 heures du matin. On se dirigera jusqu'au tunnel que l'on contourne à droite et à 150 mètres plus loin se trouvent deux chemins, l'un, celui de gauche, conduit au Plomb du Cantal, c'est celui de droite que l'on doit prendre et on le suivra sur un parcours d'environ 400 mètres jusqu'à ce qu'il rejoigne la vieille route dans laquelle on s'engage jusqu'à la Font de Cère. Un poteau indicateur est p'acé au commencement du chemin que l'on doit suivre jusqu'au Col de Rombières. Arrivés là, ceux qui désirent aller au Puy-de-Griou devront prendre à gauche et se tenir à la hauteur du col en suivant le sentier qui y conduit; après avoir contourné la montagne sur le flanc de laquelle on se trouve, on ne tarde pas à apercevoir le Puy-de-Griou qui se dresse en face.

Ceux, au contraire, qui voudront gagner le Puy-Mary, devront suivre les pentes du Puy de Bataillouze, traverser le Col de Cabre, passer au Puy-de-Peyrearse, franchir la brèche de Roland pour arriver enfin au sommet du Puy-Mary. Il faut 4 heures environ pour faire cette ascension. On peut revenir au Lioran dans 3 heures.

26ᵉ jour

Du Lioran à Vic en voiture. — Coucher à Vic.

Dans la matinée, on peut parcourir les environs du Lioran qui n'ont pas été vus la veille, et après déjeuner prendre la voiture commandée pour se rendre à Vic.

Loueurs de voitures : Vialette, Cayrols.
Hôtels : Vialette, Cayrols, etc.

En passant, on peut se rendre compte des nombreux travaux d'art exécutés par la Compagnie d'Orléans. On arrive à Saint-Jacques où rien de remarquable n'est à voir, si ce n'est la beauté du paysage. Entre St-Jacques et Thiézac on rencontre sur le bord de la route le Pas de Compaing, abîme épouvantable où s'engouffre la rivière. Un peu plus loin, sur la droite, au hameau de Malbec, on trouve une belle cascade. On parvient à Thiézac qui est un gros bourg bien situé. Son église est ogivale et assez belle. On se remet en route et on arrive bientôt en face d'une belle cascade et du Pas de la Cère à la visite desquels il faut consacrer la journée du lendemain. Puis on pénètre dans la charmante petite ville de Vic-sur-Cère, la reine de nos stations balnéaires. Voir page 85.

27ᵉ JOUR

Vic et ses environs. — Coucher à Aurillac.

Le lendemain, après avoir visité l'église, la maison des princes Grimaldi, de Monaco, originaires de ce pays, le casino, la magnifique habitation des Murat-Sistrières, et enfin l'établissement des eaux de Vic auquel la ville doit son renom de prospérité, on devra aller au Pas de la Cère et voir un peu plus haut la cascade de la Roucole.

Au pont de Fournol on remarque un torrent qui court de cascade en cascade au milieu de rocs basaltiques et va former un peu plus loin une superbe chute. Puis au 23 kil. 200 on trouve sur la droite un sentier qui conduit au Pas de la Cère. On remonte ensuite reprendre la route et au 23 kil. 600 on prend encore un petit sentier, toujours à droite, qui conduit à un rocher du haut duquel on contemple une des plus belles cascades du pays.

Si l'on remonte le ruisseau jusqu'au village de Lasmolineries, on verra la plus belle des cascades. Sa chute est au moins de 50 mètres et les rochers basaltiques du haut desquels elle se précipite ressemblent à des orgues colossales. A cet endroit le paysage est des plus pittoresques.

On remontera ensuite, dans la journée, le torrent de l'Iraliot jusqu'à la belle cascade qu'il forme au Trou de la Conche.

On pourra voir le château de Comblat qui est très beau et situé dans un site merveilleux. De Comblat on peut aller à Cabannus, où se trouve le rocher de la Grotte des Huguenots, on y remarque un écho merveilleux.

Puis on prendra les trains de 4 heures 11, de 6 h. 50 ou celui de 9 heures 50 et on arrivera à Aurillac en 45 minutes.

Hôtels : de Bordeaux, grand hôtel St-Pierre, du Commerce, des Trois-Frères et Besse.

28e Jour.

D'Aurillac à Montsalvy, coucher à Montsalvy.

Départ à 9 heures du matin par le courrier d'Entraygues, on traverse le joli bourg d'Arpajon, on passe à Senilhes et au 16° kilomètre on laisse sur la gauche le bourg de Prunet. Au 20° kilomètre on arrivera à Lafeuillade. Près de ce village se trouve le bourg de la Capelle-en-Vézie, remarquable par des eaux minérales ferrugineuses très agréables au goût. On descend ensuite la pente de Granouillère et l'on vo.t sur la droite le château de Menthières. On arrive au bas de la côte qui monte à Montsalvy. On aperçoit dans le fond, à droite, le bourg de Labesserette. On atteint enfin le plateau et après avoir laissé sur la gauche le Puy-de-l'Arbre, où se trouve la table indicatrice du méridien de Paris, on arrive à Montsalvy en passant sous une des portes de ville.

Hôtels : Montarnal, Puech, Dissac, Bel.

Après déjeuner, on doit faire la visite du Puy-de-l'Arbre d'où l'on a une vue superbe, puis examiner l'église très curieuse à voir, ainsi que la chapelle du Reclus et la Croix de Pierre qu'on trouve à Sainte-Foñs, près d'une source curative dont les eaux, suivant la tradition populaire, rendait aux nourrices le lait disparu.

On va voir également le Mur du Diable, rochers de quartz énormes, entassés les uns sur les autres et sur une vaste étendue. Puis le lendemain, à 10 h. 15 du matin, on prendra le courrier de Maurs.

Durée du trajet : 5 heures. Prix : 3 fr.

Hôtels à Maurs : Combatalade, Courbaize.

29ᵉ Jour

De Montsalvy à Calvinet. — Coucher à Maurs.

Le premier bourg que l'on trouve sur la route est celui de Junhac. C'est dans cette commune que se trouve le Mur du Diable. Le chef-lieu est à 6 kil. de Montsalvy. De Junhac à Maurs, on ne rencontre guère d'autres bourgs méritant l'attention du touriste que Calvinet, distant de 20 kil. de Montsalvy; sur le parcours, des rochers granitiques qui affectent les formes les plus variées.

De Calvinet à Maurs, il ne reste plus que 16 kil. à parcourir et vers 3 heures on arrive dans cette ville.

Avant le dîner on a le temps voulu pour voir Maurs et ce qu'il y a de curieux. On repart pour Aurillac par le train de 8 h. 12 et on arrive dans ce chef-lieu à 10 h. 1/2.

30ᵉ Jour

Laroquebrou. — Les Gorges de la Cère.

Départ d'Aurillac pour Laroquebrou à 9 h. 45, arrivée à 10 h. 25. (Hôtel Rieu). Visite de Laroquebrou, de l'église, du vieux château. Après déjeuner, on prendra le train pour la Mativie. La voie ferrée longera, sur un parcours de 10 kilomètres, les gorges de la Cère, qui sont des plus sauvages.

Nota. — Il est impossible de les visiter autrement que par la voie ferrée, les difficultés sont trop insurmontables pour permettre aux touristes de côtoyer la rivière.

---

15 JOURS DANS LE CANTAL

Nota. — Comme ces excursions et ascensions ne sont que la répétition que celles de 30 jours dans le Cantal, je me bornerai à indiquer le trajet à suivre afin de voir dans 15 jours ce qu'il y a de plus remarquable dans le Cantal. Le touriste n'aura qu'à consulter le guide à la page indiquée, pour y trouver tous les détails concernant les excursions et ascensions qu'il pourra faire dans une quinzaine.

1er JOUR

Aurillac et ses monuments, St-Simon, Velzic, Lascelles, St-Cirgues, St-Julien-de-Jordanne et coucher à Mandailles.

Pour les détails de cette excursion, voir 30 jours dans le Cantal, 2e jour, page 248.

2e JOUR

Ascension du Puy-Mary, retour et coucher à Aurillac. Voir 30 jours dans le Cantal, 3e jour, page 249.

3e JOUR.

Départ en voiture pour St-Cernin, Tournemire, St-Projet, coucher à la Bastide. Voir 30 jours dans le Cantal, 5e jour, page 251.

4e JOUR.

Excursion au Bois Noir et dans les environs, après déjeuner départ en voiture pour Fontanges, Saint-Paul-de-Salers et cascades. Coucher à Salers. Voir 30 jours dans le Cantal, 6e et 7e jours, page 252.

5e JOUR.

Visite de Salers, départ de cette ville à 9 h. 15, arrivée à la station de Drugeac à 10 h. 25. Départ de cette station à 10 h. 30, on arrive à Mauriac à 10 h. 46. Visite de cette ville. Voir 30 jours dans le Cantal, 8e jour, page 253.

6e JOUR.

Après déjeuner, départ en voiture pour Escorailles, Ally, Pleaux, retour à Mauriac et départ pour Champagnac à 6 h. 56 où on couchera. Voir 30 jours dans le Cantal, 10e jour, page 255.

7e JOUR.

Visite aux mines de Champagnac, départ à pied ou en voiture pour Ydes et Saignes, visite de cette ville, après déjeuner aller à Ydes, visiter l'église, on a le temps de prendre une voiture et d'aller voir la cascade du Saut de la Saule, diner et coucher à Bort. Voir 30 jours dans le Cantal, 12e et 13e jours, page 257.

8e Jour.

Partir en voiture pour Condat, voir en passant Champs, l'église est à voir, déjeuner au Cournilloux, visite aux cascades et après déjeuner départ pour Condat où l'on couchera. Voir 30 jours dans le Cantal 14e et 15e jours, pages 258 et 187.

9e Jour.

Départ de Condat à 1 h. 30 du matin, par le courrier de Neussargues. On passe à Marcenat, Allanche, et on arrive à Neussargues à 6 h. du matin. On prend le train pour St-Flour à 7 h. 54 et on y arrive à 8 h. 28. Voir en passant après Talizat, le château du Sailhans. Visite de St-Flour, déjeuner, départ de St-Flour pour Garabit à 3 h. 8, on arrive à 3 h. 32. Visite de ce superbe viaduc, on en repart à 7 h. 50 et on arrive à St-Flour à 3 h. 13. Coucher. Voir 30 jours dans le Cantal 15e, 16e, 17e et 18e jours, pages 258, 259, 260 et 261.

10e Jour.

Départ de St-Flour à 5 h. 30 du matin, arrivée à Murat à 6 h. 41. Partir immédiatement en voiture avec provisions pour déjeuner au pied du Puy-Mary. Ascension de cette montagne. Retour à Murat. Coucher. Voir 30 jours dans le Cantal 22e et 23e jurs, pages 263.

11e Jour.

Visite de Murat et des environs, chapelle de Bredons (monument historique), déjeuner et départ en voiture pour le Lioran, Coucher. Voir 30 jours dans le Cantal 23e jour page 265.

12e Jour.

Ascension du Plomb du Cantal, retour au Lioran pour le déjeuner, départ en voiture pour Vic, dîner et coucher. Voir 30 jours dans le Cantal 24e et 26e jours, pages 266 et 267.

13e Jour.

Visite de Vic et des environs. Coucher à Vic. Voir 30 jours dans le Cantal, 27e jour, page 268.

14e Jour.

Départ de Vic par le train de 7 h. 54 du matin, arrivée à Aurillac à 8 h. 17. Départ en voiture pour Carlat, Raulhac, retour à Aurillac, coucher. Voir 30 jours dans le Cantal, 4e jour, page 249.

15e Jour.

Départ pour Laroquebrou, visite aux gorges de la Cère. Voir 30 jours dans le Cantal, 30e jour, page 270.

---

8 JOURS DANS LE CANTAL

Nota. — Les touristes qui ne voudront passer que huit jours dans le Cantal, devront suivre cet itinéraire. Pour les renseignements ils n'auront qu'à consulter le Guide à la page indiquée, ils trouveront tous les détails concernant les excursions qu'il pourront faire dans huit jours.

1er Jour.

Aurillac, ses monuments, musées. Voir 30 jours dans le Cantal, 1er jour, page 248.

2ᵉ Jour.

Départ d'Aurillac pour St-Cernin, Tournemire, St-Projet, la Bastide, visiter le Bois Noir, déjeuner à la Bastide, départ à 3 heures pour Fontanges, visite de cette localité, départ pour St-Paul, cascades, coucher à Salers. Voir 30 jours dans le Cantal, 5ᵉ, 6ᵉ et 7ᵉ jours, pages 251 et 252.

3ᵉ Jour.

Visiter Salers, départ à 6 heures pour la cascade de Salins, déjeuner à Mauriac, visite de la ville, départ par le train de 6 h. 56 du soir pour Champagnac, coucher dans cette localité. Voir 30 jours dans le Cantal, 8ᵉ et 12 jours, pages 253 et 257.

4ᶜ Jour.

Visite aux mines, départ pour Ydes, visite de l'église, départ à midi 29 pour Bort, arrivée à 1 h. 12, déjeuner. Après déjeuner, visite de la ville et cascade du Saut de la Saule. Prendre à 9 heures du soir, le courrier qui va à Neussargues. S'arrêter et coucher au Cournilloux. Voir 30 jours dans le Cantal, 12ᵉ, 13ᶜ et 14ᶜ jours, pages 257 et 258.

5ᶜ Jour

Visite du Cournilloux, cascades, départ pour Neussargues à 9 heures du matin, coucher à Saint-Flour. Voir 30 jours dans le Cantal, 14ᵉ, 15ᶜ et 16ᵒ jours, pages 259 et 260.

6ᵉ Jour

Visite de St-Flour, départ pour Garabit à 9 h. 27 du matin, visite de ce superbe viaduc, départ pour St-Flour à 4 heures du soir, départ de cette ville à 4 h. 29 du soir, arrivée à Murat à 6 h. 41. Coucher. Voir 30 jours dans le Cantal, 17ᵉ et 18ᵒ jours, pages 260 et 261.

7ᵒ Jour

Départ pour le Lioran à 6 h. 41 du matin, arrivée à 9 h. 9. Ascension du Plomb du Cantal, retour à midi pour déjeuner, départ à 4 heures pour Vic, diner et coucher dans cette ville. Voir 30 jours dans le Cantal, 24e et 26e jours, pages 266 et 268.

8e ET DERNIER JOUR

Voir Vic et les environs, départ pour Aurillac à midi 15, départ pour Laroquebrou 3 h. 25. Gorges de la Cère. Voir 30 jours dans le Cantal, 27e et 30e jours, pages 267 et 268.

FIN.

NOTA

Indépendamment des 30 jours dans le Cantal, je ne saurais trop engager les touristes à faire les excursions suivantes : Beaulieu, Bretenoux, le Château de Castelnau, St-Céré, St-Laurent-les-Tours, le gouffre de Padirac et Rocamadour.

Il est facile de faire ces excursions en deux jours. Pour cela on devra, après avoir descendu les gorges de la Cère, s'arrêter à Bretenoux, y prendre la voiture qui va à Beaulieu où l'on ira coucher. Beaulieu est une ravissante petite ville, admirablement située sur les bords de la belle Dordogne, son église surtout est remarquable.

Hôtel : Chaylac.

Le lendemain matin, prendre la première voiture pour Bretenoux, visiter cette curieuse cité avec ses maisons à galeries, aller voir ensuite le château de Castelnau, un des plus beaux spécimens de forteresses féodales. Ce château est entouré de remparts, de grosses tours flanquent les angles, de la plate-forme on domine les vallées de la Cère et de la Dordogne, dont les rivières viennent se réunir presque à ses pieds. Le point de vue est splendide. Déjeuner ensuite soit à Bretenoux - ville (Hôtel Danroc), soit à Bretenoux - gare (Hôtel Bussières), partir après pour St-Céré, charmante ville de près de 5.000 habitants. On y remarque des maisons à tourelles du XVᵉ siècle. On doit y inaugurer sous peu la statue du maréchal Canrobert. Ce monument aura 7 mètres de haut et la statue en bronze mesure 2ᵐ80. On profitera de cette édification pour inaugurer aussi un tramway, qui reliera cette ville à la gare de Bretenoux.

A voir aussi le camp des Césarines. On voit sur la colline qui domine la ville, St-Laurent-les-Tours, vieille forteresse en ruines dont il ne reste que deux tours, donjons carrés du XIIᵉ siècle, hautes l'une de 26 mètres et l'autre de 44 mètres et renfermées dans une enceinte commune qui suit les contours d'un rocher taillé à pic, de main d'homme. On remarque, près de l'enceinte, des bâtiments du XIIIᵉ siècle et du XVᵉ siècle. On trouve à St-Céré un excellent hôtel avec voitures de louages.

Hôtel : Orliac.

Pour continuer cette intéressante promenade il faudra prendre une voiture qui devra aller d'abord à Verdale où l'on verra sur un rocher escarpé, dans un site sauvage, une vieille chapelle adossée au roc. C'est un ancien ermitage très fréquenté dans le pays. De là on se fera conduire à la cascade du Saut grand (30 mètres de chute) Ensuite on se dirigera vers le château de Montal, édifice assez curieux à voir. Près de ce vieux manoir se trouve St-Médard de Presque où l'on verra une très belle grotte. Puis on se dirigera vers le cirque et la cascade d'Autoire que l'on contemple avec plaisir.

On fera ensuite un petit crochet pour aller à Carennac voir l'église qui est remarquable et le château de Fénelon. Puis on ira directement explorer le gouffre de Padirac.

Dans ce trou béant, l'on pourrait croire que la nature jalouse a voulu cacher aux regards des mortels les merveilles souterraines.

M. Martel l'intrépide fouilleur de grottes, aidé de quelques amis, vient de fonder une société ayant pour but de rendre facile les excursions de ces galeries souterraines. On y travaille déjà, et sous peu, Padirac pourra être facilement visité par les nombreux curieux de la belle nature.

De Padirac on se fera conduire à Rocamadour, petite ville curieuse à voir et pour ainsi dire accrochée aux flancs d'un gigantesque rocher à pic au sommet duquel se trouve le château.

L'église à laquelle on arrive par 215 marches fut bâtie, dit-on, au 1ᵉʳ siècle par Zachée, dont parle l'Evangile et qui fut connu dans le pays sous le nom de saint Amdour. Détruite à plusieurs reprises, elle a subi depuis peu une restauration complète, elle est divisée en plusieurs étages et forme diverses chapelles. On y remarque de beaux vitraux et diverses inscriptions, mais la plus curieuse est la chapelle de saint Michel faite dans une excavation du rocher où l'on voit une statue gigantesque et une grande épée que l'on dit être celle que Rolland aurait laissée à Rocamadour en allant guerroyer en Espagne.

Rocamadour est un lieu de pélerinage des plus anciens et des plus suivis de France.

L'idée et les renseignements concernant cette excursion supplémentaire m'ont été donnés par un collègue du Club alpin français, M. Castanié, directeur de l'*Indépendant du Lot*, à Saint-Céré.

TABLE DES MATIÈRES

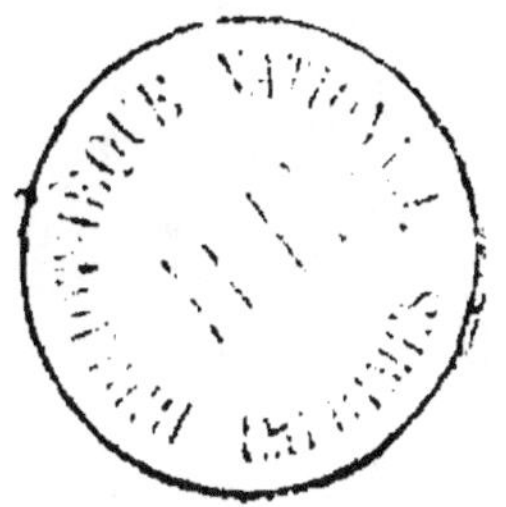

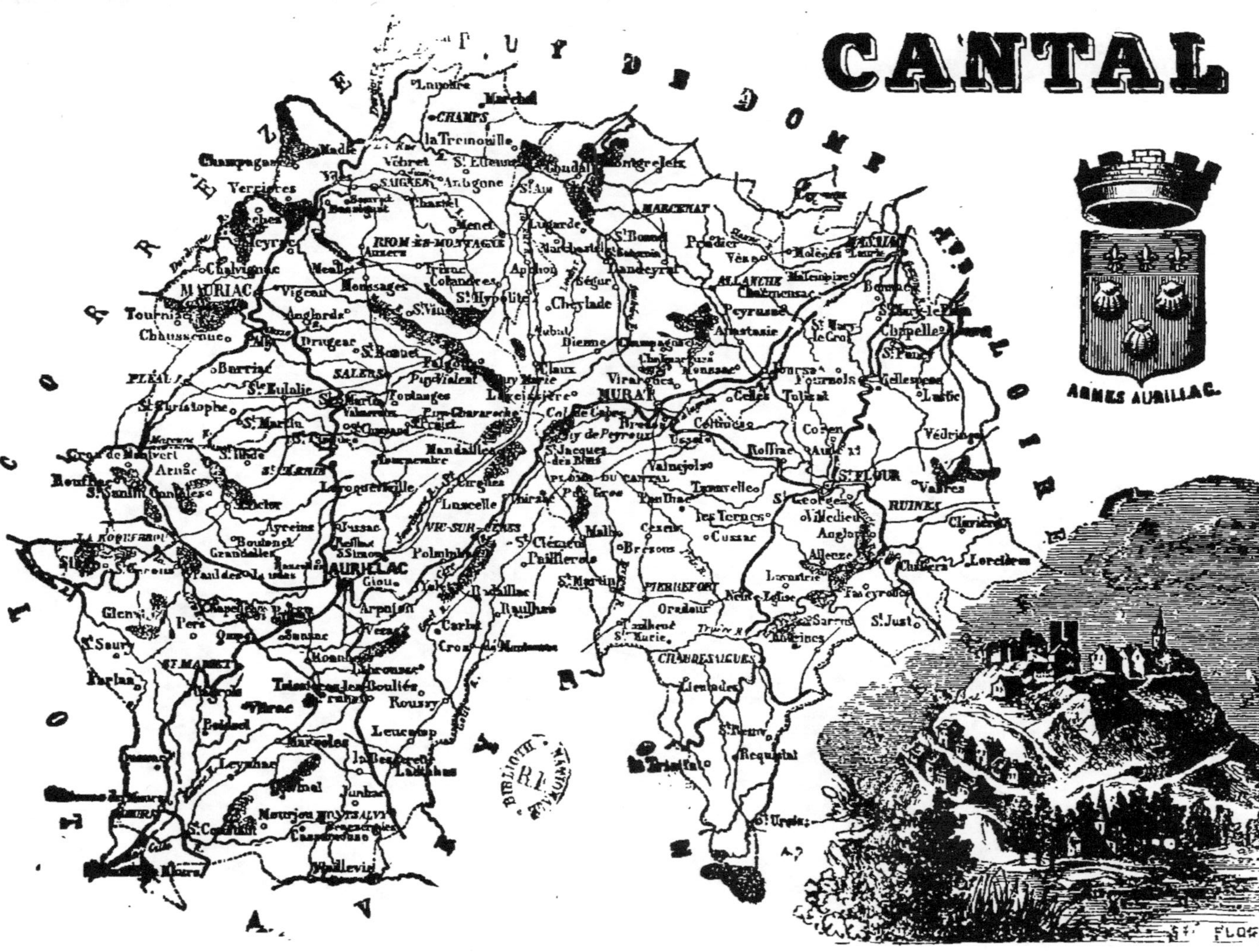

CANTAL
ARMES AURILLAC.
PUY DE DOME
CORRÈZE
LOT
AVEYRON
LOIRE
MAURIAC
RIOM-ES-MONTAGNE
SALERS
AURILLAC
MURAT
ALLANCHE
St FLOUR
RUINES
PIERREFORT
CHAUDESAIGUES
MARCENAT
MONTSALVY
VIC-SUR-CÈRE
St FLOUR